D1667862

Schriften des Heidelberger Instituts
für Interdisziplinäre Frauenforschung (HIFI) e.V.

Band 1

Birgit Blättel-Mink/Caroline Kramer/Anina Mischau

Lebensalltag von Frauen zwischen Tradition und Moderne

Soziale Lage und Lebensführung von Frauen
in zwei Landkreisen Baden-Württembergs

 Nomos Verlagsgesellschaft
Baden-Baden

Die Deutsche Bibliothek – CIP-Einheitsaufnahme

Blättel-Mink, Birgit:
Lebensalltag von Frauen zwischen Tradition und Moderne : Soziale Lage und Lebensführung von Frauen in zwei Landkreisen Baden-Württembergs / Birgit Blättel-Mink/Caroline Kramer/Anina Mischau. – 1. Aufl. – Baden-Baden : Nomos Verl.-Ges., 1998
  (Schriften des Heidelberger Instituts für Interdisziplinäre Frauenforschung (HIFI) e.V. ; Bd. 1)
  ISBN 3-7890-5501-8

1. Auflage 1998
© Nomos Verlagsgesellschaft, Baden-Baden 1998. Printed in Germany. Alle Rechte, auch die des Nachdrucks von Auszügen, der photomechanischen Wiedergabe und der Übersetzung, vorbehalten. Gedruckt auf alterungsbeständigem Papier.

Vorwort

Die vorliegende Studie basiert auf einem Kooperationsprojekt des Heidelberger Instituts für Interdisziplinäre Frauenforschung (HIFI) e.V., der Abteilung für Soziologie an der Universität Stuttgart und dem Zentrum für Umfragen, Methoden, Analysen (ZUMA) in Mannheim.

An erster Stelle sei dem ehemaligen Ministerium für Familie, Frauen, Weiterbildung und Kunst des Landes Baden-Württemberg und der früheren Ministerin Frau Brigitte Unger-Soyka gedankt. Im Rahmen des Förderprogrammes Frauenforschung Baden-Württemberg dieses Ministeriums wurde diese Studie finanziell gefördert.

Im Vorfeld der Studie haben wir, um uns ein genaueres Bild über die beiden untersuchten Landkreise zu machen, zahlreiche Strukturdaten gesammelt und aufbereitet. Dies wäre nicht möglich gewesen, ohne die mannigfaltige Unterstützung der Landratsämter des Rhein-Neckar-Kreises und des Rems-Murr-Kreises. Diesen sei hiermit gedankt.

Zum Gelingen dieser Studie haben zahlreiche Gruppen und Personen beigetragen, denen wir an dieser Stelle unseren Dank aussprechen möchten. Neben der Unterstützung durch das Regionale Rechenzentrum Heidelberg und dem Zweckverband Kommunale Datenverarbeitung Stuttgart sei vor allem den Bürgermeistern der Gemeinden Bammental, Eberbach, Eppelheim, Großerlach, Kirchberg an der Murr, Korb, Rauenberg, Schorndorf, Schriesheim und St. Leon-Rot gedankt, ohne deren Einwilligung es nicht möglich gewesen wäre, eine Stichprobe aus deren Einwohnermeldedatei zu ziehen.

Bei der Vorbereitung des Fragebogens, der Interviewer/-innen-Schulung und der Stichprobenziehung waren uns Frau Michaela Thoma, Frau Margrit Rexroth, Herr Peter Prüfer, Herr Rolf Porst und Herr Priv. Doz. Dr. Siegfried Gabler vom Zentrum für Umfragen, Methoden und Analysen (ZUMA) e.V. in Mannheim eine unverzichtbare Hilfe.

Wir danken auch der Sozialwissenschaftlichen Forschungsstelle der Universität Bamberg (SOFOS) unter Leitung von Herrn Professor Dr. L. A. Vaskovics, die es uns gestattet hat, aus ihrem Fragebogen „Lebensgestaltung junger Ehepaare" Fragen zu übernehmen. Ebenso danken wir den Arbeitsgruppen des Wohlfahrtssurveys und des ALLBUS (Allgemeine Bevölkerungsumfrage der Sozialwissenschaften, ZUMA) dafür, Frageformulierungen übernehmen zu dürfen.

Die schwierige und langwierige Feldphase, bei denen uns Studierende der Universitäten Heidelberg und Stuttgart, Frauen aus Bammental, die Frauenliste in Eberbach, die Gruppe der Frauen um Frau Haller in Korb, die Seniorenkreise in Eppelheim und Schorndorf, Frau Gunda Laux, die studentischen Hilfskräfte Astrid Llanos und Dorothee Schlegel unterstützten, wäre ohne deren Hilfe nicht so erfolgreich abgeschlossen worden. Den Freunden der Universität Stuttgart e.V. sei für ihre finanzielle Unterstützung gedankt. Auch in der Auswertungsphase wurde uns mannigfaltige Hilfe zuteil, für die wir uns auf diesem Weg bei den studentischen Hilfskräften Bernhard Horky, Peter Meier, Jens Tenscher und Dorothee Schlegel ganz herzlich bedanken.

Der herzlichste Dank richtet sich an die 837 Interviewpersonen, die uns mindestens eine Stunde ihrer Zeit geopfert haben, um den Fragebogen zu beantworten, und deren Mühe es ermöglicht hat, mehr über den Lebensalltag von Frauen in den beiden Kreisen Baden-Württembergs zu erfahren. Einige von ihnen stellten sich im Anschluß daran noch für Intensivinterviews zu einzelnen Themen zur Verfügung, die von Studierenden der Universität Stuttgart durchgeführt wurden. Ihnen soll noch einmal gesondert gedankt werden.

Daß die Ergebnisse dieser Studie nun in Buchform erscheinen, ist vor allem das Verdienst von Frau Dr. Waltraut Dumont Du Voitel, Vorsitzende der Deutschen Stiftung Frauen- und Geschlechterforschung. Wir danken ihr für die schnelle und unbürokratische Entscheidung, dieses Projekt finanziell zu unterstützen.

Heidelberg, April 1998

Dr. Birgit Blättel-Mink   Dr. Caroline Kramer   Dr. Anina Mischau

6

Inhaltsverzeichnis

1. Soziale Lage und Lebensführung von Frauen - Theoretischer Rahmen der Studie

Aktuelle Arbeiten zur Ungleichheits- und Lebensstilforschung zeigen, daß nicht länger allein vertikale Ungleichheitsfaktoren (soziale Herkunft, Bildungsgrad, beruflicher Status, Einkommen) zur Erklärung von subjektiver Lebensführung herangezogen werden können, sondern daß auch horizontale Faktoren (Geschlecht, regionale Zugehörigkeit, Alter, ethnische Zugehörigkeit) in die Analyse einbezogen werden müssen (vgl. Beck 1990 und 1994, Kreckel 1992, Rerrich 1990, Becker-Schmidt 1995 u.v.a.). Die materiellen und ideellen Lebensbedingungen eines Individuums in unterschiedlichen Lebensbereichen (vor allem Produktions- und Reproduktionsbereich) prägen Dispositionen, die die Wahl der Lebensführung determinieren, wie z.B. Vereinbarkeit von Familie und Erwerbstätigkeit; Familiale Arbeitsteilung; Politische Partizipation; Mobilitäts- und Freizeitverhalten usw.

Hierbei spielt die Verortung dieser Lebensbedingungen, d.h. die räumliche Dimension, eine wesentliche - und bisher nur unzureichend berücksichtigte - Rolle. Regionale Disparitäten begründen auf der individuellen Ebene ungleiche Chancen der Lebensgestaltung z.B. im Freizeitbereich oder im Bereich individueller Mobilität. Besonders betroffen hiervon sind Frauen, die meist in geringerem Maße über ein privates Kraftfahrzeug verfügen als Männer und durch ihre häufige Doppelbelastung im Produktions- und Reproduktionsbereich besondere Anforderungen an ihre räumliche Umgebung stellen.

Die konkrete Ausgestaltung dieser Räume im Hinblick auf Arbeitsplätze, Freizeitgelegenheiten, Einkaufsmöglichkeiten, kulturelle Aktivitäten, politische Strukturen, ländliche/städtische Milieus, Subkulturen, Kindergartenplätze und Weiterbildungsmöglichkeiten stellt die Randbedingungen weiblicher (und männlicher) Existenz dar und ist damit die intervenierende Variable unserer Untersuchung (vgl. Blättel-Mink 1997). Die Dimensionen sozialer Ungleichheit (vertikal und horizontal) bilden die unabhängigen Variablen dieser Untersuchung. Die abhängigen Variablen sind: geschlechtssppezifische Rollenmuster, Wunsch und Wirklichkeit innerfamilialer Arbeitsteilung, Vereinbarkeit von Familie und Erwerbsarbeit, regionale Identität und räumliche Mobilität, Freizeitverhalten und politische Partizipation. Diese Variablen wurden als Indikatoren subjektiver Lebensführung sowohl quantitativ als auch teilweise qualitativ erhoben.

Entsprechend dieser theoretischen Vorannahmen ist das Projekt interdisziplinär (Soziologie und Geographie) und vergleichend (Rhein-Neckar-Kreis und Rems-Murr-Kreis; beide Landkreise und Baden-Württemberg und/oder Deutschland; teilweise Frauen und Männer) angelegt. Ziel ist es, anhand ausgewählter Lebensstilelemente den Zusammenhang zwischen objektiven (materiellen und ideellen) weiblichen Lebensbedingungen und subjektiver Lebensführung in zwei Kreisen Baden-Württembergs (dem Rhein-Neckar-Kreis und dem Rems-Murr-Kreis) herauszuarbeiten. Des weiteren werden die Erwartungen, die Frauen in unterschiedlichen Lebenszusammenhängen an ihre strukturellen, institutionellen und kulturellen Umwelten stellen, z.B. in bezug auf Kinderversorgung, Verkehrsplanung oder Freizeitangebote, näher analysiert. Daraus sind sodann Vorschläge für Planungsmaßnahmen auf kommunaler oder regionaler Ebene ableitbar.

Als Ergebnis zeigt sich - entsprechend der Arbeitshypothesen - ein enger Zusammenhang zwischen der Stellung im Erwerbsleben, dem Alter, dem Bildungsniveau und der privaten Lebensform einerseits und Formen der Lebensführung (Mobilität, Freizeit, innerfamiliale Arbeitsteilung) andererseits.

1.1 Geschlecht als Faktor sozialer Ungleichheit

Kreckel (1992) nennt vier strategische Ressourcen, deren Verfügbarkeit Individuen die Möglichkeit gibt, ihre Handlungsoptionen zu vergrößern: materieller Reichtum, symbolisches Wissen, Positionen in hierarchischen Organisationen und selektive Assoziationen. „Grundsätzlich gilt jedes Gesellschaftsmitglied als gleichermaßen befähigt, die verfügbaren Ressourcen für sich zu nutzen und dadurch die eigenen Lebenschancen zu verwirklichen." (Kreckel 1992: 224) Faktisch findet sich jedoch eine geschlechtsspezifische Ungleichheit des Ressourcenzugangs, die wiederum durch die institutionalisierte Trennung von Reproduktions- und Produktionsarbeit bedingt ist. Frauen verfügen im Normalfall zwar über die Ressource symbolisches Wissen in einem den Männern vergleichbaren Ausmaße, was jedoch die drei anderen strategischen Ressourcen betrifft, so sind Männer hier deutlich im Vorteil. Frauen finden sich selten in Führungspositionen und haben damit auch weniger einflußreiche Netzwerke aufzuweisen und Frauen verdienen weniger als Männer (vgl. auch Geißler 1996).

Die Modernisierung des weiblichen Lebenszusammenhanges findet hier erst einmal ein Ende, denn die gesteigerten Gleichheitserwartungen von Frauen, u.a. verursacht durch eine Angleichung des Bildungsniveaus, finden auf der strukturellen und institutionellen Ebene der Gesellschaft keine Entsprechung. Beck erklärt dies wie folgt: „Die Gleichstellung von Männern und Frauen ist nicht in institutionellen Strukturen zu erreichen, die die Ungleichstellung von Männern und Frauen voraussetzen. Wir können nicht die neuen „runden" Menschen in die alten „eckigen" Schachteln der Vorgaben des Arbeitsmarktes, Beschäftigungssystems, Städtebaus, sozialen Sicherungssystems usw. zwängen." (Beck 1990: 43) Gleichzeitig verweist er darauf, daß die wirklichen neuen „runden" Menschen die Frauen sind, während die Männer zwar einen Gleichheitsdiskurs führen, dem jedoch keine Taten folgen lassen. Des weiteren gibt es einen geschickten Schachzug der Männer, den Metz-Göckel und Müller formulieren: „Die Frauenfrage zur Kinderfrage zu machen, das ist die stabilste Bastion gegen die Gleichstellung der Frauen." (Metz-Göckel/Müller 1985: 27)

Eine Lesart dieses Tatbestandes kommt zu dem Schluß, daß Geschlecht an sich Klassencharakter hat, d.h. daß sich Männer und Frauen strukturell durch ihr Verhältnis zu den Produktionsmitteln unterschieden. (vgl. Beck-Gernsheim 1983, Becker-Schmidt 1980 und 1995, Knapp 1990 u.v.a.m.) „Männer und Frauen sind qua sozialem Geschlecht gesellschaftliche Gruppen, auch wenn sie aufgrund unterschiedlicher Klassen- und Ethniezugehörigkeiten ihrer Mitglieder nicht homogen sind. Die Diskriminierung der weiblichen Genusgruppen im Vergleich zur männlichen gilt, wenn auch je nach Kultur und sozialer Verortung in unterschiedlicher Ausprägung, durch alle Lebensphasen hindurch und ist in bestimmten Dimensionen - etwa Sexualität, Macht, Existenzchancen, Bewegungsfreiheit in der Öffentlichkeit - schichtübergreifend." (Becker-Schmidt 1995: 11) In ihrer Auseinandersetzung mit Thesen Becks (1994) zu gegenwärtigen Individualisierungsphänomenen hebt Becker-Schmidt hervor, daß auch die Bevölkerungsstruktur moderner Gesellschaften durch Hierarchien charakterisiert ist: „Es existieren durchaus sozial privilegierte und sozial benachteiligte Gruppen, die durch andere Gemeinsamkeiten als nur durch Vereinzelung gekennzeichnet sind: Verfügung oder Nicht-Verfügung über materielle und kulturelle Ressourcen, über Qualifikationen und Zeitbudgets, die Chancen auf dem Arbeitsmarkt eröffnen, über Netze sozialer Sicherung, über Entlastungen in der privaten Reproduktionsarbeit." (Becker-Schmidt 1995: 8) So nennt Rerrich einen „neuen" Ungleichheitsfaktor: die relative Dispositionsfreiheit im Hinblick auf unabhängige Zeitplanung. „... sind Mütter aber von einer Form von Ungleichheit betroffen, die vermutlich historisch neu ist. Denn zunehmend knüpfen sich nicht nur die Realisierung von alltäglichen Handlungszielen, sondern auch die Realisierung von Lebenszielen an die Notwendigkeit zu planen und an die Möglichkeit, die eigene Planung in der Alltagszeit wie in der biographischen Zeitachse umzusetzen". (Rerrich 1990: 202)

Dasein für andere ist noch immer ein wesentlicher Aspekt weiblicher Lebensführung. Hinzu kommt jedoch eine zunehmende Berufsorientierung. Der damit verbundene *Anspruch auf ein Stück eigenes Leben* (vgl. Beck-Gernsheim 1983) erzeugt bei den Frauen häufig eine Ambivalenz. Da Erwerbs- und Familienarbeit selten vereinbar sind, müssen sich Frauen entscheiden: Familienleben und keine bzw. verringerte Erwerbsbeteiligung mit allen materiellen und ideellen Folgen, oder Erwerbsleben und damit einhergehend ein partieller bzw. totaler Verzicht auf Familie. In der modernen Familie übernehmen die „Neuen Väter" zwar mehr Verantwortung für die Kindererziehung, jedoch nicht mehr Verantwortung für die familiale Reproduktion insgesamt (Haushalt etc.) und sie verzichten selten auf berufliche Aufstiegschancen zugunsten der Familie (vgl. Metz-Göckel/Müller 1985; Oberndorfer 1993; Blättel-Mink 1997).

Der Anteil der Frauen, die auch in der Kleinkinderphase erwerbstätig sind, steigt, der Anteil der Frauen, die eine familienbedingte Erwerbspause einlegen, sinkt. Nach der Familienphase drängen immer mehr Frauen in das Erwerbsleben zurück. Hier ist auch die Diskussion um die Vereinbarung von Familie und Beruf zu verorten. Mehr und mehr entscheiden sich Frauen für ein Leben ohne Kinder und/oder ohne Partner. Die These vom Bedeutungsverlust der Familie hat hier ihre empirische Ursache. Frauen sind es auch, die verstärkt die Scheidung einer Partnerschaft vorantreiben.

Die doppelte Vergesellschaftung (vgl. Knapp 1990) im Sinne der antizipativen Sozialisation für zwei soziale Rollen: Erwerbstätige und Mutter, führt somit nicht notwendig zum mehr oder weniger verzweifelten Versuch der individuellen Vereinbarkeit dieser beiden Lebensbereiche, sondern häufig auch zum Verzicht auf einen von beiden und zwar immer mehr auf den Reproduktionsbereich.

Die Unterscheidung von Partnerschaft und Elternschaft als völlig unterschiedliche Lebensformen setzt sich (nachdem es in den USA bereits Ende der sechziger Jahre eingeführt wurde) auch in der deutschen Soziologie durch (vgl. z.B. Tyrell 1988). Diese beiden Lebensformen unterliegen völlig verschiedenen Logiken und bedürfen deshalb einer sorgfältigen analytischen Trennung. In diesem Projekt wird davon ausgegangen, daß die private Lebensform (Partnerschaft ohne Kinder, Elternschaft mit oder ohne Partner, Singledasein) einen starken Einfluß auf die Lebensführung von Frauen ausübt. Als zweiten wesentlichen Faktor ergibt sich die Frage der beruflichen Stellung, d.h. ob die Frau überhaupt erwerbstätig ist und wenn ja, welche Stellung sie im Berufsleben hat.

Daraus ergeben sich folgende inhaltliche Schwerpunkte, die gesondert zu analysieren sind: die Vereinbarkeit von Familie und Erwerbsarbeit und die innerfamiliale Arbeitsteilung. Beide Themen beinhalten sowohl einen eher objektiven sowie einen eher subjektiven Aspekt. Frauen befinden sich in einer spezifischen Situation und müssen die damit zusammenhängenden Anforderungen lösen (objektiver Teil). Fördernd bzw. hemmend wirkt sich hier das Verhalten des Partners aus. Gleichzeitig haben die Frauen bestimmte Vorstellungen und Wünsche im Hinblick auf ihr Leben. Dies ist der subjektive Aspekt der Vereinbarkeit von Familie und Erwerbsarbeit und von innerfamilialer Arbeitsteilung. Welches Rollenverständnis haben die Frauen, inwieweit glauben sie, daß weibliche Erwerbstätigkeit und Mutterschaft miteinander vereinbar sind, welche Rolle spielt für sie das Kind, die Familie, der Beruf, die Politik? Wie wünschen sich Frauen die innerfamiliale Arbeitsteilung, was erwarten sie von ihrem Partner? Unter welchen Bedingungen sind sie bereit, sich politisch zu betätigen?

1.2 Raum als materielle und kulturelle Umwelt

Erst wenige soziologische Studien thematisieren den Raum als soziokulturellen Lebensraum von Frauen (vgl. Nauck 1993), während in der Geographie und dort vor allem in der Stadtplanung bereits in zahlreichen Studien das Lebens- und Wohnumfeld von Frauen analysiert wurde (vgl. Siemenson 1991, Dörhöfer/Terlinden 1987, Dörhöfer 1990). Die systematische Analyse struktureller und institutioneller Gegebenheiten von Räumen erlaubt es, einen Einblick in die konkreten Lebensbedingungen von Frauen (und Männern) zu geben. Im Raum bewegen sich Frauen, hier gehen sie ihrer Familien- und/oder Erwerbsarbeit nach, gestalten ihre Freizeit, stillen ihre Konsumbedürfnisse und hier gehen ihre Kinder in den Kindergarten / zur Schule / zum Hort.

Wesentliches Merkmal der Siedlungs- und Wohnumfeldentwicklungen der Nachkriegszeit ist die Funktionstrennung, d. h. die räumliche Trennung von verschiedenen Funktionen, wie z.B. die von Arbeiten und Wohnen. Diese Funktionstrennung basiert nicht zuletzt auf dem Konzept der klassischen Kleinfamilie mit ihren Rollenverteilungen. Sie steht in engem Zusammenhang mit der Suburbanisierung, die das Siedlungsbild in den 60er und 70er Jahren entscheidend geprägt hat. Die großen suburbanen Einfamilienhausringe um jede Agglomeration, ob in den USA oder weniger stark ausgeprägt bei uns, spiegeln diese Planungen deutlich wider. Sie sind allerdings in der Auflösung begriffen, da sich auch das Konzept der Familie durch die veränderte Frauenrolle und wesentlich durch die zunehmende Frauenerwerbstätigkeit so gewandelt hat, daß diese suburbane Siedlungsweise den Ansprüchen an Mobilität und Erreichbarkeit entgegensteht. Frauen- und Männeralltag sind nicht mehr so einfach zu trennen und bestimmten Räumen zuzuweisen. Somit werden sich mit neuen Familienformen auch neue Wohn- und Siedlungsformen entwickeln müssen.

In den vergangenen Jahren hat sich gezeigt, daß regionale Ansätze für vielerlei Fragestellungen auch in der Soziologie bereits Verbreitung gefunden haben. Sei es die Chicagoer Schule der Sozialökologie, seien es die regionalen Disparitäten von Grunddaseinsfunktionen (oder Lebensbereichen der Sozialberichterstattung), es gibt viele Schnittstellen zwischen Soziologie und Anthropogeographie, an denen eine Zusammenarbeit bereits stattfindet, bzw. zu vielversprechenden Lösungen führen kann.

Der funktionale Ansatz in der Geographie, der sich mit den Raum- und Flächenansprüchen der Grunddaseinsfunktionen, wie z.B. Wohnen, Arbeiten, Sicherholen usw. (vergleichbar mit den Lebensbereichen der Sozialberichterstattung) beschäftigt, analysiert deren räumliche Organisationsformen und deren raumbildende Prozesse. So sind die Hierarchie der Siedlungen (eine stufenweise Rangordnung der Siedlungen nach ihrer Infrastruktur) oder die räumlich differenziert ablaufenden Innovations- und Diffusionsprozesse Ausdruck raumbildender Prozesse, ohne die die Untersuchung sozialer Ungleichheit unvollständig bleiben muß. Es zeigt sich gerade im Lebenszusammenhang von Frauen, welche Folgen die Planungsvorgaben der letzten Jahrzehnte haben, in denen eine Trennung der verschiedenen Grunddaseinsfunktionen, vor allem von Wohnen und Arbeiten, vorgenommen wurde. Besonders die Vereinbarkeit von Erwerbs- und Reproduktionsarbeit wird durch eine räumliche funktionale Trennung der verschiedenen Grunddaseinsfunktionen erschwert. Die hohe Mobilität von Frauen und eine „nachholende Motorisierung" von Frauen - besonders im ländlichen Raum - ist eine Folge dieser Funktionstrennung.

Wie in der jüngeren sozialwissenschaftlichen Theoriediskussion der Aspekt Raum an Bedeutung gewonnen hat, wird in Giddens' „Strukturierungstheorie" deutlich. Er unternimmt nicht nur den Versuch, eine Verknüpfung von Mikro- und Makroebene zu leisten, sondern die „Strukturen", die sowohl das Handeln der Menschen in Bahnen bestimmen, als auch von den Individuen reproduziert und verändert werden, an Raum und Zeit zu binden. „The combined effects of society and space produce the structure of the „locale", which is the complex outcome of evolution through time and space. The influence and actions of structures, institutions and agents are experienced and implemented through the locale" (Giddens in Dear/Wolch, 1989: 11). Sein Vorwurf, daß die Sozialtheorie diese *Gebundenheit an Raum und Zeit* lange vernachlässigt hat, mündet in dem Vorschlag, die Grenzen zwischen Soziologie, Geschichte und Geographie niederzureißen. Seit den achtziger Jahren haben zeitbezogene (dynamische) Analysen in der Soziologie bereits weitere Verbreitung gefunden. Nun wäre es an der Zeit, die verbliebene Lücke bezüglich einer Einbeziehung des Raumes zu schließen. Dies sollte nicht nur auf die Theoriediskussion, sondern auch auf empirische Forschung und die Methodenentwicklung angewandt werden, was im vorliegenden Projekt geschieht.

Es ließen sich zahlreiche Beispiele finden, die einen Erkenntnisgewinn für verschiedenste sozialwissenschaftliche Untersuchungen durch eine feinere regionale Differenzierung vor Augen führen können. Schon bei der Untersuchung der Ungleichheit von Bildungs-, Ausbildungs- und Berufsmöglichkeiten oder einem konkreten Beispiel, wie der Erreichbarkeit größerer Städte (Infrastrukturindikator), treten innerhalb der bisher als „homogen" behandelten Gebiete so deutliche Unterschiede auf, daß es fahrlässig wäre, Ungleichheitsverhältnisse solcher Art weiter zu ignorieren. Auch mit Umfragedaten lassen sich durchaus Regionalanalysen durchführen, allerdings müssen bereits in der Konzeption Auswertungsmöglichkeiten der regionalen Dimension vorgesehen werden, wie dies im vorliegenden Projekt zur sozialen Lage und Lebensführung von Frauen geschehen ist.[1]

Regionale Disparitäten liegen auf den verschiedensten Maßstabsebenen vor, wie z.B. zwischen Stadtteilen, Siedlungen, naturräumlichen Einheiten, aber auch Staaten oder anderen politischen Einheiten. Häufig ist es die Datenverfügbarkeit, aber grundsätzlich hängt es von der Fragestellung ab, welche Maßstabsebene die aussagekräftigste ist. In diesem Projekt wurden zwei Landkreise in Baden-Württemberg ausgewählt (Rhein-Neckar und Rems-Murr), die in wichtigen Charakteristika Gemeinsamkeiten aufweisen, sich dennoch in einigen Merkmalen deutlich unterscheiden. Innerhalb der Kreise wur-

---

[1] In einer vergleichbaren Befragung der Antragstellerinnen konnten zum Thema „Angst-Räume von Frauen in Heidelberg" durch eine feine regionale Analyse die vielen Einzelnennungen von Plätzen und Straßen zu bestimmten Typen von Angst-Räumen zusammengefaßt werden, die eine Übertragbarkeit der Ergebnisse auf andere Kommunen ermöglichen (*Kramer/Mischau* 1993, 1994a).

den insgesamt zehn Gemeinden ausgewählt, wodurch es möglich ist, Indikatoren zur Infrastruktur, zum Wohnumfeld und zur Mobilität auch auf der kleineren Einheit der Gemeinde zu erheben und zu analysieren. Je nach Themenstellung konnte so zwischen den unterschiedlichen Maßstabsebenen gewechselt werden, so daß z.B. bei Fragestellungen, wie der innerfamilialen Arbeitsteilung, die Befragungsgesamtheit, bei der Analyse der Infrastruktur dagegen die Befragten der einzelnen Gemeinden betrachtet werden können.

1.3   Gliederung der vorliegenden Studie

In mehreren Vorstudien wurde die sozioökonomische Situation der Frauen in Deutschland, in Baden-Württemberg, im Rhein-Neckar-Kreis und im Rems-Murr-Kreis analysiert. Ergebnis ist eine umfangreiche Datensammlung, die an der Universiät Stuttgart erschienen ist (vgl. Blättel-Mink 1997). Die Durchführung der Befragung in den beiden Landkreisen ist Gegenstand von Kapitel 2. Hier werden die einzelnen Phasen des Projektes dargestellt, nicht allein um eine Nachvollziehbarkeit der Vorgehensweise zu gewährleisten, sondern auch um auf Probleme aufmerksam zu machen, die sich im Verlauf der Studie ergaben. Die Verteilung der befragten Frauen und Männer in den insgesamt 10 Gemeinden der beiden Landkreise auf die „horizontalen" Ungleichheitsfaktoren: Alter, Familienstand, Kinderzahl etc. werden ergänzt durch eine ausführliche Beschreibung ihrer Verteilung auf die „vertikalen" Ungleichheitsfaktoren: Bildungs- und Ausbildungsniveau, Erwerbsbeteiligung und Einkommenssituation (Kapitel 3). Kapitel 4 beschäftigt sich mit der Frage nach der Vereinbarkeit von Familie und Erwerbsarbeit aus Sicht der befragten Frauen. Ziel ist es, herauszuarbeiten, welche Ungleichheitsfaktoren die Einstellung von Frauen gegenüber der Erwerbstätigkeit und gegenüber Kindern sowie die Einstellung gegenüber der Vereinbarkeit von weiblicher Erwerbstätigkeit und Kinderversorgung erklären. Damit soll eine Antwort auf die Frage gefunden werden, inwieweit das Ausmaß der Internalisierung der gesellschaftlich zugewiesenen Geschlechtsrolle sich in Abhängigkeit von der Wahl der privaten Lebensform unterscheidet, d.h. ob ausschließlich das Alter und das Bildungsniveau Unterschiede in den Einstellungen erklären oder ob auch Elternschaft, Erwerbsumfang und berufliche Position eine Rolle spielen. Um die Ambivalenz, die Frauen häufig empfinden, wenn sie Erwerbs- und Familienarbeit vereinbaren wollen, zu mindern, wünschen sie sich selbst eine erhöhte Teilhabe des Partners an den Reproduktionstätigkeiten. Das Thema „Innerfamiliale Arbeitsteilung" wird in Kapitel 5 behandelt. Es geht vor allem um den Einfluß von Elternschaft und Erwerbstätigkeit auf die innerfamiliale Arbeitsteilung zwischen den Partnern. Erfragt wird nicht nur die reale Arbeitsteilung, sondern auch die von den Frauen gewünschte. Untersucht wird sodann, welche Ungleichheitsfaktoren Einfluß auf die gegebene und welche Einfluß auf die gewünschte Arbeitsteilung ausüben. Überprüft wird u.a. die These, daß die Aufgabenverteilung im Zusammenhang mit der Elternschaft eher vom Alter und vom Bildungsniveau der Befragten abhängig ist, wogegen die Verteilung der klassischen Hausarbeiten eher vom Erwerbsumfang, also von der verfügbaren Zeit, abhängig ist. Die folgenden beiden Kapitel gehen stärker auf räumliche Aspekte der Analyse ein. Die Infrastruktur am Wohnort, Wohnung und Wohnumfeld sind vor allem für den weiblichen Lebenszusammenhang von größter Bedeutung. In Kapitel 6 werden die Wichtigkeit und das Vorhandensein bestimmter Infrastruktureinrichtungen in den einzelnen Befragungsgemeinden betrachtet. Von großer Relevanz ist hierbei das räumliche Umfeld in den Gemeinden (z.B. Einkaufsmöglichkeiten, Verkehrsanbindung). Die Wichtigkeit von Infrastruktureinrichtungen, so lautet die These, die hier überpüft wird, ist abhängig von dem spezifischen Lebenszusammenhang der befragten Frauen, vom Vorhandensein dieser Einrichtung in der Gemeinde und von ihrer Erreichbarkeit in Nachbargemeinden. Die räumliche Mobilität der Frauen im Rhein-Neckar-Kreis und im Rems-Murr-Kreis, ihre Mobilitätschancen und -hindernisse uvm. sind Inhalt von Kapitel 7. Ob das Angebot des öffentlichen Personennahverkehrs den spezifisch weiblichen Mobilitätsbedürfnissen entspricht, ist eine der Fragen, die hier überprüft wird. Die geschlechtsspezifischen Unterschiede im Umfang der Freizeit der Befragten (Kapitel 8) und die Politische Partizipation (Kapitel 9) sind Themen, die in besonderem Maße Lebensführungsaspekte der befragten Frauen mit ihren spezifischen Lebensbedingungen verknüpfen. Anschließend werden die wesentlichen Ergebnisse der Untersuchung zusammengefaßt (Kapitel 10).

2. Methodische Vorgehensweise

2.1 Verfahren zur Auswahl der beiden Kreise und der einzelnen Gemeinden

Für das vorliegende Projekt wurden zwei Landkreise in Baden-Württemberg ausgewählt (Rhein-Neckar und Rems-Murr vgl. Graphik 2.1), die in wichtigen Charakteristika Gemeinsamkeiten aufweisen, sich dennoch in einigen Merkmalen deutlich unterscheiden. So gehören sie beide dem siedlungsstrukurellen Kreistyp „hochverdichteter Kreis in einem großen Verdichtungsraum" laut Typisierung der Bundesforschungsanstalt für Landeskunde und Raumordnung an. Das heißt, daß sie sich beide im Einzugsgebiet größerer Städte befinden und daß sie beide an den wichtigsten siedlungsstrukturellen Entwicklungen, wie z.B. der Suburbanisierung[2] der vergangenen 30 Jahre, teilgenommen haben.

Graphik 2.1: Ausgewählte Kreise in Baden-Württemberg

Im Umfeld des Ballungsraumes Stuttgart hat in den vergangenen Jahren zusätzlich zur Suburbanisierung der Wohnungen auch eine Suburbanisierung der Arbeitsplätze stattgefunden, eine Entwicklung, die derzeit im Rhein-Neckar-Kreis noch nicht so ausgeprägt ist. Im Rhein-Neckar-Kreis besteht dagegen ein höheres Stadt-Land-Gefälle vom stadt-

---

[2]   Unter Suburbanisierung ist eine Verlagerung der Wohnstandorte von städtischen Gemeinden in stadtnahe oder ländliche Gemeinden im Umland der Städte zu verstehen.

nahen Rand hin zur Peripherie, da die räumlichen Disparitäten hinsichtlich verschiedener Merkmale ungleich größer sind als dies in anderen Landkreisen der Fall ist.

Der Reiz im Vergleich dieser beiden Kreise liegt in ihrer Verschiedenheit bei gleichzeitig ähnlichen Grundvariablen. So lag 1990 die Einwohnerdichte im Rhein-Neckar-Kreis bei 451 Einw./km^2, im Rems-Murr-Kreis bei 434 Einw./km^2. In den Jahren 1980 bis 1990 wuchs die Einwohnerzahl im Rhein-Neckar-Kreis um 4,4%, im Rems-Murr-Kreis um 5,4%, was deutlich über dem Bundesdurchschnitt von 2,1% liegt; es handelt sich also um zwei Kreise, die sich durch Zuzug von Bevölkerung und Bevölkerungswachstum auszeichnen. Die Erwerbsquote lag 1990 im Rhein-Neckar-Kreis bei 60%, im Rems-Murr-Kreis bei 63% und damit auch über dem Bundesdurchschnitt von 57%, die Arbeitslosenquote dagegen im Rhein-Neckar-Kreis bei 3,4% im Rems-Murr-Kreis nur bei 2,6%, was von der deutschen Quote 1990 mit 5,2% positiv abwich. Auch hinsichtlich der Erwerbsstruktur ähneln sich die beiden Kreise: im Rhein-Neckar-Kreis waren 3% der Erwerbstätigen und im Rems-Murr-Kreis 4% in der Landwirtschaft, 48% bzw. 52% in der Industrie und 49% bzw. 45% im Dienstleistungsbereich tätig.

Aus organisatorischen Gründen konnten nicht in allen Gemeinden der beiden Kreise Interviews stattfinden, da die Interviews persönlich durchgeführt werden mußten und der Einsatz der Interviewer/-innen sonst zu aufwendig geworden wäre. Hinzu kam die Überlegung, daß der Vergleich von Nutzung und Wahrnehmung infrastruktureller Merkmale einzelner Gemeinden auch nur dann Sinn macht, wenn eine Mindestzahl von 20 Personen aus einer Gemeinde sich zu diesen Fragen äußern kann. Unter Berücksichtigung der Bevölkerungszahl und der Anzahl der Gemeinden in beiden Kreisen (Rhein-Neckar-Kreis: ca. 450.000 Einwohner/-innen in 54 Gemeinden, Rems-Murr-Kreis: ca. 350.000 Einwohner/-innen in 31 Gemeinden) wurde festgelegt, im Rhein-Neckar-Kreis sechs und im Rems-Murr-Kreis vier Gemeinden auszuwählen, in denen die Stichprobe der Personen für die Befragung gezogen werden sollte.

Die Kriterien für die Auswahl der einzelnen Gemeinden waren, daß die Gemeinden eines jeden Kreises zusammen den Kreis als Ganzes möglichst gut abbilden sollten, d.h. die Mittelwerte der einzelnen Variablen, die in die Analyse einbezogen wurden, über die ausgewählten Gemeinden dem jeweiligen Kreisdurchschnitt entsprechen sollten. Als Variablen wurden Strukturvariablen (Verteilung der Beschäftigten auf die Wirtschaftssektoren und die Einwohnerdichte) und die zentralen demographischen Variablen (Alter, Familienstand und Geschlecht) in das Auswahlverfahren für die einzelnen Untersuchungsgemeinden einbezogen. Zum anderen sollten die Gemeinden auch so gut wie möglich die Vielfalt des jeweiligen Kreises abbilden und sowohl in Größe als auch in Lage und Struktur verschieden sein.

Um all diesen Anforderungen gerecht zu werden, wurde als Auswahlverfahren eine hierarchische Clusterung der Gemeinden eines jeden Kreises mittels einer Korrespondenzanalyse vorgenommen, in die die o.g. Variablen eingingen. Aus den ermittelten Clustern (sechs im Rhein-Neckar-Kreis, vier im Rems-Murr-Kreis) wurden nach geographischer Lage und Größe der Gemeinde jeweils zwei Gemeinden ausgewählt, die stellvertretend für jedes Cluster gezogen wurden. In diesem ersten Verfahrensschritt wurden doppelt so viele Gemeinden gezogen wie erforderlich, da im nächsten Schritt die Einwilligung der Bürgermeister/-innen zur Durchführung der Befragung eingeholt werden mußte und anzunehmen war, daß nicht alle der Befragung zustimmen würden. Die Einwilligung der Bürgermeister/-innen war vor allem deshalb notwendig, da zur Ziehung der Stichprobe die Einwohnermeldedatei benötigt wurde, die zwar in den jeweiligen regionalen oder kommunalen Rechenzentren bearbeitet und gepflegt wird, deren Datenhoheit jedoch die Gemeinde selbst besitzt. Wie erwartet, lehnten trotz der nachgewiesenen Unbedenklichkeitserklärung und der Datenschutzmaßnahmen einige Bürgermeister/-innen ab, ihre Einwohnermeldedatei zur Verfügung zu stellen. Es gelang dennoch, für jedes Cluster eine Gemeinde zu finden, so daß schließlich feststand, daß im Rhein-Neckar-Kreis in Bammental, Eberbach, Eppelheim, Rauenberg, Schriesheim und St. Leon-Rot (Graphik 2.2) und im Rems-Murr-Kreis in Großerlach, Kirchberg, Korb und Schorndorf (Graphik 2.3) die Interviews durchgeführt werden sollten.

Graphik 2.2: Ausgewählte Gemeinden im Rhein-Neckar-Kreis

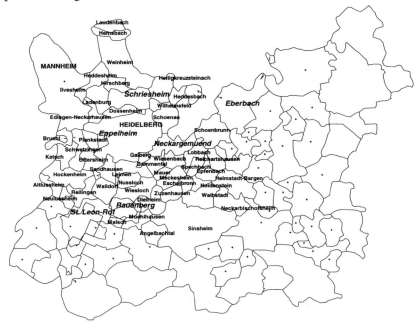

Nach den Raumkategorien, die in der Raumplanung - genauer im Landesentwicklungs-bericht 1994 des Wirtschaftsministeriums Baden-Württemberg - verwendet werden, sind Gemeinden fast jeden Raumtyps in der Stichprobe vertreten. Da beide Kreise dem siedlungsstrukurellen Kreistyp „hochverdichteter Kreis in einem großen Verdichtungs-raum" angehören, kann es in ihnen keine Gemeinde des Typs „Verdichtungsbereich im ländlichen Raum" geben, so daß diese Kategorie unbesetzt bleibt. Es zählen die Ge-meinden Schriesheim, Eppelheim, Rauenberg (Rhein-Neckar-Kreis) und Korb, Schorn-dorf (Rems-Murr-Kreis) zu Gemeinden des „Verdichtungsraumes"; Bammental, St. Leon-Rot (Rhein-Neckar-Kreis) und Kirchberg (Rems-Murr-Kreis) zu den Gemeinden der „Randzonen" und Eberbach (Rhein-Neckar-Kreis) und Großerlach (Rems-Murr-Kreis) zu den Gemeinden des „Ländlichen Raumes im engeren Sinne" (Wirtschafts-ministerium Baden-Württemberg 1994: 22). Zudem befindet sich unter den ausgewähl-ten Gemeinden mit Schorndorf (Rems-Murr-Kreis) eine Große Kreisstadt im Verdich-tungsraum.

Graphik 2.3: Ausgewählte Gemeinden im Rems-Murr-Kreis

2.2 Stichprobenziehung innerhalb der einzelnen Gemeinden

Innerhalb der zehn Gemeinden wurde nach einer Schichtung nach Geschlecht, Familienstand und Alter von dem regionalen bzw. kommunalen Rechenzentrum aus den jeweiligen Einwohnermeldedateien eine 30%-Stichprobe (=„Grob-Stichprobe") gezogen, die damit dem dreißigfachen entsprach, was als endgültige Anzahl der zu befragenden Frauen angestrebt worden war (1%=Netto-Stichprobe). Zum Vergleich wurden von dieser Zahl wiederum 10% Männer aus den Einwohnermeldedateien gezogen, die als Kontrollgruppe ebenfalls befragt werden sollten. Am Zentrum für Umfragen, Methoden und Analysen (ZUMA, Mannheim) wurde dann aus dieser „Grob-Stichprobe" (für jede Gemeinde und für die Geschlechter getrennt) von der Statistikabteilung die nächste Stichprobe nach einer feinen Altersschichtung gezogen, mit der als Brutto-Stichprobe von 3%, d.h. das dreifache der angestrebten Netto-Stichprobe, die Befragung gestartet wurde. Die 1%-Netto-Stichprobe der jeweiligen Gemeinde stellt in der Summe dann eine 0,1%-Stichprobe des jeweiligen Kreises dar. In der Hoffnung, daß jede dritte kontaktierte Person sich bereit erklären würde, an der Befragung teilzunehmen, begann im Februar 1996 die Feldphase in den Kreisen.

2.3 Konzeption des Fragebogens, Instrumentalisierung der Hypothesen

Dieser Feldphase war die zentrale Arbeit der Umsetzung der Hypothesen des Projekts vorausgegangen. Die Unterstützung durch die in der Fragebogentechnik sehr erfahrene Feldabteilung und Projektleitung von ZUMA war wesentlich für das Gelingen dieses Arbeitsschrittes.[3]

Die zentralen Themen des Projekts „Vereinbarkeit von Beruf und Familie", mit den Teilaspekten Erwerbsbeteiligung (Art und Umfang), innerfamiliale Arbeitsteilung sowie Lebensstile in Abhängigkeit von Bildung, Ausbildung, Alter, Familienstand, Lebensform und Kinderzahl wurden in einem ersten Schritt von der Projektgruppe zusammengestellt. In einem zweiten Schritt wurden die dazu bekannten bisherigen großen Umfragen, wie z.B. die Allgemeine Bevölkerungsumfrage der Sozialwissenschaften in Deutschland (ALLBUS)[4] und der Wohlfahrtssurvey[5] sowie die 1996 durchgeführte Studie „Lebensgestaltung junger Paare" der Sozialwissenschaftlichen Forschungsstelle der Universität Bamberg (SOFOS-Studie[6]) herangezogen und aus diesen Fragebögen Fragen übernommen. In manchen Fällen waren Veränderungen notwendig, jedoch konnten die Fragen zu dem Bereich Vereinbarkeit von Beruf und Familie aus dem ALLBUS direkt in den Projektfragebogen übernommen werden[7]. Die Fragen zur Mobilität und zur Freizeit wurden zum größten Teil neu konzipiert. Die Fragen zum Zeitbudget wurden an die „Zeitbudget-Studie" 1988 des Statistischen Landesamtes Baden-Württemberg angelehnt. Einige Fragen, die die regionale Infrastruktur betreffen, stammen aus einer Befragung der Bundesforschungsanstalt für Landeskunde und Raumordnung (BfLR).

Die Projektgruppe entschied sich für die Übernahme bekannter Frageformulierungen, um eine Vergleichbarkeit des Projektes mit anderen Umfragen zu gewährleisten. Nicht selten trifft man in der Forschungslandschaft auf Projekte mit ähnlichen Fragestellungen, aber unterschiedlichen Frageforulierungen, die einen Vergleich unmöglich machen.

In den beiden Landkreisen wurden zwölf Pretests mit Personen beiderlei Geschlechts, verschiedenen Alters und verschiedenen Bildungsgrades durchgeführt. Danach fanden weitere Nachbearbeitungen des Fragebogens statt, die sich allerdings vorwiegend auf Filterführung und auf das Layout der umfangreichen Fragen zum Zeitbudget und zur Nutzung der Infrastruktur beschränkten.

---

[3] An dieser Stelle sei der damaligen Projektleiterin Michaela Thoma und der Mitarbeiterin der Feldabteilung, Frau Margrit Rexroth herzlich für ihre Unterstützung gedankt.

[4] Der ALLBUS ist eine repräsentative Umfrage, die seit 1980 in zweijährigem Abstand unter der Wohnbevölkerung Deutschlands durchgeführt wird. Neben einem konstanten Fragenteil werden unterschiedliche Themenschwerpunkte behandelt (z.B. 1996: Ausländer, 1998: Medien). Es werden in jedem ALLBUS ca. 2.000 Personen in West- und 1.000 Personen in Ostdeutschland befragt.

[5] Der Wohlfahrtssurvey ist eine repräsentative Bevölkerungsumfrage, die vom Wissenschaftszentrum Sozialforschung Berlin und der Abteilung Soziale Indikatoren des ZUMA konzipiert wird. Er wurde 1978, 1980, 1984, 1988, 1990 (nur Ostdeutschland) und 1993 durchgeführt und hat zum Ziel, ein Monitoring" wesentlicher Dimensionen der Wohlfahrt zu ermöglichen.

[6] Bundesministerium für Familie, Frauen, Senioren und Jugend, 1997.

[7] Vgl. Kapitel 4

2.4 Feldphasen (Ablauf, Organisation, Erfahrungen der Interviewer/-innen)

Die Feldphasen für die beiden Kreise konzentrierten sich auf das Frühjahr 1996, konnten jedoch aus den verschiedensten Gründen nicht so schnell abgeschlossen werden wie erhofft. Die Vorbereitung durch die Projektgruppe bestand zum einen darin, eine kurze Pressemitteilung an sämtliche Bürgermeisterämter der Befragungsgemeinden mit der Bitte um Veröffentlichung im jeweiligen Amtsanzeiger zu verschicken, ebenso ging eine Pressemitteilung an die lokalen Tageszeitungen der Region. In dieser Pressemitteilung wurde angekündigt, daß in den nächsten Tagen eine Gruppe Studierender in den jeweiligen Gemeinden Interviews durchführen würde und sich telefonisch mit den Betroffenen in Verbindung setzen würde. Zudem wurde in dieser Bekanntmachung auf die Unterstützung durch das Bürgermeisteramt und die Wahrung der Datenschutzbestimmungen hingewiesen. Jede/-r Interviewer/-in erhielt eine Adressliste mit einem kleinen Teil der Brutto-Stichprobe (0,3%) für den jeweiligen Bezirk, die einer Netto-Ausbeute entsprach, die in drei Tagen - je nach Erreichbarkeit der Person - zu bewältigen war. Dann hatten die Interviewer/-innen die Aufgabe, die Telefonnummer der Befragten herauszusuchen, die Person telefonisch zu kontaktieren und schließlich mit ihr einen Befragungstermin zu vereinbaren, an dem das Interview zuhause bei den Befragten stattfinden sollte.

Bei einem Ausfall der Interviewperson, sei es aus dem Grund, daß sie nicht im Telefonbuch ausfindig gemacht werden konnte (auch nicht über (Ehe-)Partner, Verwandte o.ä.), aufgrund des Anrufbeantworters oder aufgrund einer Verweigerung, dann hatten unsere Interviewer/-innen die Aufgabe, eine Person gleichen Geschlechts, gleichen Alters (+/- 3 Jahre) und in der gleichen Wohngegend aus der Brutto-Stichprobe herauszusuchen und die „ausgefallene" Person zu ersetzen, und dieses Verfahren so oft anzuwenden, bis das Interview realisiert war.

Im Rhein-Neckar-Kreis konnte eine Gruppe von ca. 25 Studierenden in die Projektarbeit einbezogen werden, die im Rahmen einer Lehrveranstaltung „Anthropogeographisches Geländepraktikum" am Geographischen Institut der Universität Heidelberg zur Verfügung standen. Diese Studierenden erhielten in einer Vorbesprechung eine Einführung in die Techniken des standardisierten Interviews[8] und konnten dann an drei Tagen Erfahrungen mit einem solchen Fragebogen, genauer dem des Projektes, sammeln. Zusätzlich erklärte sich in Bammental eine Gruppe von Frauen freiwillig dazu bereit, (fast sämtliche) Interviews für das Projekt durchzuführen. Auch in Eberbach erhielt das Projekt Unterstützung durch eine Gruppe engagierter Frauen. In Eppelheim erhielt das Projekt zusätzliche Unterstützung durch einen Seniorenkreis. Zudem führte die hauptamtliche Mitarbeiterin zusammen mit den Projektleiterinnen und einigen Hilfskräften und Praktikantinnen zahlreiche Interviews selbst durch, auch die Projektleiterinnen waren als Interviewerinnen im Einsatz. Die Feldphase zog sich durch die unvermutet hohe Verweigerung beim telefonischen Erstkontakt der studentischen Interviewer/-innen und die dadurch relativ niedrige Ausschöpfung des Geländepraktikums (diese standen ja nur für einen Zeitraum von insgesamt vier Tagen im Februar 1996 zur Verfügung) im Rhein-Neckar-Kreis bis in den Mai 1996 hin.

Im Rems-Murr-Kreis konnten acht Personen eines Seminars als Interviewer/-innen gewonnen werden, die zusammen mit einigen interessierten Frauen aus Korb, der haupt-

---

[8] An dieser Stelle möchten wir Peter Prüfer (ZUMA) ebenfalls herzlich für die Interviewer/-innen-Schulung danken

amtlichen Mitarbeiterin, den Projektleiterinnen und studentischen Hilfskräften die Interviews durchführten. Die Feldphase dort erstreckte sich bis zum Juni 1996. Weiterhin waren Studierende des Instituts für Sozialforschung der Universität Stuttgart über die Lehrveranstaltung „Soziale Ungleichheit und Geschlechterverhältnis" in die Projektarbeit eingebunden. Ein erstes Ergebnis dieser Einbindung ist die Publikation „Soziale Ungleichheit und Geschlecht - Eine vergleichende Analyse, die von Blättel-Mink (1997) herausgegeben wurde, und in der sowohl Beiträge der Projektmitarbeiterinnen als auch der Studierenden zu finden sind.

Die Erfahrungen, die sämtliche Bearbeiterinnen des Projekts während der Feldphase machten, sind von unschätzbarem Wert für die Auswertung und Interpretation der Ergebnisse. Bereits ein Nachmittag oder Abend am Telefon mit Kontaktversuchen und der Suche nach Argumenten, dem Erklären über Sinn und Zweck der Studie, dem Überzeugen der Ehemänner, ihre Frau an das Telefon zu holen und dann der vielfältigen Gründe, warum die Person doch nicht bereit ist, am Interview teilzunehmen, war anstrengend, aber dennoch von Vorteil für das Einschätzen der realen Lebenswelt vieler Frauen. Die Gründe für eine Ablehnung reichten von „keine Zeit" (das häufigste Argument), was bei der Mehrfachbelastung vieler Frauen ja auch im Ergebnis der Studie wiederzufinden ist, über „kein Interesse", was vor allem von einer grundsätzlichen Skepsis bezüglich der Umsetzbarkeit wissenschaftlicher Studien in die Praxis geleitet ist, über „bin zu alt/zu jung", wenn die Betroffenheit von einem Konflikt zwischen Beruf und Familie als ein Thema der Befragung angesprochen wurde, bis hin zur Angst vor fremden Personen, die in die Wohnung/Privatsphäre eindringen, was vor allem bei älteren Frauen genannt wurde.

Die Tatsache, daß unser Anliegen, die reale Lebenswelt mit eben dieser o.g. extremen Zeitbelastung der Frauen anhand einer empirischen Studie zu dokumentieren, genau aus dem Grund der extremen Zeitbelastung z.T. nicht realisiert werden konnte, verlieh den Kontaktgesprächen manchmal durchaus absurde Züge. Die Antworten einer Frau im Fragebogen, die die Befragung ablehnen mußte, da sie fast ganztags arbeitet, sich um ihre Familie kümmern muß, am Nachbarort ihre bettlägerige Mutter pflegt und seit sieben Jahren keinen Urlaub mehr machen konnte, wären für uns sehr wertvoll gewesen. Doch aus verständlichen Gründen konnte man ihr keine Stunde ihrer ohnehin knappen freien Zeit für die Befragung nehmen.

Beeindruckend waren für die Interviewer/-innen vor allem die Gespräche mit älteren Frauen, die durch die Fragen angeregt wurden, über die Zeit der Kindererziehung und der Partnerschaft mehr zu erzählen, als im Fragebogen erwartet wurde. Wenn der Kontakt erst einmal hergestellt war, zeigten sich gerade die älteren Frauen als ausgesprochen kooperativ und offen. Es war nicht selten so, daß die Interviewdauer (ca. eine Stunde) verdoppelt oder verdreifacht wurde, wenn die Frauen aus der Vergangenheit erzählten. Viele zeigten sich verwundert, daß man an ihrer vermeintlich unmaßgeblichen Meinung überhaupt Interesse hatte. Hinzu kam, daß sich besonders ältere Frauen als hilflos hinsichtlich einer Einflußnahme auf das politische oder öffentliche Leben betrachten und aus diesem Grund sich nicht so leicht zu einem Interview bereit erklärten („Das hilft ja sowieso nichts, wenn ich mich darüber beschwere"). Auch der Grad der Vereinsamung und der Ängstlichkeit war z.T. erschreckend. Verwundert waren die Interviewer/-innen über die große Interesselosigkeit unter den jungen Frauen. Insbesondere bei Frauen unter 25 Jahren ohne Kinder und Schülerinnen unter 20 Jahren, war es sehr schwer, einen Interviewtermin zu vereinbaren, da sie offen bekundeten, kein Interesse an solch einer

Studie zu haben. Sie erwiesen sich als die „schwierigsten Kandidatinnen". Verweigerungen bei einzelnen Fragen während des Interviews waren selbst bei den „heiklen" Einkommensfragen äußerst selten und Abbrüche des gesamten Interviews traten überhaupt nicht auf.

Eine durchweg positive Erfahrung war, daß alle Interviewpersonen (gleichgültig welchen Geschlechts oder welchen Alters) nach dem Interview ganz erstaunt waren, daß die Stunde schon vorbei war und den Fragebogen als ausgesprochen abwechslungsreich empfanden. Auch erklärten zahlreiche Frauen, daß sie sich zum Nachdenken angeregt fühlten und vor allem die Fragen, in denen detailliert im Tagesablauf nach bestimmten Aufgaben gefragt wurde, sie auf die Verteilung und den Umfang von Arbeiten aufmerksam machten, denen sie in der Routine des Alltags keine Aufmerksamkeit schenkten. Die Berichte der eingesetzten Interviewer/-innen ergaben, daß auch einige Themen zu wenig angesprochen worden waren. So wäre es für die älteren Frauen z.B. wichtig gewesen, weitere Fragen zur Alterssicherung oder zur Pflegeversicherung zu stellen. Zusätzliche Aufgaben im Haushalt, wie z.B. Haustierbetreuung oder bei älteren Frauen Enkelbetreuung fehlten und bei der Frage nach Zeit und Umfang der Haushaltsaktivität „Kochen" hätte man sich eine Unterscheidung in „aufwendig Kochen" und „aus der Dose Kochen" gewünscht. Die übergreifenden Fragen zu Wichtigkeit von Lebensbereichen und zu Lebensstilen hätten vor allem für die älteren Frauen ergänzt werden können um die Frage, inwieweit sich Lebensentwürfe erfüllt oder eher nicht erfüllt haben.

Für die Projektgruppe, die bereits mehrere verschiedene Befragungen durchgeführt hat, ergab sich die Erkenntnis, daß mit einem Anschreiben, das mit amtlichem Siegel versehen ca. eine Woche vor dem telefonischen Kontakt verschickt worden wäre, sicher die gewünschte Netto-Stichprobe leichter erreicht worden wäre. Dies hätte allerdings den finanziellen Rahmen der Studie gesprengt. Bei nachfolgenden Arbeiten wird sicher auch in stärkerem Maße nicht nur die Tagespresse, sondern auch der Rundfunk in die Ankündigungsmaßnahmen einbezogen werden. Die regionalen Sender werden besonders von der älteren Generation gehört und können gut zur Vorankündigung eingesetzt werden. Dies wurde deutlich, als die Projektgruppe nach Abschluß der Studie im Rundfunk erste Ergebnisse präsentierte und an der Resonanz die Verbreitung dieser Sender einschätzen konnte.

Die Feldphase konnte dann für beide Kreise im Juni 1996 endgültig abgeschlossen werden. Daran schloß sich die Phase der Codierung der Fragebögen und die Datenbereinigung an. Im Juli/August 1996 begannen die ersten Auswertungen. Die nachfolgenden Tabellen (Tab. 2.1-2.3) zeigen die Verteilung der Befragten auf die einzelnen Gemeinden und den Anteil, den die jeweilige Gruppe an der Gesamtbevölkerung ausmacht. Es wird deutlich, daß die gewünschte 1%-Stichprobe der Frauen (Tab. 2.1) in fast allen Gemeinden (außer Schorndorf) erreicht, bzw. fast um die Hälfte übertroffen werden konnte. Im Mittel über alle Gemeinden der beiden Kreise konnten mit 439 befragten Frauen 1,28% der weiblichen erwachsenen Wohnbevölkerung befragt werden. Die 0,1%-Stichprobe für die männliche Vergleichsgruppe konnte auch in fast allen Gemeinden erreicht werden (außer Großerlach und Rauenberg), der Mittelwert über alle Gemeinden liegt auch hier mit 0,14% über dem angestrebten Wert.

Tabelle 2.1: Familienstand der befragten Frauen nach Gemeinden
(Anteil an der Wohnbevölkerung)

Gemeinde	Familienstand				Frauen	
	verheiratet		nicht verheiratet		zusammen	
	absolut	in %	absolut	in %	absolut	in %
Großerlach	15	2,96	6	1,04	21	1,94
Kirchberg	13	1,57	13	1,67	26	1,62
Korb	52	2,20	26	1,11	78	1,66
Schorndorf	92	1,02	72	0,74	162	0,88
Bammental	36	2,50	21	1,41	56	1,95
Eberbach	78	2,10	44	1,02	121	1,52
Eppelheim	45	1,42	37	1,03	81	1,21
Rauenberg	23	1,53	13	0,83	36	1,17
Schriesheim	50	1,56	44	1,27	94	1,41
St. Leon-Rot	42	1,55	38	1,49	78	1,52
Summe	446	1,25	314	1,03	760	1,28

Quelle: eigene Erhebung

Tabelle 2.2: Familienstand der befragten Männer nach Gemeinden
(Anteil an der Wohnbevölkerung)

Gemeinde	Familienstand				Männer	
	verheiratet		nicht verheiratet		zusammen	
	absolut	in %	absolut	in %	absolut	in %
Großerlach	0	0	0	0	0	0
Kirchberg	0	0	2	0,26	2	0,12
Korb	4	0,17	3	0,14	7	0,15
Schorndorf	14	0,15	7	0,09	21	0,12
Bammental	4	0,28	1	0,08	5	0,18
Eberbach	6	0,16	5	0,15	11	0,16
Eppelheim	3	0,09	5	0,17	8	0,13
Rauenberg	2	0,13	0	0	2	0,07
Schriesheim	8	0,28	5	0,18	12	0,20
St. Leon-Rot	2	0,07	6	0,24	8	0,15
Summe	43	0,15	34	0,13	77	0,14

Quelle: eigene Erhebung

Es wird bei diesen Tabellen weiterhin deutlich, daß eine besonders gute Ausschöpfung unter den verheirateten Befragten erreicht werden konnte. Vor allem die verheirateten Frauen konnten deutlich häufiger erreicht werden als die unverheirateten (d.h. ledig, geschieden, verwitwet) Frauen. Dies mag erneut an der „Betroffenheit" von dem Thema „Familie und Erwerbsarbeit" liegen, da verheiratete Frauen häufiger Kinder besitzen als unverheiratete. Es kann aber auch damit zusammenhängen, daß ältere verwitwete Frauen nur schwer zu befragen waren, daß aber auch junge, ledige Frauen schwer erreichbar (Anrufbeantworter) waren oder wenig Interesse an einem Interview zeigten. Tabelle 2.3 zeigt die Altersverteilung der Befragten und die dazugehörige Ausschöpfungsrate bezogen auf die Wohnbevölkerung. Es wird deutlich, daß in den meisten Gemeinden die beiden Gruppen unter 20 Jahren und 20 bis unter 30 Jahren noch knapp unterrepräsentiert sind, dann aber die Gruppe der 30 bis unter 40jährigen deutlich überrepräsentiert und alle weiteren bis zu den 70jährigen gut repräsentiert sind. Erst die Gruppe der über 70jährigen ist wieder leicht unterrepräsentiert. Besonders in den kleinen Gemeinden wird diese Verteilung mit einem Schwergewicht auf den Altersgruppen in der Familienphase deutlich.

Tabelle 2.3: Befragte Frauen nach Alter und Gemeinden (Anteil an der Wohnbevölkerung)

Alter von ... bis ...	Großerlach		Kirchberg		Korb		Schorndorf		Bammental		Eberbach		Eppelheim		Rauenberg		Schriesheim		St. Leon Rot		zusammen	
	abs.	in %	abs.	in %	abs.	in %	abs.	in %	abs.	in %	abs.	in %	abs.	in %	abs.	in %	abs.	in %	abs.	in %	absolut	in %
< 20 Jahre	1	0,31			1	0,29	5	0,49	4	2,38	5	1,17			1	0,47	3	1,14	3	1,3	22	0,08
20 - 30 Jahre	6	2,08	6	0,15	11	0,75	19	0,37	5	0,58	15	0,74	18	0,8	11	0,98	17	0,85	18	1,12	121	0,09
30 - 40 Jahre	8	2,8	5	1,16	19	1,39	36	0,83	18	2,29	36	1,98	16	0,92	4	0,66	17	0,93	22	1,43	179	0,15
40 - 50 Jahre	3	0,97	5	1,11	20	1,42	25	0,53	14	1,69	20	1,04	17	0,9	11	1,37	18	1,04	15	1,08	153	0,12
50 - 60 Jahre	1	0,43	3	0,72	15	1,56	32	0,74	7	1,17	20	1,16	13	0,81	5	0,64	19	1,46	9	0,74	126	0,12
60 - 70 Jahre	2	0,64	4	1,36	7	0,96	21	0,74	6	1,33	13	0,86	12	1,06	2	0,38	7	1,26	4	0,58	77	0,1
> 70 Jahre			3	1,13	5	0,68	25	0,79	3	0,55	13	0,7	5	0,61	2	0,47	7	0,79	8	1,16	73	0,09
keine Angabe							1						1				6		1		9	
N	21	1,15	26	1,03	78	1,02	164	0,57	57	1,31	122	1,04	82	0,79	36	0,78	94	1,02	80	1	760	0,14

Stichprobe nach Gemeinden

3. Zur sozialen Lage von Frauen im Rhein-Neckar-Kreis und im Rems-Murr-Kreis

Im Rahmen dieser Studie wurden insgesamt 837 Personen befragt, 319 aus dem Rems-Murr-Kreis und 518 aus dem Rhein-Neckar-Kreis. Im Rems-Murr-Kreis fand die Erhebung in den Gemeinden Großerlach, Kirchberg, Korb und Schorndorf statt. Im Rhein-Neckar-Kreis wurde die Befragung in den Gemeinden Bammental, Eberbach, Eppelheim, Rauenberg, Schriesheim und St. Leon-Rot durchgeführt. Bei der Erhebung wurden insgesamt 760 Frauen interviewt; 471 aus dem Rhein-Neckar-Kreis und 289 aus dem Rems-Murr-Kreis.

In diesem Kapitel wird zunächst die Stichprobe (d.h. die Gesamtheit der befragten Frauen) in ihren wesentlichen Merkmalen sowohl bezüglich horizontaler Ungleichheitsfaktoren (Staatsbürgerschaft, Alter, Familienstand, Anzahl der Kinder) wie bezüglich vertikaler Ungleichheitsfaktoren (Bildung, Ausbildung, Erwerbsbeteiligung, berufliche Stellung, Einkommen) beschrieben. Dabei steht die Beschreibung der Gesamtgruppe der befragten Frauen im Vordergrund. Der zweite Blick gilt den jeweiligen Unterschieden zwischen den befragten Frauen in den beiden Kreisen und den auffälligsten Unterschieden zwischen den Befragten in den jeweiligen Gemeinden. In einem weiteren Schritt wird auch die Vergleichsgruppe der Männer betrachtet. Die Vergleichsgruppe umfaßt 77 Männer, 47 aus dem Rhein-Neckar-Kreis und 30 aus dem Rems-Murr-Kreis und wird ebenfalls in den wichtigsten Merkmalen bezüglich horizontaler und vertikaler Ungleichheitsfaktoren beschrieben. Dabei geht es zunächst um die Charakterisierung der Gesamtgruppe der befragten Männer, wobei auch ein Augenmerk auf die Unterschiede zu den befragten Frauen gelegt wird. Der zweite Blick gilt dann den Unterschieden zwischen den befragten Männern in den beiden Kreisen.

3.1 Horizontale Ungleichheitsfaktoren

3.1.1 Die Gruppe der befragten Frauen

Staatsbürgerschaft
Die weit überwiegende Mehrheit der befragten Frauen (96,3%) haben die deutsche Staatsbürgerschaft. Nur 2,5% der Befragten haben eine andere Staatsangehörigkeit und 0,9% haben eine doppelte Staatsbürgerschaft. Der Anteil der Frauen, die eine andere Staatsbürgerschaft besitzen, liegt unter den Befragten im Rhein-Neckar-Kreis deutlich höher als im Rems-Murr-Kreis, und auch der Anteil der Frauen mit einer doppelten Staatsbürgerschaft ist im Rhein-Neckar-Kreis etwas höher. Insgesamt jedoch sind Ausländerinnen in der vorliegenden Befragung - wie in den meisten Befragungen - deutlich unterrepräsentiert. Die geringe Beteiligung von ausländischen Frauen an Umfragen liegt zum einen in Sprachproblemen begründet, die viele Frauen davon abhalten, an einer Befragung teilzunehmen, zum anderen aber auch in einer Scheu vor Öffentlichkeit und einer nicht selten stärkeren Kontrolle durch die Familie oder den Ehemann.

In einer Gemeinde im Rems-Murr-Kreis (Großerlach) und in zwei Gemeinden des Rhein-Neckar-Kreises (Rauenberg, St. Leon-Rot) konnten keine Frauen mit einer anderen oder einer doppelten Staatsbürgerschaft befragt werden. Die höchsten Anteile an Frauen mit einer anderen oder einer doppelten Staatsbürgerschaft finden sich unter den Befragten in Eberbach und in Schriesheim. Beides sind Gemeinden im Rhein-Neckar-Kreis, in denen AusländerInnen auch einen relativ hohen Anteil an der Wohnbevölkerung ausmachen, was sich in diesen Gemeinden auch unter den Befragten widerspiegelt. In den anderen Gemeinden, und dies gilt auch für die beiden Kreise insgesamt, sind ausländische Frauen unter den Befragten deutlich schlechter repräsentiert, als es ihrem Anteil an der Wohnbevölkerung entspricht.[9]

Von den befragten Frauen, die einen Partner haben, haben 95,9% einen Partner mit deutscher Staatsbürgerschaft und nur 4,1% einen Partner mit einer anderen oder einer doppelten Staatsbürgerschaft. Der Anteil der Frauen, deren Partner eine andere Staatsbürgerschaft besitzt, liegt unter den Befragten im Rhein-Neckar-Kreis etwas höher als im Rems-Murr-Kreis.

Alter
In der Studie wurden Frauen im Alter von 16 bis über 70 Jahre interviewt. Die genaue Altersverteilung der befragten Frauen ist in der folgenden Tabelle dargestellt.

Tabelle 3.1: Alter der befragten Frauen

Alter	Gesamt		Rhein-Neckar-Kreis		Rems-Murr-Kreis	
von ... bis unter ...	absolut	in %	absolut	in %	absolut	in %
< 20 Jahre	22	2,9%	16	3,4%	6	2,1%
20 - 30 Jahre	121	15,9%	84	17,8%	37	12,8%
30 - 40 Jahre	179	23,6%	113	24,0%	66	22,8%
40 - 50 Jahre	153	20,1%	95	20,2%	58	20,1%
50 - 60 Jahre	126	16,6%	73	15,5%	53	18,3%
60 - 70 Jahre	77	10,1%	44	9,3%	33	11,4%
ab 70 Jahre	73	9,6%	38	8,1%	35	12,1%
keine Angabe	9	1,2%	8	1,7%	1	0,3%
Insgesamt	**760**	**100,0%**	**471**	**100,0%**	**289**	**100,0%**

Quelle: eigene Erhebung

Die jeweiligen Altersgruppen sind, vergleicht man die befragten Frauen in den beiden Kreisen, unterschiedlich stark vertreten. Der Anteil der Frauen in den Altersgruppen bis 40 Jahre ist unter den Befragten im Rhein-Neckar-Kreis durchweg höher als im Rems-Murr-Kreis. Lediglich in der Altersgruppe von 40 bis unter 50 Jahre liegen die Anteile in beiden Kreisen fast gleich, während in allen Altersgruppen ab 50 Jahre der Anteil unter den befragten Frauen im Rems-Murr-Kreis höher ist.

Auch in den einzelnen Befragungsgemeinden sind die Altersgruppen nicht gleich stark vertreten. In allen Gemeinden war es relativ schwierig, Frauen unter 20 Jahren zu einem Interview zu bewegen, da diese sehr häufig kein Interesse an einer Befragung hatten. In drei der zehn Gemeinden (Großerlach, Kirchberg, Eppelheim) gelang es über-

---

[9] So lag der Anteil der Ausländerinnen im Rhein-Neckar-Kreis im Jahre 1994 bei 9,6%, im Rems-Murr-Kreis bei 12,4%, ihr Anteil unter den Befragten betrug im Rhein-Neckar-Kreis jedoch nur 3,4%, im Rems-Murr-Kreis nur 1,0%.

haupt nicht, Frauen unter 20 Jahren zu befragen. Die meisten jungen Frauen konnten in den Gemeinden Bammental, Eberbach und in St. Leon-Rot interviewt werden. Auch bei den älteren Frauen ab 60 Jahre war es nicht ganz leicht, diese für ein Interview zu gewinnen. Dies lag jedoch nicht etwa an einem mangelnden Interesse, sondern daran, daß viele ältere Frauen Scheu davor hatten, jemanden für ein Interview „in die Wohnung" zu lassen. Dennoch konnten hier mehr Frauen befragt werden als in der ganz jungen Altersgruppe. In einigen Gemeinden liegt der Anteil der 60 bis unter 70jährigen deutlich höher als ihr durchschnittlicher Anteil insgesamt. Dies ist z.B. in Kirchberg, in Eppelheim und in Schorndorf der Fall. Die meisten über 70jährigen konnten in Schorndorf, in Kirchberg und in Eberbach befragt werden. Die Altersgruppe der 20 bis unter 30jährigen ist überdurchschnittlich stark unter den Befragten in Rauenberg, Kirchberg, St. Leon-Rot und Eppelheim vertreten. Der Anteil der 50 bis unter 60 jährigen Frauen hingegen war überdurchschnittlich hoch unter den Befragten aus Schriesheim, Schorndorf und Korb.

Graphik 3.1: Niedrigstes, mittleres und höchstes Alter der befragten Frauen

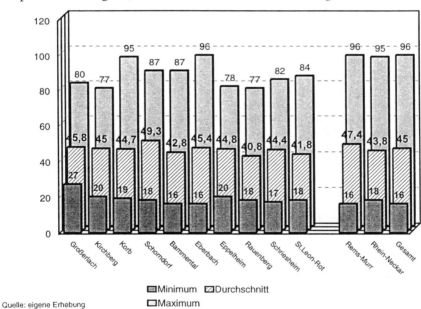

Quelle: eigene Erhebung

Für nahezu alle Gemeinden gilt, daß die Gruppe der 30 bis unter 50jährigen Frauen am stärksten vertreten ist. Diese Altersgruppen machten zusammengenommen etwas über 40% der gesamten Stichprobe aus. Dies gilt auch für die einzelnen Gemeinden, wobei in einigen dieser Durchschnittswert etwas unterschritten, in einigen aber deutlich überschritten wird. Dieses „Übergewicht" von befragten Frauen zwischen 30 und 50 Jahren kann vor allem dadurch erklärt werden, daß diese Altersgruppen eine „besondere Betroffenheit" bezüglich des Themas „Vereinbarkeit von Familie und Erwerbsarbeit" besitzen und sich aus ihrer Lebenssituation heraus am ehesten von der Befragung angesprochen fühlten und daran teilnehmen wollten.[10] Graphik 3.1 gibt einen Überblick über das Durchschnittsalter der befragten Frauen in den einzelnen Gemeinden und zeigt darüber hinaus für jede Gemeinde das Alter der jüngsten und der ältesten Befragten. Im Rhein-Neckar-Kreis liegt das Durchschnittsalter der befragten Frauen mit 43,8 Jahren deutlich unter dem der Frauen aus dem Rems-Murr-Kreis mit 47,4 Jahren. Die „jüngste" Gemeinde stellt Rauenberg mit einem Durchschnittsalter der Befragten von 40,8 Jahren dar, die „älteste" Schorndorf mit einem Durchschnittsalter der Befragten von 49,3 Jahren.

Familienstand und Haushaltsgröße

Graphik 3.2 zeigt, daß über die Hälfte aller befragten Frauen (57,8%) verheiratet ist und mit ihrem Partner zusammenlebt. Die nächstgrößte Gruppe unter den Befragten ist die der ledigen Frauen (22,2%), gefolgt von den verwitweten Frauen (10,7%). Der Anteil der geschiedenen Frauen liegt unter 10% und der Anteil der Frauen, die verheiratet sind, aber von ihrem Partner getrennt leben, ist mit nicht ganz 1% verschwindend gering.[11]

Bei einem Vergleich zwischen den beiden Kreisen zeigt sich, daß der Anteil der befragten Frauen, die verheiratet sind und mit dem Partner zusammenleben, im Rems-Murr-Kreis sogar noch etwas höher liegt als im Rhein-Neckar-Kreis. Auch der Anteil der verwitweten Frauen unter den Befragten ist im Rems-Murr-Kreis höher. Die Anteile der ledigen und der geschiedenen Frauen sind hingegen unter den Befragten im Rhein-Neckar-Kreis höher als im Rems-Murr-Kreis. Dies gilt auch für die Frauen, die zwar verheiratet sind, aber vom Partner getrennt leben.

Diejenigen Frauen, die angaben, ledig, verwitwet, geschieden oder verheiratet und getrennt lebend zu sein, wurden zusätzlich gefragt, ob sie einen (neuen) Lebenspartner haben und mit diesem einen gemeinsamen Haushalt führen. Von diesen Frauen haben 28,4% einen (neuen) Partner, 69,7% haben keinen (neuen) Partner, der Rest machte keine Angabe. Etwas weniger als die Hälfte (45,1%) der Frauen, die einen (neuen) Partner haben, lebt auch mit diesem zusammen.

---

[10] Das Ziel, ca. 1% der in den jeweiligen Gemeinden und 0,1% der in den jeweiligen Kreisen lebenden Frauen zu befragen, ist in den meisten Fällen erreicht bzw. überschritten worden. Deutlich über dem 1% -Anteil liegen die Altersgruppen zwischen 30 und 40 sowie 40 und 50 Jahren in fast allen Gemeinden. Damit liegt der Anteil auch für beide Kreise bei 0,12% bis 0,15% der entsprechenden Altersgruppen zwischen 30 und 60 Jahren. Nur leicht unterrepäsentiert sind mit 0,09% die Frauen zwischen 20 und 30 und über 70 Jahren. In einzelnen Gemeinden deutlich unterrepräsentiert sind vor allem Frauen unter 20 Jahren, im Gesamtbild ist jedoch mit 0,08% nur von einer leichten Unterrepräsentierung zu sprechen. Der Tabelle 2.3 ist die genaue Überrepräsentierung oder Unterrepräsentierung der jeweiligen Altersgruppen zu entnehmen. Für Interessierte sei erwähnt, daß die genaue Altersstruktur nach Geschlecht 1994 für beide Kreise nachzulesen ist in: *Mischau/Blättel-Mink/Kramer* 1997 und *Llanos/Schlegel* 1997. Für Baden-Württemberg insgesamt vgl. *Arnold/Baumann* 1997.

[11] Überprüft man auch hier, inwieweit diese Verteilung der Wohnbevölkerung entspricht, so ergibt sich eine Überrepräsentierung der „Familienfrauen" (verheiratete Frauen, die mit dem Partner zusammenleben). Unter der Wohnbevölkerung des Rhein-Neckar-Kreises z.B. sind 1994 nur 49,2% der Frauen verheiratet, dafür aber mehr als in der Stichprobe, nämlich 34,3% ledig, etwa gleich viele (12,1%) verwitwet und deutlich weniger Frauen (4,4%) geschieden (vgl. *Mischau/Blättel-Mink/Kramer* 1997). Für den Rems-Murr-Kreis liegen hierfür leider keine Vergleichszahlen vor. Bezogen auf Baden-Württemberg insgesamt zeigen jedoch Zahlen aus dem Jahr 1992, daß 56% der Frauen in Baden-Württemberg verheiratet, ca. 25% ledig, etwa 15% verwitwet und ca. 5% geschieden waren (vgl. *Ministerium für Familie, Frauen, Weiterbildung und Kunst Baden-Württemberg* 1993).

Graphik 3.2: Familienstand der befragten Frauen (Gesamt)

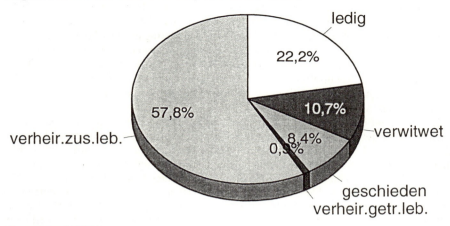

Quelle: eigene Erhebung

Innerhalb der jeweiligen Befragungsgemeinden zeigen sich bei der Verteilung der Familienstände zum Teil deutliche Abweichungen vom Durchschnittswert für alle Befragten. So waren insgesamt 57,8% aller befragten Frauen verheiratet. In einigen Gemeinden jedoch liegt der Anteil der verheirateten Frauen unter den Befragten erheblich höher (zwischen 60% und 72%), so in Großerlach, Korb, Rauenberg, Eberbach und Bammental. Im Gegenzug liegt in diesen Gemeinden der Anteil der ledigen Frauen unter den Befragten deutlich unter dem Durchschnittswert von 22,2%. Mehr als 10% und damit die höchsten Anteile an geschiedenen Frauen finden sich unter den Befragten in St. Leon-Rot, Eppelheim und Schriesheim. Die niedrigsten Anteile an Geschiedenen (ca. 5%) sind unter den Befragten in Großerlach und in Bammental. Die einzige Gemeinde, bei der sich unter den Befragten keine geschiedene Frau befindet, ist Rauenberg. Auch die Anteile der Verwitweten liegen in fünf der zehn Gemeinden deutlich über dem Mittelwert (10,7%), nämlich zwischen 12% und 19%. Die meisten verwitweten Frauen wurden in Großerlach befragt, gefolgt von Kirchberg, Bammental, Rauenberg und Schorndof. Frauen, die verheiratet waren, aber von ihrem Partner getrennt leben, konnten nur in sechs der zehn Gemeinden befragt werden, wobei ihre Anteile in zwei Gemeinden, in St.Leon-Rot und in Bammental, deutlich höher als der Durchschnittswert sind.

Die meisten befragten Frauen leben in einem Zwei-Personen-Haushalt (29,7%), gefolgt von der Gruppe von Frauen, die in einem Vier-Personen-Haushalt leben (24,1%). In einem Drei-Personen-Haushalt leben 20,1% der befragten Frauen und in einem Ein-Personen-Haushalt 17,2%. Der Anteil von Frauen, die in einem Fünf-Personen-Haushalt leben, liegt nur noch bei 6,3% aller Befragten und noch weniger Frauen leben in einem Sechs-Personen-Haushalt (1,2%) oder in einem Sieben-Personen-Haushalt (0,1%).[12] Der Rest (1,2%) machte keine Angaben zur Haushaltsgröße.

---

[12] Für beide Kreise gibt es leider keine aktuellen Zahlen bezogen auf die Verteilung der Haushaltsgrößen, die letzten Zahlen stammen aus der Volkszählung des Jahres 1987 und können nur bedingt für eine Orientierung in Richtung auf die „Repräsentativität" unserer Stichprobe herangezogen werden.

In bezug auf die Haushaltsgröße der befragten Frauen zeigen sich zwischen den beiden Kreisen folgende Unterschiede: Der Anteil der Frauen, die in einem Ein-oder Zwei-Personen-Haushalt leben, ist unter den Befragten im Rems-Murr-Kreis höher als unter denen im Rhein-Neckar-Kreis. Dafür leben von den Befragten im Rhein-Neckar-Kreis mehr Frauen in einem Drei-, Vier- oder Fünf-Personen-Haushalt. Der Anteil der Frauen, die in einem Sechs-Personen-Haushalt leben, ist unter den Befragten im Rems-Murr-Kreis höher als im Rhein-Neckar-Kreis. Allerdings konnten, im Gegensatz zum Rhein-Neckar-Kreis, im Rems-Murr-Kreis keine Frauen befragt werden, die in einem Sieben-Personen-Haushalt leben.

Ein Blick auf die Verteilung der Haushaltsgröße in den Gemeinden, in denen die befragten Frauen leben, zeigt insbesondere bei den Ein-Personen-Haushalten und bei den Mehr-Personen-Haushalten interessante Aspekte. Die „gängige" Annahme, daß sich in eher städtischen oder „stadtorientierten" Gemeinden mehr sog. Single-Haushalte und in eher ländlichen Gemeinden mehr „Großfamilien" finden lassen, kann zwar von der Tendenz her bestätigt werden, muß aber dennoch etwas differenzierter betrachtet werden. Insgesamt leben 17,2% der Befragten alleine. In einigen Gemeinden wird dieser Anteil der Befragten, die in einem Ein-Personen-Haushalt leben, jedoch zum Teil deutlich überschritten, so z.B. in Schriesheim, Kirchberg, Eppelheim, Schorndorf und Korb. Insgesamt leben 7,6% der Befragten in einem Fünf und Mehr-Personen-Haushalt. Dieser Durchschnittswert wird von den Befragten in einigen Gemeinden zum Teil deutlich überschritten. Überdurchschnittlich viele Frauen, die in einem Haushalt mit mindestens fünf Personen leben, konnten in Kirchberg, St. Leon-Rot, Bammental, Großerlach und Schriesheim befragt werden.

Dieser Vergleich zeigt, daß aufgrund unserer Stichprobe zwar ein tendenzieller aber kein eindeutiger Zusammenhang zwischen der Häufigkeit einer Haushaltsgröße und der Charakterisierung einer Gemeinde als eher städtisch bzw. "stadtorientiert" oder eher ländlich hergestellt werden kann. Zwar verteilen sich die Ein-Personen-Haushalte im wesentlichen auf die "städtischen" Gemeinden, nur leben eben auch dort relativ viele größere Familien.

Kinder und Anzahl der Kinder

Fast drei Viertel der befragten Frauen (72,4%) haben Kinder, 27,1% haben keine Kinder und 0,5% machten hierzu keine Angaben. Bei dieser grundsätzlichen Verteilung zeigen die Frauen aus beiden Kreisen keine wesentlichen Unterschiede. Im Rems-Murr-Kreis wurden geringfügig mehr Frauen mit Kindern, im Rhein-Neckar-Kreis etwas mehr Frauen ohne Kinder befragt. Unterschiede gibt es allerdings, dies zeigt die nachfolgende Tabelle, was die Anzahl der Kinder betrifft.

Insgesamt betrachtet, dominiert bei den Frauen, die Kinder haben, die Lebensform mit zwei Kindern. Fast die Hälfte aller befragten Frauen mit Kindern (47,5%) hat zwei Kinder, gefolgt von den Frauen, die ein Kind haben (28,3%). Betrachtet man die beiden Kreise getrennt, so haben unter den Befragten im Rems-Murr-Kreis etwas mehr

---

Interessanter ist vielleicht der Blick auf Baden-Württemberg insgesamt. 1991 gab es 36,0% Ein-Personen, 28,3% Zwei-Personen-, 16,3% Drei-Personen, 13,7% Vier-Personen und 5,8% Fünf- und Mehr-Personenhaushalte. In dieser Befragung leben also deutlich weniger Frauen in einem Ein-Personen-Haushalt als in Baden-Württemberg insgesamt und deutlich mehr Frauen in einem Vier-Personen-Haushalt. Die anderen Haushaltsgrößen sind in etwa entsprechend den Zahlen für das Bundesland insgesamt vertreten (vgl. *Ministerium für Familie, Frauen, Weiterbildung und Kunst in Baden-Württemberg* 1993).

Frauen als im Rhein-Neckar-Kreis zwei, vier und fünf Kinder, aber etwas weniger ein Kind oder drei Kinder. Frauen, die sechs oder sieben Kinder haben, konnten im Rems-Murr-Kreis nicht befragt werden.

Tabelle 3.2: Anzahl der Kinder der befragten Frauen

Anzahl der Kinder	Gesamt		Rhein-Neckar-Kreis		Rems-Murr-Kreis	
	absolut	in %	absolut	in %	absolut	in %
ein Kind	157	28,3%	101	29,7%	56	26,2%
zwei Kinder	263	47,5%	157	46,2%	106	49,5%
drei Kinder	94	17,0%	59	17,4%	35	16,4%
vier Kinder	27	4,9%	15	4,4%	12	5,6%
fünf Kinder	9	1,6%	4	1,2%	5	2,3%
sechs Kinder	2	0,4%	2	0,6%		
sieben Kinder	2	0,4%	2	0,6%		
Insgesamt	554	100,0%	340	100,0%	214	100,0%

Quelle: eigene Erhebung

Betrachtet man die Frauen aus den einzelnen Gemeinden hinsichtlich der Frage nach der Anzahl der Kinder, so zeigen sich auch hier interessante Unterschiede. Die meisten Frauen ohne Kinder wurden in Schriesheim, Eppelheim und in Rauenberg befragt. In diesen Gemeinden haben etwas über ein Drittel der Befragten keine Kinder. In allen Gemeinden machen die Frauen mit zwei Kindern die größte Gruppe unter den Befragten aus. Eine einzige Gemeinde fällt hierbei aus dem Rahmen: in Eppelheim übersteigt der Anteil der Frauen ohne Kinder unter den Befragten den der Frauen mit zwei Kindern. Dies kann daran liegen, daß die Befragten hier das niedrigste Durchschnittsalter haben und zudem in dieser Gemeinde der höchste Anteil an Studentinnen lebt. Frauen, die drei Kinder haben, konnten in allen Gemeinden befragt werden. Die meisten Frauen mit drei Kindern finden sich mit Anteilen von 15% bis 21% unter den Befragten in Bammental, Großerlach, St. Leon-Rot und Korb. Am niedrigsten sind die Anteile der Frauen mit drei Kindern unter den Befragten in Eppelheim und Kirchberg mit jeweils unter 8%. Frauen mit vier Kindern konnten nur in sieben, Frauen mit 5 und mehr Kindern nur noch in sechs der zehn Gemeinden befragt werden. Die meisten Frauen mit vier und mehr Kindern konnten in den Gemeinden Schorndorf, Kirchberg und St. Leon-Rot befragt werden. Die Graphik 3.3 zeigt ergänzend, daß es zusätzlich noch große Unterschiede zwischen den Befragungsgemeinden gibt, wenn man die Anteile der Befragten, in deren Haushalt mindestens ein Kind unter 18 Jahren lebt, betrachtet. Bei drei Gemeinden (Bammental, Großerlach, St. Leon-Rot) leben mehr als die Hälfte der befragten Frauen mit Kindern unter 18 Jahren im Haushalt, bei zwei Gemeinden (Schorndorf und Schriesheim) sind dies nicht einmal ein Drittel der befragten Frauen.

Graphik 3.3: Anteil der Frauen, in deren Haushalt mindestens ein Kind unter 18 Jahren lebt (in %)

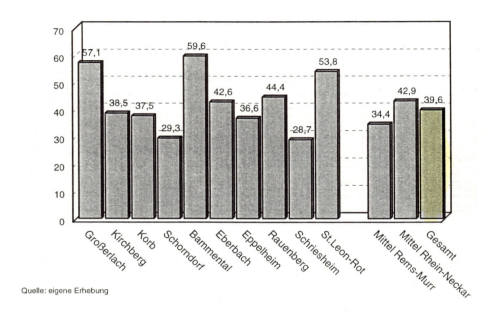

Quelle: eigene Erhebung

Ein interessanter Aspekt zeigt sich, wenn man betrachtet, wie sich die Anzahl der Kinder auf das Alter der Mütter verteilt. Ein Vergleich der Kinderzahl in den Altersgruppen insgesamt macht deutlich, daß die gängigen Vorstellungen, daß Frauen „früher" mehr Kinder hatten als heute oder daß sich heute mehr Frauen gegen ein Leben mit Kindern entscheiden als „früher", hier nicht so uneingeschränkt bestätigt werden können.[13] Läßt man die Altersgruppe der unter 20jährigen einmal außer acht, da diese sich ja mehr oder weniger vor der Lebensphase einer Familiengründung befinden, und nimmt man einmal an, daß die 20 bis unter 30jährigen sich erst am Anfang dieser Lebensphase befinden, so zeigt sich, daß die Lebensform mit zwei Kindern in allen anderen Altersgruppen domi-

---

[13] Von den unter 20jährigen Frauen hat noch keine ein Kind. Bei den 20 bis unter 30jährigen haben immerhin 71,9% noch kein Kind, 17,4% ein Kind und 9,1% bereits zwei Kinder. Auch bei den 30 bis unter 40jährigen Frauen haben 25,1% kein Kind, 22,9% haben ein Kind, aber bereits 40,2% haben schon zwei Kinder. 8,9% der Frauen in dieser Altersgruppe haben drei und 2,8% haben vier Kinder. Bei den 40 bis unter 50jährigen Frauen haben 10,5% kein Kind, 20,3% ein Kind und fast die Hälfte, nämlich 49,0% zwei Kinder. In dieser Altersgruppe haben aber auch noch 15,7% drei Kinder, 3,9% vier Kinder und 0,7% haben fünf Kinder. Bei den 50 bis unter 60jährigen Frauen gab es ebenfalls etwas über 10%, die kein Kind haben. 19,0% der Frauen haben ein Kind, genausoviele Frauen haben aber auch drei Kinder. 46,8% haben zwei Kinder und 4,8% haben vier Kinder in dieser Altersgruppe. Von den 60 bis unter 70jährigen Frauen haben 13,0% kein und 14,3% nur ein Kind. Auch die Anzahl der Frauen mit zwei Kindern (32,5%) liegt hier deutlich niedriger als in den anderen Altersgruppen, dafür aber haben immerhin fast ein Viertel der Frauen (24,7%) drei Kinder, 7,8% vier, 6,5% fünf und noch 1,3% sechs Kinder. Bei den über 70jährigen Frauen haben 12,3% kein und 35,6% ein Kind. Nur knapp 30% haben zwei, aber noch fast 14% drei Kinder. Je 4,1% der Befragten dieser Altersgruppe haben vier und fünf Kinder, und 2,7% haben sieben Kinder.

niert. Lediglich bei den über 70jährigen ist der Anteil der Frauen mit zwei Kindern geringer als der mit einem Kind. Der Anteil der Frauen ohne Kind ist zwar bei den 20 bis unter 40jährigen deutlich höher, aber auch bei den älteren Frauen ab 40 Jahre noch immer knapp oder sogar deutlich über 10%. Relativ nahe beieinander liegen die Anteile der Frauen mit einem Kind in den Altersgruppen von 30 bis unter 60 Jahren. Bei den 60 bis unter 70jährigen Frauen sinkt dieser Anteil etwas ab, steigt jedoch bei den über 70jährigen wieder um mehr als 10% an. Bei den Frauen ab drei Kinder sind die Anteile der Frauen ab 40 Jahre deutlich höher, lediglich in der Altersgruppe der 60 bis unter 70jährigen übersteigt der Anteil der Frauen mit drei Kindern den der Frauen mit einem Kind. Auch die Anteile der Frauen mit vier Kindern ist bei den Frauen ab 40 Jahre höher. Aber auch hier sind ihre Anteile bereits relativ gering und liegen deutlich z.B. unter dem Anteil der Frauen in diesen Altersgruppen, die kein oder nur ein Kind haben. Frauen mit fünf und mehr Kindern kommen zwar hauptsächlich noch bei den Frauen ab 60 Jahre vor, aber auch hier sind ihre Anteile nur sehr gering. Es gibt also auch bei den älteren Frauen nur einen relativ geringen Anteil, der vier und mehr Kinder hatte, während eindeutig die Frauen mit einem bis drei Kindern dominieren.

3.1.2 Die Vergleichsgruppe der Männer

Staatsbürgerschaft
Von den befragten Männern haben 97,4% die deutsche und lediglich 2,6% eine andere Staatsbürgerschaft. Die Verteilung der Staatsbürgerschaft unter den befragten Frauen und Männern insgesamt ist also nahezu gleich. Der Anteil der Männer mit einer anderen Staatsangehörigkeit liegt bei den befragten Männern im Rhein-Neckar-Kreis bei 4,3%, während von den befragten Männern im Rems-Murr-Kreis keiner eine andere als die deutsche Staatsbürgerschaft besitzt. Deutlich höher als bei den befragten Frauen ist mit 13,0% der Anteil der Männer, deren Partnerin eine andere oder eine doppelte Staatsbürgerschaft hat. Von den befragten Männern im Rhein-Neckar-Kreis haben dabei sogar 15,6%, im Rems-Murr-Kreis 9,1% eine Partnerin, die eine andere oder eine doppelte Staatsangehörigkeit besitzt.

Alter
Von den befragten Männern sind 6,5% unter 20 Jahre, 22,1% von 20 bis unter 30 Jahre, 22,1% von 30 bis unter 40 Jahre, 11,7% von 40 bis unter 50 Jahre, 16,9% von 50 bis unter 60 Jahre, 9,1% von 60 bis unter 70 Jahre und 9,1% der Männer sind über 70 Jahre alt. Der Rest (2,6%) machte keine Angabe. Im Vergleich zu der Altersverteilung der befragten Frauen konnten mehr Männer in den jüngeren Altersgruppen bis unter 30 Jahre befragt werden, weniger in der Altersgruppe der 40 bis unter 50jährigen, während die anderen Altersgruppen in ihren Anteilen ungefähr denen der befragten Frauen entsprechen. Auch bei den Männern sind die jeweiligen Altersgruppen in beiden Kreisen unterschiedlich stark vertreten. Lediglich in der Altersgruppe bis 20 Jahre und in der Altersgruppe von 30 bis unter 40 Jahre liegt der Anteil der befragten Männer im Rhein-Neckar-Kreis deutlich höher als im Rems-Murr-Kreis, während in allen anderen Altersgruppen der Anteil der befragten Männer im Rems-Murr-Kreis höher ist.

Familienstand und Haushaltsgröße

Wie bei den befragten Frauen, so sind auch bei den befragten Männern über die Hälfte (53,2%) verheiratet und leben mit ihren Partnerinnen zusammen. Die zweitstärkste Gruppe ist auch bei den Männern die der Ledigen (32,5%). 10,4% der Männer sind geschieden, also etwas mehr als bei den befragten Frauen. Nur 2,6% der Männer sind verwitwet im Vergleich zu 10,7% der Frauen und nur geringfügig mehr als bei den Frauen, nämlich 1,3% sind verheiratet, leben aber getrennt. Auch bei den befragten Männern zeigen sich im Vergleich der beiden Kreise zum Teil erhebliche Unterschiede bei der Verteilung der Familienstände. Der Anteil der verheirateten und zusammenlebenden Männer liegt im Rems-Murr-Kreis deutlich höher als bei den Befragten im Rhein-Neckar-Kreis. Auch der Anteil der geschiedenen wie der verwitweten Männer ist unter den Befragten im Rems-Murr-Kreis etwas höher. Bei den Ledigen hingegen kehrt sich dieses Verhältnis um, d.h. ihr Anteil ist im Rhein-Neckar-Kreis erheblich höher als im Rems-Murr-Kreis.

Wie bei den befragten Frauen auch, leben die meisten befragten Männer in einem Zwei-Personen-Haushalt (28,6%), gefolgt von der Gruppe von Männern, die in einem Drei-Personen-Haushalt leben (27,3%). In einem Vier-Personen-Haushalt leben 22,1% der befragten Männer und in einem Ein-Personen-Haushalt 15,6%. Im Vergleich zu den befragten Frauen leben also mehr Männer in einem Drei- oder Vier-Personen-Haushalt und weniger in einem Ein-Personen-Haushalt. Der Anteil von Männern, die in einem Fünf-Personen-Haushalt leben, ist mit 6,5% ungefähr gleich mit dem der befragten Frauen. Es konnten keine Männer befragt werden, die in einem Haushalt mit mehr als fünf Personen leben. In bezug auf die Haushaltsgröße der befragten Männer zeigen sich zwischen den beiden Kreisen folgende Unterschiede: Der Anteil der Männer, die in einem Ein-Personen- oder in einem Zwei-Personen-Haushalt leben, ist unter den Befragten im Rhein-Neckar-Kreis höher, ebenfalls der Anteil der Männer, die in einem Vier- oder Fünf-Personen-Haushalt leben. Lediglich bei den Männern, die in einem Drei-Personen-Haushalt leben, liegen die Anteile unter den Befragten im Rems-Murr-Kreis höher.

Kinder und Anzahl der Kinder

Von den befragten Männern haben deutlich weniger als bei den Frauen Kinder, nämlich insgesamt nur 66,2%. 33,8% haben keine Kinder. Interessanterweise haben im Rems-Murr-Kreis deutlich mehr Männer Kinder (76,7%) als im Rhein-Neckar-Kreis (59,6%). Auch bei den befragten Männern mit Kindern dominiert, wie bereits bei den Frauen, die Lebensform mit zwei Kindern. Die Hälfte aller befragten Männer aus dem Rhein-Neckar-Kreis und 60,9% aller Befragten aus dem Rems-Murr-Kreis hat zwei Kinder. Der Anteil der befragten Männer mit einem Kind liegt etwas unter dem der befragten Frauen. Insgesamt haben 21,6% aller befragten Väter ein Kind, wobei hier der Anteil der Männer aus dem Rhein-Neckar-Kreis deutlich über dem der Männer aus dem Rems-Murr-Kreis liegt. Insgesamt haben 11,8% der Väter drei Kinder, wobei hier unter den Befragten aus dem Rems-Murr-Kreis mehr Männer mit drei Kindern zu finden waren. Vier Kinder haben noch 7,8% aller Männer, wobei hier der Anteil im Rhein-Neckar-Kreis mehr als doppelt so hoch ist wie im Rems-Murr-Kreis. Während im Rhein-Neckar-Kreis keine Männer mit mehr als vier Kinder befragt werden konnten, liegt der Anteil der befragten Männer im Rems-Murr-Kreis, die fünf Kinder haben, bei 8,7%. In beiden Kreisen konnten, im Gegensatz zu den befragten Frauen, keine Männer mit mehr als fünf Kindern befragt werden.

3.2 Vertikale Ungleichheitsfaktoren

3.2.1 Die Gruppe der befragten Frauen

Bildung
Unterscheidet man die Befragten insgesamt nach ihrem höchsten Schulabschluß, so ist der Anteil der Frauen mit einem Volks-/Hauptschulabschluß am höchsten (32,0%), gefolgt von den Frauen mit einem Realschulabschluß bzw. der mittleren Reife (30,5%). Nur etwas weniger Frauen, nämlich 26,8%, haben die Hochschulreife (Abitur), 5,9% haben die Fachhochschulreife. 2,5% der befragten Frauen sind noch Schülerinnen, 1,4% haben die Schule ohne einen Abschluß beendet und 0,8% der Frauen haben einen anderen Schulabschluß.[14]

Tabelle 3.3: Höchster Schulabschluß der befragten Frauen

Höchster Schulabschluß:	Gesamt		Rhein-Neckar-Kreis		Rems-Murr-Kreis	
	absolut	in %	absolut	in %	absolut	in %
noch Schülerin	19	2,5%	14	3,0%	5	1,7%
Schule beendet ohne Abschluß	11	1,4%	4	0,8%	7	2,4%
Volks-/Hauptschulabschluß mit Abschluß 8. o. 9. Klasse	243	32,0%	159	33,8%	84	29,1%
Mittlere Reife, Realschulabschluß mit Abschl. 10. Klasse	232	30,5%	127	27,0%	105	36,3%
Fachhochschulabschluß (Abschluß Fachoberschule etc.)	45	5,9%	28	5,9%	17	5,9%
Abitur mit Abschluß 13. Klasse (Hochschulreife)	204	26,8%	136	28,9%	68	23,5%
anderen Schulabschluß	6	0,8%	3	0,6%	3	1,0%
Insgesamt	**760**	**100,0%**	**471**	**100,0%**	**289**	**100,0%**

Quelle: eigene Erhebung

Zwischen den befragten Frauen aus den beiden Kreisen gibt es mehr oder weniger deutliche Unterschiede im Bildungsniveau. Die Anteile der Frauen mit einem Volks- oder Hauptschulabschluß und mit einer Hochschulreife liegen bei den Befragten im Rhein-Neckar-Kreis über denen im Rems-Murr-Kreis. Allerdings nehmen die Frauen mit Realschulabschluß bzw. mittlerer Reife unter den Befragten im Rems-Murr-Keis einen deutlich größeren Anteil ein als unter denjenigen im Rhein-Neckar-Kreis. Etwas höher waren auch die Anteile unter den Befragten im Rems-Murr-Kreis, die einen anderen Schul-

---

[14] Ob die Stichprobe der hier befragten Frauen ein „Abbild" des Bildungsniveaus der Frauen insgesamt in den Kreisen oder in Baden-Württemberg ist, kann aufgrund fehlender aktueller Daten - die letzte umfassende Erhebung des Bildungsniveaus fand im Rahmen der Volkszählung im Jahr 1987 statt - nicht beantwortet werden (vgl. hierzu *Mischau/Blättel-Mink/Kramer* 1997; *Llanos/Schlegel* 1997). Als Orientierung, wenn auch nicht als direkte Vergleichsmöglichkeit, kann jedoch auf die Daten der Abgängerinnen aus allgemeinbildenden Schulen in Baden-Württemberg 1994 nach Abschlußart verwiesen werden. Von den weiblichen Schulabgängerinnen in 1994 hatten 30% einen Hauptschulabschluß, 37% einen mittleren Abschluß (mittlere Reife o.ä.), 24% die Hochschulreife, 4% die Fachhochschulreife und 5% verließen die Schule ohne bzw. mit einem anderen Abschluß (vgl. *Statistisches Landesamt Baden-Württemberg* 1995).

abschluß oder die die Schule ohne Abschluß beendet haben. Die Anteile der Frauen mit Fachhochschulreife liegen in beiden Kreisen gleich. Im Rhein-Neckar-Kreis konnten also mehr Frauen mit einem niedrigeren und mit einem hohen Schulabschluß befragt werden, im Rems-Murr-Kreis mehr Frauen mit einem mittleren Schulabschluß. Darüber hinaus befinden sich im Rhein-Neckar-Kreis fast doppelt so viele Schülerinnen unter den befragten Frauen wie im Rems-Murr-Kreis.

Läßt man die Frauen unter 20 Jahren einmal unberücksichtigt, da in dieser Altersgruppe über 80% noch Schülerinnen sind, so zeigt sich im Vergleich der höchsten Schulabschlüsse über die Altersgruppen hinweg, und dies gilt für beide Kreise gleichermaßen, daß sich insgesamt das Bildungsniveau der Frauen deutlich nach oben verschiebt, je jünger die Frauen sind. So haben z.B. unter den Frauen der älteren Generation ab 60 Jahre noch über 60% einen Volks- oder Hauptschulabschluß, aber nur knapp 10% die Hochschulreife. Umgekehrt finden sich unter der jüngeren Generation von 20 bis unter 30 Jahren nur noch knapp 10% Frauen, die einen Volks- oder Hauptschulabschluß gemacht haben, aber ca. 45%, die die Hochschulreife besitzen. Die höchsten Anteile von Frauen, die die Schule ohne Abschluß beendet haben, finden sich unter den Befragten ab 60 Jahre. Diese zeigen neben den höchsten Anteilen bei den Volks-/Hauptschulabschlüssen, nicht nur die niedrigsten Anteile bei höheren Schulabschlüssen wie Fach- oder Hochschulreife, sondern auch bei den mittleren Bildungsabschlüssen (Realschulabschluß, Mittlere Reife). In den Altersgruppen von 40 bis unter 60 Jahre zeigt sich diese Tendenz zwar noch, die Unterschiede in den Anteilen unter den einzelnen Bildungsabschlüssen nivellieren sich jedoch zunehmend. Die Tendenz, daß immer weniger Frauen einen niedrigen Bildungsabschluß haben und immer mehr sich auf mittlere oder höhere Bildungsabschlüsse konzentrieren, zeigt sich erstmals bei den 30 bis unter 40jährigen Frauen, bei denen der Anteil der Frauen mit Volks- oder Hauptschulabschluß nur noch 19% ausmacht, während die Frauen mit Realschulabschluß oder Hochschulreife jeweils schon deutlich über 30% liegen. Das höchste Bildungsniveau zeigen die 20 bis unter 30jährigen Frauen. Von ihnen haben bereits über 85% mittlere oder höhere Bildungsabschlüsse.

Ein Blick auf das Bildungsniveau der befragten Frauen in den jeweiligen Gemeinden zeigt, daß die meisten Frauen mit Hochschulreife in den Gemeinden Schriesheim, Bammental und Eppelheim befragt werden konnten. In Schriesheim und Bammental liegt der Anteil dieser Frauen sogar deutlich über den Anteilen der Frauen, die einen niedrigen oder mittleren Schulabschluß haben. In Eppelheim hingegen ist der Anteil unter den Befragten, die einen Volks-/Hauptschulabschluß haben, etwas höher als der der Frauen mit Abitur. Eppelheim gehört, zusammen mit St. Leon-Rot, Kirchberg und Rauenberg auch zu den Gemeinden, unter deren Befragten sich die meisten Frauen mit Volks- oder Hauptschulabschluß befinden. In all diesen Gemeinden sind die Anteile der befragten Frauen mit niedrigem Bildungsabschluß höher als der Durchschnittswert insgesamt, und höher als die Anteile der Frauen mit mittlerem oder hohen Bildungsabschluß in diesen Gemeinden. Die meisten Frauen mit Realschulabschluß/Mittlerer Reife konnten in Korb, Eberbach, Schorndorf und Großerlach befragt werden. Die meisten Schülerinnen wurden unter den Frauen in Bammental, Schriesheim und Eberbach befragt. In sechs der zehn Gemeinden wurden auch Frauen befragt, die die Schule ohne Abschluß beendet hatten. Ihr Anteil unter den Befragten war besonders hoch in den Gemeinden Großerlach, Rauenberg und in Korb. Diese Ergebnisse müssen natürlich in Zusammenhang mit der Altersverteilung in den jeweiligen Gemeinden gesehen werden. Dort, wo z.B. relativ viele ältere Frauen befragt wurden, findet sich auch ein relativ hoher Anteil von Frauen mit Volks- und Hauptschulabschluß. Umgekehrt gilt: dort, wo mehr jüngere Frauen befragt wurden, steigen auch die Anteile der Befragten mit höheren Bildungsabschlüssen. Darüber hinaus gibt es in einigen Gemeinden, wie z.b. in Eppelheim, aufgrund der Nähe zur Universitätsstadt Heidelberg einen hohen Anteil Studierender, so daß hier, wie z.B. auch in Schriesheim und Bammental (beides bevorzugte Wohnorte von "Akademikerfamilien"), der Anteil an Abiturientinnen unter den Befragten auch besonders hoch ist.

Ausbildung

Bei der Frage, welchen beruflichen Ausbildungsabschluß sie haben, konnten die Befragten mehrere angeben, da es ja möglich ist, daß jemand im Laufe seines Lebens verschiedene Ausbildungsabschlüsse erworben hat. Die meisten Frauen (32,3%) haben eine beruflich-betriebliche Ausbildung (Lehre mit Abschlußprüfung), wobei der Anteil der Frauen mit diesem Abschluß unter den Befragten im Rhein-Neckar-Kreis etwas höher liegt als im Rems-Murr-Kreis. 18,4% der Befragten haben eine beruflich-schulische Ausbildung (z.B. Berufsfachschule, Handelsschule, Verwaltungs-(fach)schule usw.). Bei dieser Form des Ausbildungsabschlusses liegt der Anteil unter den befragten Frauen im Rems-Murr-Kreis höher als im Rhein-Neckar-Kreis, was mit den bereits beschriebenen Strukturunterschieden zusammenhängt. 11,3% aller Frauen haben einen Hochschulabschluß, wobei ihr Anteil unter den Befragten im Rhein-Neckar-Kreis über dem der Befragten im Rems-Murr-Kreis liegt.

8,2% der Befragten befinden sich noch in einer Ausbildung oder sind Schülerinnen/Studentinnen. Auch diese Gruppe ist unter den Befragten im Rhein-Neckar-Kreis stärker vertreten. Fast 8% Frauen befinden sich nicht in der Ausbildung und haben auch bisher keinen beruflichen Ausbildungsabschluß gemacht. Diese Gruppe von Frauen ist im Rems-Murr-Kreis etwas stärker vertreten. Insgesamt 6,5% der befragten Frauen haben einen Fachhochschulabschluß, wobei diese Abschlußart in beiden Kreisen fast gleich stark vertreten ist. 6,1% der Befragten haben einen Abschluß an einer Fachschule, Berufsakademie, Fachakademie (auch Meister- oder Technikerschule) gemacht. Hierbei liegt der Anteil unter den Befragten im Rems-Murr-Kreis höher als unter denen im Rhein-Neckar-Kreis. Gleiches gilt auch für die Gruppe von Frauen, die eine beruflich-betriebliche Anlernzeit (eventuell mit Abschlußzeugnis, aber keine Lehre) vorweisen, deren Anteil insgesamt bei 4,0% liegt, und für die Gruppe von Frauen (5,1%), die einen anderen Ausbildungsabschluß haben.

Vergleicht man die beruflichen Ausbildungsabschlüsse der befragten Frauen nach den Gemeinden, so fallen vor allem Unterschiede bei den hohen und bei den niedrigen Ausbildungsabschlüssen auf. In den Gemeinden, in denen bereits die Anteile der befragten Frauen mit einer Hochschulreife sehr hoch sind, sind auch die Anteile der Frauen mit einem Hochschulabschluß überdurchschnittlich hoch. Dies gilt z.B. für Schriesheim, Eppelheim, Bammental, aber auch für Rauenberg und Schorndorf. Besonders gering ist der Anteil der Frauen mit Hochschulabschluß unter den Befragten in den Gemeinden Korb, St. Leon-Rot und Kirchberg.

Auffällig ist, daß in einigen Gemeinden der Anteil unter den Befragten, die keinen beruflichen Abschluß haben, überdurchschnittlich hoch ist. Dies gilt für St.Leon-Rot, Eberbach, Schorndorf und Großerlach. Auch die Anteile der Frauen, die lediglich eine beruflich-betriebliche Anlernzeit als Berufsausbildung haben, sind unter den Befragten in einigen Gemeinden (z.B. St. Leon-Rot und Kirchberg) deutlich höher als in den anderen Gemeinden. Wenngleich, wie bereits erwähnt, der Anteil der Frauen mit einer beruflich-betrieblichen Ausbildung (Lehre) am höchsten ist, so gibt es Gemeinden, unter deren Befragten der Anteil diese Gruppe noch höher ist als für alle Befragten insgesamt. Dies gilt für Großerlach, Kirchberg, Eberbach, Rauenberg und St. Leon-Rot.

Tabelle 3.4: Beruflicher Ausbildungsabschluß der befragten Frauen

Beruflicher Ausbildungsabschluß:	Gesamt		Rhein-Neckar-Kreis		Rems-Murr-Kreis	
	absolut	in %	absolut	in %	absolut	in %
bin in der Ausbildung oder Schülerin/Studentin	69	8,2%	50	9,8%	19	5,7%
bin nicht in Ausbildung und habe bisher keinen beruflichen Ausbildungsabschluß	68	8,0%	40	7,8%	28	8,4%
beruflich-betriebliche Anlern-zeit (event. mit Abschluß-zeug-nis, aber keine Lehre)	34	4,0%	17	3,3%	17	5,1%
beruflich-betriebliche Ausbil-dung, Lehre mit Abschlußprü-fung	273	32,3%	172	33,6%	101	30,2%
beruflich-schulische Ausbil-dung: Berufsfach-, Handels-, Verwaltungs(fach)schule usw.	156	18,4%	84	16,4%	72	21,6%
Ausbildung an einer anderen Fachschule/Berufsakademie, Fachakademie; auch: Meister-, Technikerschule	52	6,1%	27	5,3%	25	7,5%
Fachhochschulabschluß, auch: Ingenieurschulabschluß	55	6,5%	32	6,3%	23	6,9%
Hochschulabschluß	96	11,3%	67	13,1%	29	8,7%
anderer beruflicher Ausbil-dungsabschluß (auch höhere wie z.B. Promotion)	43	5,1%	23	4,5%	20	6,0%
Insgesamt	846	100,0%	512	100,0%	334	100,0%

Quelle: eigene Erhebung

Wie bei dem Bildungsabschluß der Frauen ist es auch bei der Frage nach dem beruf-lichen Ausbildungsabschluß interessant, zusätzlich einen Blick auf die Altersverteilung zu werfen. Läßt man die Frauen unter 20 Jahren einmal unberücksichtigt, da in dieser Altersgruppe 100% der Befragten noch in der Ausbildung oder noch Schülerin-nen/Studentinnen sind, zeigt sich auch im Vergleich der Ausbildungsabschlüsse über die Altersgruppen hinweg, daß sich das berufliche Qualifizierungsniveau der Frauen deut-lich nach oben verschiebt, je jünger die Frauen sind. Ein Vergleich zwischen den älteren Frauen ab 60 Jahren und den Frauen zwischen 20 und 30 Jahren verdeutlicht diese Ten-denz sehr gut. So finden sich z.B. unter den Frauen ab 60 Jahre ein Anteil von 22,1%, die bisher keinen beruflichen Ausbildungsabschluß gemacht haben, und noch einmal ein Anteil von 12,3%, die zwar eine beruflich-betriebliche Anlernzeit, aber keine Lehre vorweisen können. Im Gegenzug dazu haben nur knapp 8% der Frauen aus dieser Al-tersgruppe einen Hochschulabschluß, 2,4% einen Abschluß an einer Fachschule, Be-rufsakademie u.ä und 1,8% einen Fachhochschulabschluß.

Unter den Frauen von 20 bis unter 30 Jahren befinden sich immerhin noch 32,4% in der Ausbildung bzw. sind Schülerinnen oder Studentinnen. Es ist davon auszugehen, daß der hohe Anteil der sich in Ausbildung befindenden Frauen bzw. der Schülerinnen/Studentinnen in dieser Altersgruppe bedeutet, daß höhere Berufsqualifikationen angestrebt werden. Sehr gering ist in dieser Altersgruppe der Anteil von Frauen, die nicht in der Ausbildung sind und keinen beruflichen Ausbildungsabschluß haben (3,7%), oder der Anteil von Frauen, die eine beruflich-betriebliche Anlernzeit gemacht haben (1,5%). In der Tendenz zeigt sich also, daß die Frauen, je jünger sie sind, immer seltener einen unqualifizierten Ausbildungsabschluß haben bzw. ganz auf einen beruflichen Abschluß verzichten, und statt dessen einen höher qualifizierten Ausbildungsabschluß anstreben. Interessanterweise liegt trotz der allgemeinen Tendenz hin zu höheren Ausbildungsabschlüssen bei den jüngeren Frauen nach wie vor auch bei ihnen, wie bei den älteren Frauen, noch immer der Schwerpunkt auf den mittleren Ausbildungsabschlüssen, wie z.B. auf einer beruflich-betrieblichen Ausbildung (Lehre) oder einer beruflich-schulischen Ausbildung, z.B. an einer Berufsfachschule, Verwaltungsfachschule usw..

Erwerbsbeteiligung
Graphik 3.4 zeigt, daß die meisten befragten Frauen (40,5%) nicht erwerbstätig sind. Fast ein Viertel der Frauen (22,5%) ist jedoch voll erwerbstätig (35 und mehr Wochenstunden), noch einmal 20,3% der Frauen sind teilzeit erwerbstätig (15 bis 34 Wochenstunden) und 13,8% der Frauen sind bis zu 14 Stunden in der Woche erwerbstätig. Unter den Befragten sind 1,8% Frauen, die gerade eine Lehre machen bzw. in der Ausbildung sind. Der Rest (1,1%) machte keine Angaben.[15]

Von den Frauen, die nicht oder nur geringfügig (bis zu 14 Wochenstunden) erwerbstätig sind, stellen mit 36,8% die Hausfrauen die größte Gruppe, gefolgt von den Rentnerinnen, Pensionärinnen oder Vorruheständlerinnen mit einem Anteil von 32,4%. 13,3% der Befragten sind deshalb nicht oder nur geringfügig erwerbstätig, weil sie noch Schülerinnen bzw. Studentinnen sind. 9,7% der Frauen befinden sich gerade in Mutterschafts- oder im Erziehungsurlaub, 3,9% der Frauen sind arbeitslos, 3,1% aus anderen Gründen nicht erwerbstätig und 0,7% machen gerade eine Umschulung.

Generell ist die Erwerbsbeteiligung unter den befragten Frauen im Rems-Murr-Kreis höher als im Rhein-Neckar-Kreis. Sowohl bei den Vollerwerbstätigen als auch bei den teilzeit erwerbstätigen Frauen und den Frauen, die noch bis zu 14 Wochenstunden arbeiten, liegen die Anteile der Befragten aus dem Rems-Murr-Kreis immer über denen aus dem Rhein-Neckar-Kreis. Lediglich bei den Auszubildenden übersteigen die Anteile unter den Frauen im Rhein-Neckar-Kreis die im Rems-Murr-Kreis. Der Anteil der nicht erwerbstätigen Frauen unter den Befragten ist im Rhein-Neckar-Kreis hingegen deutlich höher als im Rems-Murr-Kreis.

---

[15] In den amtlichen Statistiken wird der Umfang der Erwerbsbeteiligung von Frauen nicht so differenziert betrachtet, wie dies hier in dieser Studie erhoben wurde. Meist wird nur die allgemeine Erwerbsbeteiligung von Frauen oder ihr Anteil an den sozialversicherungspflichtigen ArbeitnehmerInnen insgesamt, ihr Anteil an den Teilzeitbeschäftigten in verschiedenen Sektoren o.ä. erhoben. Ein Vergleich mit den hier erhobenen Daten bezüglich der „Repräsentativität" ist also nicht möglich. Eine Aufarbeitung der vorhandenen allgemeinen statistischen Daten für die beiden Landkreise und für Baden-Württemberg findet sich in: *Ministerium für Familie, Frauen, Weiterbildung und Kunst in Baden-Württemberg* 1993, *Mischau/Blättel-Mink/Kramer* 1997, *Llanos/Schlegel* 1997, *Arnold/Baumann* 1997.

Graphik 3.4: Umfang der Erwerbstätigkeit der befragten Frauen (Gesamt)

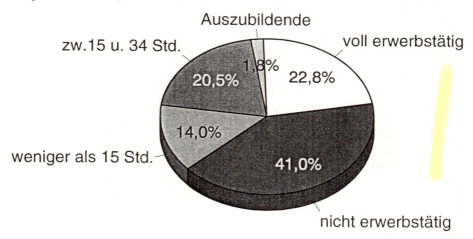

Quelle: eigene Erhebung

Graphik 3.5: Beruflicher „Status" der nicht oder geringfügig erwerbstätigen Frauen (weniger als 15 Wochenstunden - Gesamt)

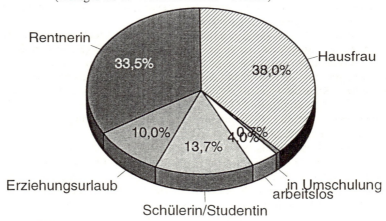

Quelle: eigene Erhebung

Von den Frauen, die nicht oder nur geringfügig erwerbstätig sind (vgl. Graphik 3.5), stellen in beiden Kreisen die Hausfrauen die größte Gruppe, gefolgt von den Rentnerinnen. Im Rhein-Neckar-Kreis machen die Schülerinnen/Studentinnen die drittstärkste Gruppe aus, im Rems-Murr-Kreis stehen sie nur an vierter Stelle. Hier stellen die Frauen, die gerade in Mutterschafts- oder Erziehungsurlaub sind, die drittstärkste Gruppe. In beiden Kreisen gibt es unter den befragten Frauen etwa gleich viele arbeitslose Frauen, Umschülerinnen und Frauen, die aus anderen Gründen nicht erwerbstätig sind.

Der Blick auf die Erwerbsbeteiligung der Frauen nach Alter verdeutlicht sehr eindrücklich, inwieweit noch immer der Umfang der weiblichen Erwerbsbeteiligung von den verschiedenen Lebensphasen der Frau und ihrer primären Zuordnung zum Reproduktionsbereich abhängig ist.

Die meisten nicht erwerbstätigen Frauen befinden sich in den Altersgruppen der unter 20jährigen, die überwiegend noch Schülerinnen sind, und in den Altersgruppen ab 60 Jahren, in denen die Frauen bereits überwiegend aus dem Erwerbsleben ausgeschieden, d.h. Rentnerinnen und Pensionärinnen sind. Die höchsten Anteile der vollerwerbstätigen Frauen finden sich in den Altersgruppen der 20 bis unter 30jährigen (36,4%) und der 50 bis unter 60jährigen (31,5%). In den Altersgruppen der 30 bis unter 50jährigen liegen die Anteile der vollerwerbstätigen Frauen mit etwas über 25% deutlich darunter. Es kann also ganz allgemein vermutet werden, daß der Umfang der Erwerbstätigkeit der Frauen in den Altersgruppen vor bzw. zu Beginn und nach der Familienphase relativ hoch ist, während er in den Altersgruppen, in denen die Hauptzeit der Kinderversorgung und -erziehung liegt, zumindest reduziert oder ganz aufgegeben wird. Ein detaillierter Blick in die einzelnen Altersgruppen bestätigt diese Vermutung.

Fast ebenso hoch wie der Anteil der Vollerwerbstätigen ist bei den 20 bis unter 30-jährigen Frauen der Anteil der nicht erwerbstätigen Frauen (33,9%). Der Anteil der Teilzeiterwerbstätigen in dieser Altersgruppe ist im Vergleich zu den anderen Gruppen am niedrigsten, und auch der Anteil der geringfügig beschäftigten Frauen ist relativ niedrig. In dieser Gruppe machen unter den nicht oder nur geringfügig Erwerbstätigen mit über 55% noch immer die Schülerinnen/Studentinnen die größte Gruppe aus, gefolgt von den Hausfrauen (18,6%) und den Frauen in Mutterschutz/Erziehungsurlaub (18,6%). Dies bedeutet, in dieser Altersgruppe sind die meisten Frauen noch vor der Familiengründungsphase und damit entweder noch Schülerinnen/Studentinnen oder voll erwerbstätig. Auch in der Gruppe der 30 bis unter 40jährigen ist zwar noch ca. ein Viertel der Frauen voll erwerbstätig, dennoch liegt hier der Anteil der nicht erwerbstätigen Frauen (31,5%) schon über dem der voll erwerbstätigen Frauen. Etwas über 20% sind in dieser Altersgruppe teilzeit erwerbstätig, und noch etwas höher (23,0%) liegt der Anteil der geringfügig beschäftigten Frauen. Von den Frauen, die nicht oder nur geringfügig erwerbstätig sind, haben mehr als die Hälfte (54,3%) angegeben, daß sie Hausfrauen sind, und weitere 29,8% befinden sich in Mutterschutz oder Erziehungsurlaub. In dieser Altersspanne scheinen also die meisten Frauen wegen der Kinderversorgung die Erwerbstätigkeit ganz zu unterbrechen oder einzuschränken. Etwa gleich hoch (25,7%) ist der Anteil der voll erwerbstätigen Frauen in der Altersgruppe von 40 bis unter 50 Jahren. In dieser Altersgruppe allerdings ist der Anteil der nicht Erwerbstätigen (23,0%) bereits wieder geringer als der der voll erwerbstätigen Frauen. Die größten Anteile haben in dieser Gruppe die teilzeit erwerbstätigen Frauen (38,2%), während der Anteil der geringfügig beschäftigten Frauen (13,2%) deutlich abnimmt. Man könnte also darauf schließen, daß die Kinder dieser Frauen bereits älter sind und die Frauen wieder beginnen, (zumindest wieder halbtags) ins Erwerbsleben zurückzukehren. In der Altersgruppe der 50 bis unter 60jährigen gleichen sich die Anteile der voll und der teilzeit erwerbstätigen Frauen wieder nahezu an (31,5% zu 35,5%), während der Anteil der geringfügig beschäftigten Frauen relativ gering bleibt (13,7%) und der der nicht Erwerbstätigen gegenüber den anderen Gruppen am niedrigsten (18,5%) ist.

Berufliche Stellung
Mit Ausnahme der Schülerinnen und Studentinnen wurden alle Frauen nach ihrer derzeitigen oder letzten (z.B. bei Hausfrauen, Rentnerinnen) beruflichen Stellung gefragt. Weit über die Hälfte aller Frauen (58,9%) sind Angestellte. Die nächstgrößte Gruppe

unter den befragten Frauen ist die der Arbeiterinnen oder Facharbeiterinnen (11,4%), gefolgt von den Beamtinnen (10,1%). 7,1% der befragten Frauen sind als Selbständige in den Bereichen Handel, Gewerbe, Industrie und Dienstleistung tätig und 4,3% arbeiten in einem freien Beruf, wie z.B. als Ärztin, Rechtsanwältin, aber auch z.B. als freischaffende Künstlerin. Immerhin 2,5% der Frauen gehören zu der Gruppe der mithelfenden Familienangehörigen, 1,9% der befragten Frauen befinden sich noch in einer Ausbildung bzw. Lehre. 1,3% waren noch nie erwerbstätig und 1% sind als Selbständige in den Bereichen Landwirtschaft, Forstwirtschaft, Tierzucht oder Fischerei tätig.[16]

Tabelle 3.5: Berufliche Stellung der befragten Frauen

Berufliche Stellung	Gesamt		Rhein-Neckar-Kreis		Rems-Murr-Kreis	
	absolut	in %	absolut	in %	absolut	in %
noch nie erwerbstätig	9	1,3%	5	1,2%	4	1,5%
Selbständige in Landwirtschaft u.ä.	7	1,0%	5	1,2%	2	0,7%
freier Beruf	30	4,3%	16	3,8%	14	5,2%
Selbständige in Handel/Gewerbe u.ä.	49	7,1%	29	6,9%	20	7,4%
Beamtin im öffentl. Dienst	70	10,1%	49	11,6%	21	7,7%
Angestellte	408	58,9%	241	57,1%	167	61,6%
Arbeiterin, Facharbeiterin	79	11,4%	51	12,1%	28	10,3%
mithelfende Familienangehörige	17	2,5%	11	2,6%	6	2,2%
in Ausbildung/Lehre	13	1,9%	7	1,7%	6	2,2%
Sonstiges	11	1,6%	8	1,9%	3	1,1%
Insgesamt	**693**	**100,0%**	**422**	**100,0%**	**271**	**100,0%**

Quelle: eigene Erhebung

An der grundlegenden Verteilung der beruflichen Stellung der Frauen ändert auch der vergleichende Blick auf die Frauen in den jeweiligen Kreisen nichts. Allerdings liegt der Anteil der Angestellten im Rems-Murr-Kreis höher als im Rhein-Neckar-Kreis. Dies gilt auch für den Anteil der Befragten, die als Selbständige im Handel/Gewerbe u.ä. oder die in freien Berufen tätig sind. Dafür gibt es unter den Befragten aus dem Rhein-Neckar-Kreis etwas mehr Arbeiterinnen/Facharbeiterinnen und etwas mehr Beamtinnen. Geringfügig höher als im Rems-Murr-Kreis sind im Rhein-Neckar-Kreis die Anteile der Frauen, die als Selbständige in der Landwirtschaft und die als mithelfende Familienangehörige tätig sind. Umgekehrt liegen die Anteile der befragten Frauen, die noch nie

---

[16] Inwieweit die Stichprobe der hier befragten Frauen ein „Abbild" der beruflichen Stellung der Frauen insgesamt in den Kreisen oder in Baden-Württemberg ist, kann aufgrund fehlender aktueller Daten, die letzte detaillierte Erhebung des Berufsstatus fand im Rahmen der Volkszählung 1987 statt, nicht beantwortet werden (vgl. hierzu *Mischau/Blättel-Mink/Kramer* 1997; *Llanos/Schlegel* 1997). Als Orientierung, wenn auch nicht als direkte Vergleichsmöglichkeit, kann jedoch auf die Daten der Erwerbstätigen nach Geschlecht und Stellung im Beruf in Baden-Württemberg 1992 verwiesen werden. Danach waren 1992 von den weiblichen Erwerbstätigen 29% Arbeiterinnen, 58% Angestellte, 4% Beamtinnen, 3% Mithelfende Familienangehörige und 5% Selbständige (vgl. *Ministerium für Familie, Frauen, Weiterbildung und Kunst Baden-Württemberg* 1993).

erwerbstätig waren und derjenigen, die sich noch in der Ausbildung befinden, im Rems-Murr-Kreis etwas höher.

Ein Blick auf die berufliche Stellung der befragten Frauen in den jeweiligen Gemeinden läßt nur schwer einen Vergleich zwischen den Gemeinden zu, da diese ja auch von der Wirtschaftsstruktur und dem Arbeitsplatzangebot der jeweiligen Gemeinden (und ihrer Umgebung) beeinflußt wird. Erwähnenswert ist, daß Frauen, die als Selbständige in der Landwirtschaft u.ä. arbeiten, nur in fünf der zehn Gemeinden befragt werden konnten. Wenngleich ihr Anteil insgesamt bei nur 1% liegt, so ist ihr Anteil unter den befragten Frauen aus Schriesheim (3,6%) und aus Rauenberg (3,0%) deutlich höher, also in den Gemeinden, in denen es noch vergleichsweise viel Landwirtschaft gibt. Frauen, die in freien Berufen arbeiten, konnten in sieben der zehn Gemeinden interviewt werden. Hier zeigt sich, daß der Anteil von 4,3%, den diese Gruppe insgesamt hat, in den eher städtischen oder „stadtorientierten" Gemeinden wie Schorndorf, Bammental, Schriesheim, Eberbach und Eppelheim relativ hoch und z.T. deutlich über dem Durchschnittswert liegt. Der Anteil der Angestellten ist unter den Befragten aller Gemeinden am höchsten. Deutlich über dem Durchschnittswert von 58,9% liegen dabei die Anteile unter den Befragten aus Korb, Kirchberg, Eberbach und St. Leon-Rot. Die meisten Arbeiterinnen/Facharbeiterinnen konnten in den Gemeinden Rauenberg, Eppelheim, St.Leon-Rot und in Großerlach befragt werden. Auch bei der Berufsgruppe der Beamtinnen liegt der Anteil unter den Befragten in einigen Gemeinden zum Teil deutlich über dem Durchschnittswert, nämlich in Rauenberg, Schriesheim, Großerlach und Kirchberg. Die meisten Frauen, die ihre berufliche Stellung als mithelfende Familienangehörige angaben, konnten in St. Leon-Rot, Großerlach, Korb und in Bammental befragt werden.

Die Verteilung der beruflichen Statusgruppen auf die unterschiedlichen Altersgruppen zeigt keine so deutlichen Unterschiede zwischen den Generationen wie z.B. bei dem Bildungsniveau oder der Qualifikation der Ausbildung. Auffällig ist, daß z.B. die Frauen, die als Selbständige in der Landwirtschaft o.ä. tätig waren, nur in den höheren Altersgruppen (50 bis unter 60 und über 70 Jahre) zu finden sind. Auch ist der Anteil der Arbeiterinnen/Facharbeiterinnen in den Altersgruppen ab 60 Jahre im Vergleich zu den anderen Altersgruppen am höchsten. Dennoch zeigt die Verteilung der beruflichen Stellung der Frauen in den einzelnen Altersgruppen ein eher diffuses Bild, so daß man nicht einfach sagen kann, daß jüngere Frauen (entsprechend ihrem höheren Bildungs- und Ausbildungsniveau) eine bessere oder höhere berufliche Stellung haben als ältere Frauen.

Einkommen

Als letzter Aspekt soll nun noch die Einkommenssituation der Frauen betrachtet werden. Da es hier keine nennenswerten Unterschiede zwischen den Frauen beider Kreise gibt, wird nur die Einkommenssituation der Frauen insgesamt dargestellt. Abgefragt wurde die Höhe des eigenen monatlichen Nettoeinkommens der Frauen. Von den Frauen, die eine Angabe bezüglich ihres eigenen Einkommens machten, haben 67,1% ein eigenes Einkommen.

Ein Blick auf die Höhe der Einkommen zeigt ganz grundsätzlich die bekannte Tatsache, daß Frauen noch immer sehr selten in den höheren oder sehr hohen Einkommensgruppen, dafür aber um so häufiger in den niedrigen Einkommensgruppen zu finden sind. Insgesamt betrachtet haben weniger als 3% der Frauen ein eigenes monatliches Nettoeinkommen, durch das man sie den sogenannten „Spitzenverdienern" zurechnen könnte, d.h. ein Nettoeinkommen über DM 5.500 im Monat. Ca 10% der Frauen sind der Gruppe der Bezieherinnen höherer Einkommen zuzuordnen mit einem monatlichen Nettoeinkommen zwischen DM 3.500 und DM 5.500. Etwas über ein Viertel der Befragten hat ein Einkommen zwischen DM 1.250 und DM 2.250 im Monat und bei weiteren 21,8% der Frauen bewegt sich das Einkommen zwischen DM 2.250 und DM 3.500 netto monatlich. 41,2% der Frauen jedoch haben monatlich ein eigenes Nettoeinkommen, das unter DM 1.250 liegt.[17]

Ein detaillierterer Blick auf diese Gruppe der „Kleinstverdienerinnen", also der Frauen mit einem monatlichen Nettoeinkommen bis unter DM 1.250, zeigt, daß von diesen Frauen etwas mehr als ein Drittel der Gruppe der geringfügig Beschäftigten zuzuordnen ist, d.h. den sog. „610-Mark-Jobs". Betrachtet man die Frauen aus dieser Gruppe der „Kleinstverdienerinnen" noch unter den Aspekten ihrer Erwerbsbeteiligung und ihres Familienstandes, so wird deutlich, daß sie im wesentlichen die „klassischen Zuverdienerinnen" sind. Zuverdienerin bedeutet, daß die Frau verheiratet ist und neben Haushalt und Kindern etwas „dazu verdient", im wesentlichen aber über das Familieneinkommen, d.h. das Einkommen des Mannes, versorgt ist. Von den teilzeit erwerbstätigen Frauen gehören etwas mehr als ein Drittel zu dieser Gruppe, von den geringfügig Erwerbstätigen über 80%. Mit über 50% ist auch der Anteil unter den nicht erwerbstätigen Frauen, die dieser Einkommensgruppe zuzuordnen sind, relativ hoch. Hierbei handelt es sich aber zum großen Teil um die jüngeren Frauen, die noch von ihren Eltern versorgt werden und sich ein Taschengeld dazu verdienen. Von den verheirateten Frauen verdienen 52,7% unter DM 1.250 netto im Monat, von den Ledigen (auch hier vorrangig jüngeren Frauen) befindet sich noch etwas mehr als ein Drittel in dieser Einkommensgruppe.

Interessant ist auch eine Differenzierung der Höhe des eigenen monatlichen Nettoeinkommens nach dem Alter der Frauen. Zwei Aspekte treten hier deutlich hervor: Bestätigt wird noch einmal die These, daß die Frauen, die der Gruppe der „Kleinstverdienerinnen" zuzurechnen sind, überwiegend Zuverdienerinnen sind. Die Altersverteilung zeigt, daß diese Kleinstverdienerinnen mit einem monatlichen Nettoeinkommen unter DM 1.250 vor allem in der Gruppe der 20 bis 40jährigen vertreten sind (jeweils über 50% der Frauen in diesen Altersgruppen). Dies ist die Zeitspanne der sog. Familienphase, in der die meisten Frauen ihre Erwerbstätigkeit wegen der Familiengründung zumindest einschränken, was sich natürlich auch in der Höhe ihres Einkommens bemerkbar macht.

Die Altersverteilung bei der Einkommenshöhe führt die zum Teil prekäre finanzielle Situation der Rentnerinnen vor Auge. Sicherlich gibt es auch Rentnerinnen, denen es finanziell gut oder sehr gut geht. In der Gruppe der 60-70jährigen Frauen hat ca. ein Viertel ein Einkommen (Rente), das über 2.250 DM im Monat liegt. Auch in der Gruppe der über 70jährigen gibt es zwar schon deutlich weniger, aber immerhin noch ca. 14%, deren Einkommen (Rente) in diesem Bereich liegt. Unter der Gruppe der 60-

---

[17] In den amtlichen Statistiken wird die Einkommenssituation von Frauen anders erfaßt als dies hier in der Studie getan wurde, so daß ein Vergleich zwischen den befragten Frauen hier und der allgemeinen Einkommenssituation der Frauen in den beiden Landkreisen oder in Baden-Württemberg nicht möglich ist. In den amtlichen Statistiken werden die Löhne z.B. nach Berufsstatus oder Berufsgruppen ausgewiesen und mit den männlichen Einkommen verglichen oder aber es wird erfaßt, woher die Frauen den überwiegenden Lebensunterhalt bestreiten, also z.B. über Erwerbstätigkeit, Rente oder über das Einkommen von Familienangehörigen. Diese Aspekte können für die beiden Kreise bei *Mischau/Blättel-Mink/Kramer* (1997) und *Llanos/Schlegel* (1997) nachgelesen werden. Für Baden-Württemberg insgesamt wurden die Daten aus den Jahren 1991 und 1992 zum Teil sehr detailliert aufgearbeitet (vgl. *Ministerium Familie, Frauen, Weiterbildung und Kunst in Baden-Württemberg* 1993).

70jährigen haben aber fast 40% der Frauen ein Einkommen (Rente) von unter 1.250 DM im Monat. In der Gruppe der über 70jährigen sind dies sogar über 50% der Frauen. Altersarmut, wenn man über eine solche spricht, trägt also eindeutig ein weibliches Gesicht, auch in den beiden hier betrachteten Landkreisen.

3.2.2 Die Vergleichsgruppe der Männer

Bildung
Betrachtet man die höchsten Schulabschlüsse bei den befragten Männern, so zeigt sich, daß der Anteil der Männer mit Volks-/Hauptschulabschluß mit 33,8% nahezu genauso hoch liegt wie der Anteil der Frauen (32,0%), daß aber der Anteil der Männer mit Hochschulreife (33,8%) deutlich höher ist als bei den befragten Frauen (26,8%). Der Anteil der Männer mit einem Realschulabschluß/Mittlerer Reife liegt demgegenüber nur bei 22,1% und damit deutlich unter dem der Frauen. Relativ nahe beieinander liegen die Anteile der Männer (1,3%) und der Frauen (1,4%), die die Schule ohne Abschluß beendet haben, und die Anteile derer, die einen anderen Schulabschluß haben (1,3% zu 0,8%). 3,9% der Männer haben eine Fachhochschulreife, im Gegensatz zu 5,9% der Frauen, und 3,9% waren noch Schüler, im Gegensatz zu 2,5% Schülerinnen bei den Frauen.

Auch bei den befragten Männern zeigen sich im Bildungsniveau zum Teil recht deutliche Unterschiede zwischen den Kreisen. Im Rhein-Neckar-Kreis wurden deutlich mehr Männer mit Abitur befragt als im Rems-Murr-Kreis. Die Anteile der Männer mit Volks-/Hauptschulabschluß, mit Mittlerer Reife und mit Fachhochschulreife hingegen waren jeweils im Rems-Murr-Kreis höher. Während im Rems-Murr-Kreis keine Schüler und keine Männer mit einem anderen Schulabschluß befragt werden konnten, hatte im Rhein-Neckar-Kreis keiner der befragten Männer die Schule ohne Abschluß beendet.

Ausbildung
Auch bei den befragten Männern ist die stärkste Gruppe (31,5%) die mit einer beruflich-betrieblichen Ausbildung (Lehre mit Abschlußprüfung), die etwa gleich groß ist wie bei den befragten Frauen. Gleich stark sind die Anteile der Männer mit einer beruflich-schulischen Ausbildung (14,1%), mit einem Abschluß an einer Fachschule/Berufsakademie u.ä. (14,1%) und mit einem Hochschulabschluß (14,1%). Während bei der beruflich-schulischen Ausbildung die Anteile unter den befragten Frauen (18,4%) deutlich höher als in der männlichen Vergleichsgruppe liegen, sind ihre Anteile bei den Hochschulabschlüssen (11,3%) und bei den Abschlüssen an einer Fachschule/Berufsakademie u.ä. (6,1%) zum Teil deutlich geringer. Unter den befragten Männern befinden sich mehr in der Ausbildung oder sind Schüler/Studenten (12,0%) als bei den Frauen (8,2%). Die Anteile unter den Männern und den Frauen mit einem Fachhochschulabschluß liegen nahe beieinander (5,4% zu 6,5%). Um fast die Hälfte geringer ist jedoch der Anteil bei den befragten Männern (4,3%) im Vergleich zu dem der befragten Frauen (8,0%), die nicht in der Ausbildung waren und keinen beruflichen Ausbildungsabschluß haben. Darüber hinaus konnten keine Männer befragt werden, die nur eine beruflich-betriebliche Anlernzeit als „Ausbildung" haben.

Im Vergleich der beiden Kreise zeigt sich, daß im Rhein-Neckar-Kreis mehr Auszubildende/Schüler/Studenten unter den befragten Männern sind ebenso wie etwas mehr Männer mit einer beruflich-betrieblichen Ausbildung, einer beruflich-schulischen

Ausbildung oder einem Hochschulabschluß. Lediglich bei den Abschlüssen an einer Fachschule/Berufsakademie o.ä., bei den Fachhochschulabschlüssen und bei der Gruppe derer ohne Ausbildungsabschluß liegen die Anteile unter den befragten Männern aus dem Rems-Murr-Kreis etwas höher.

Erwerbsbeteiligung

Ein Blick auf die Erwerbsbeteiligung der befragten Männer zeigt, daß fast doppelt so viele Männer (44,2%) wie Frauen (22,5%) vollerwerbstätig sind. Dieses Verhältnis dreht sich bei den Teilzeiterwerbstätigen um, d.h. doppelt so viele befragte Frauen (20,3%) wie Männer (9,1%) sind teilzeit erwerbstätig. Auch bei den geringfügig Beschäftigten zeigen sich große Unterschiede. Sind insgesamt 13,8% der befragten Frauen weniger als 15 Wochenstunden erwerbstätig, so liegt dieser Anteil bei den befragten Männern nur bei 3,9%. Ein Blick auf die Anteile der nicht Erwerbstätigen zeigt zunächst, daß erstaunlicherweise hier die Anteile der Männer (40,3%) und die der Frauen (40,5%) fast gleich stark sind. Unterschiede werden hier erst deutlich, wenn man auch das Augenmerk darauf legt, welchen „Status" diese innehaben. Stellten die Hausfrauen die größte Gruppe unter den Frauen, die nicht oder geringfügig erwerbstätig sind, so sind dies bei den Männern die Rentner, Pensionäre usw. (41,2%), gefolgt von der Gruppe der Schüler/Studenten (26,5%), d.h. Männer, die sich entweder noch vor oder bereits nach der Erwerbsphase befinden, was natürlich auch mit der Altersverteilung der männlichen Vergleichsgruppe zusammenhängt.[18]

Die Erwerbsbeteiligung der Männer in den beiden Kreisen zeigte folgende Unterschiede: Im Rhein-Neckar-Kreis gibt es unter den Befragten mehr vollzeit und teilzeit Erwerbstätige und mehr Auszubildende, im Rems-Murr-Kreis hingegen mehr geringfügig oder nicht erwerbstätige Männer. Sind unter den nicht oder geringfügig Erwerbstätigen in beiden Kreisen die Anteile der Rentner gleich groß, gibt es im Rhein-Neckar-Kreis unter den Befragten deutlich mehr Schüler/Studenten.

Berufliche Stellung

Wie bei den Frauen auch, sind die meisten Männer Angestellte (50,7%), gefolgt von der Gruppe der Arbeiter/Facharbeiter (14,5%). An dritter Stelle stehen die Männer, die als Selbständige im Handel/Gewerbe u.ä arbeiten (13,0%), gefolgt von den Beamten (10,1%). Bei den befragten Frauen ist dies genau umgekehrt. Unter den befragten Männern gibt es im Vergleich zu den Frauen weniger, die in freien Berufen tätig sind, während die Anteile der noch nie Erwerbstätigen und der Selbständigen in der Landwirtschaft u.ä. bei den Männern und Frauen fast gleich sind. Unter den Männern sind etwas mehr als bei den Frauen noch in der Ausbildung/Lehre und, wie erwartet, gab keiner der Männer an, als mithelfender Familienangehöriger tätig zu sein.

An der grundlegenden Verteilung der beruflichen Stellung der Männer ändert auch der Blick auf die Männer in den jeweiligen Kreisen nichts. Allerdings liegt der Anteil der Angestellten und auch der Anteil derer, die als Selbständige im Handel/Gewerbe u.ä. arbeiten, im Rems-Murr-Kreis etwas höher. Dafür gibt es unter den Befragten aus dem

---

[18] Dennoch gab es 20,6% Hausmänner und 5,9% der Männer gaben an, sich in Vaterschafts- oder Erziehungsurlaub zu befinden. Allerdings unterliegen diese beiden Anteile einer enormen Verzerrung. In der Realität bewegt sich der Anteil der Hausmänner unter der 1%-Grenze und somit muß hier bei allen Aussagen über die Männer dieser Stichprobe hinsichtlich ihrer Aktiviäten für die Familie mit dieser „Schiefe" kalkuliert werden.

Rhein-Neckar-Kreis etwas mehr Arbeiter/Facharbeiter. Im Rems-Murr-Kreis gibt es keine Männer unter den Befragten, die in freien Berufen tätig sind oder noch nie erwerbstätig waren, wohingegen im Rhein-Neckar-Kreis keine Männer befragt werden konnten, die als Selbständige in der Landwirtschaft o.ä. arbeiten. Etwas höher lag der Anteil der Beamten unter den Befragten im Rems-Murr-Kreis. Dies gilt auch für die sich noch in der Ausbildung/Lehre befindenden Männer.

Einkommen

Als letzter Aspekt wird nun noch die Einkommenssituation der Männer betrachtet. Auch hier gibt es, wie bereits bei den befragten Frauen, keine nennenswerten Unterschiede zwischen den Befragten beider Kreise. Es werden deshalb lediglich einige Anmerkungen zur Einkommenssituation der Männer insgesamt - im Vergleich zu der der Frauen - gemacht. Von den Männern, die eine Angabe bezüglich ihres eigenen Einkommens machten, haben 76,6% ein eigenes Einkommen. Im Vergleich zu den befragten Frauen zeigt sich, daß mehr Männer über ein eigenes Einkommen verfügen als Frauen. Der relativ hohe Anteil an Männern ohne eigenes Einkommen setzt sich vorrangig aus der Gruppe der befragten Schüler und Studenten zusammen.

Ein Blick auf die Höhe der Einkommen zeigt zwischen den befragten Frauen und Männern sehr deutliche Unterschiede. Ganz grundsätzlich gilt: Männer sind im Gegensatz zu den Frauen weitaus häufiger in den höheren oder sehr hohen Einkommensgruppen zu finden und relativ selten in den niedrigen Einkommensgruppen. Etwas über 8% der Männer (im Gegensatz zu 3% der Frauen) haben ein eigenes monatliches Nettoeinkommen, durch das man sie den sogenannten „Spitzenverdienern" zurechnen könnte, d.h. ein Nettoeinkommen über DM 5.500 im Monat. Ca. ein Viertel der befragten Männer sind der Gruppe der Bezieher höherer Einkommen zuzuordnen mit einem monatlichen Nettoeinkommen zwischen DM 3.500 und DM 5.500. Bei den Frauen sind dies nur ca. 10%. Bei 30,6% der Männer (im Gegensatz zu 21,8% der Frauen) bewegt sich das Einkommen zwischen DM 2.250 und DM 3.500 netto monatlich. Knapp 20% der Männer hat ein Einkommen zwischen DM 1.250 und DM 2.250 im Monat, während dies auf über ein Viertel der befragten Frauen zutrifft. Weniger als 17% der Männer verfügen monatlich über ein eigenes Nettoeinkommen, das unter DM 1.250 liegt, im Gegensatz zu 41,2% der befragten Frauen.

Die Einkommenssituation der Männer stellt sich also deutlich besser dar als die der Frauen. Während Frauen, insbesondere dann, wenn sie verheiratet sind und (versorgungspflichtige) Kinder haben, noch immer als „klassische Zuverdienerin" zu bezeichnen sind, hat sich an der Rolle des Mannes als „Familienernährer" weitgehend nichts verändert. Auswirkungen zeigt diese Verteilung insbesondere im Alter, d.h. in der Höhe der Rente. Bei den Männern finden wir in den Altersgruppen ab 60 Jahre keine Befragten, die ein Einkommen (Rente) unter DM 1.250 im Monat haben. Bei den befragten Frauen hingegen sind dies in der Altersgruppe der 60 bis 70jährigen fast 40%, bei der Altersgruppe der über 70jährigen sogar etwas über 50%.

3.3   Zusammenfassung

Die Gesamtheit der in dieser Studie befragten Frauen kann in den wichtigsten Merkmalen wie folgt beschrieben werden: Der überwiegende Teil der Frauen hat die deutsche, lediglich knapp über 3% der Frauen haben eine andere oder eine doppelte Staatsbürgerschaft. Weit über die Hälfte aller Frauen (57,8%) sind verheiratet und fast drei Viertel der Frauen haben Kinder. Bei den Frauen mit Kindern überwiegen diejenigen, die zwei Kinder haben (47,5%). Das Durchschnittsalter der befragten Frauen liegt bei 45 Jahren. Die Altersgruppen der 30 bis unter 50jährigen Frauen sind im Vergleich zu den anderen Altersgruppen überrepräsentiert (43,7%).

Die meisten Frauen haben als höchsten Schulabschluß einen Volks- bzw. Hauptschulabschluß, gefolgt von den Frauen mit einem Realschulabschluß (mittlere Reife). An dritter Stelle steht die Gruppe der Frauen mit einer Hochschulreife. In Abhängigkeit vom Alter verschiebt sich das Bildungsniveau deutlich, d.h. je jünger die Frauen sind, desto höher ist der durchschnittliche Bildungsabschluß.

Etwa ein Drittel der Frauen haben eine beruflich-betriebliche Ausbildung (Lehre mit Abschlußprüfung) absolviert, und fast 20% der Frauen haben eine beruflich-schulische Ausbildung. Einen Hochschulabschluß besitzen lediglich etwas über 10% aller Frauen. Auch hier kann festgehalten werden: das Qualifikationsniveau der Ausbildung nimmt zu, je jünger die Frauen sind.

Bezogen auf die Erwerbsbeteiligung der Befragten ist festzuhalten, daß die meisten Frauen (40,5%) nicht erwerbstätig, aber immerhin fast ebenso viele Frauen zumindest teilzeit, wenn nicht voll erwerbstätig sind. Zusätzlich sind noch etwa 20% der Frauen geringfügig erwerbstätig. Unter den nicht erwerbstätigen Frauen nehmen die Hausfrauen (36,8%) den größten Anteil ein, gefolgt von der Gruppe der Rentnerinnen (32,4%). Mit einem deutlich niedrigeren Anteil (13,3%) machen die Schülerinnen/Studentinnen unter den Nichterwerbstätigen die drittgrößte Gruppe aus. Über die Hälfte der Frauen waren Angestellte. Etwa gleich stark (um die 10%) sind die Anteile der Arbeiterinnen und der Beamtinnen. Über 60% der befragten Frauen verfügen über ein eigenes monatliches Einkommen. Von diesen jedoch gaben knapp über 40% an, ein eigenes Nettoeinkommen von unter DM 1.250 im Monat zu haben. Insbesondere die Frauen in der Familienphase sind noch immer weitgehend als Zuverdienerin zu bezeichnen. Es zeigt sich jedoch auch, daß die älteren Frauen in dieser niedrigen Einkommensgruppe überproportional vertreten sind.

Nach der Charakterisierung der Stichprobe folgen nun sechs weitere Kapitel, von denen jedes Kapitel einem inhaltlichen Schwerpunkt aus den Ergebnissen der Studie gewidmet ist. Die Kapitel beschäftigten sich mit folgenden Schwerpunkten: der Vereinbarkeit von Familie und Erwerbstätigkeit, der innerfamilialen Arbeitsteilung, der Wohnsituation und der Infrastruktur am Wohnort, der Mobilität, der Freizeit und der politischen Partizipation von Frauen.

4. Vereinbarkeit von Familie und Erwerbstätigkeit - die Einstellungsperspektive[19]

Frauen sind doppelt vergesellschaftet, d.h. Familien- und Erwerbsorientierung koexistieren mehr oder weniger vereinbar über sämtliche (für Familien- und Erwerbsarbeit relevante) Lebensphasen von Frauen (vgl. Knapp 1990). In bestimmten Phasen des Lebenslaufs sind Frauen in größerem Umfang, in anderen in geringerem Umfang erwerbstätig. Erwerbs- und Familienleben stehen in einem komplementären Verhältnis zueinander (vgl. Becker 1996). Immer weniger Frauen geben, selbst in der Kleinkinderphase, die Erwerbstätigkeit vollständig auf. Dennoch geht das „Dasein für andere" häufig mit Einkommens- und Karriereeinbußen einher. „Der Anspruch auf ein Stück eigenes Leben" (vgl. Beck-Gernsheim 1983) führt bei nicht wenigen Frauen zu spezifischen Ambivalenzerfahrungen zwischen den beiden Bereichen Familie und Erwerbsarbeit.

Folgende Fragen leiten die Analyse: Wie vereinbaren Frauen heute diese beiden Bereiche? Welche Bedeutung spielen für sie die Familie, die Kinder, der Beruf? Inwieweit glauben sie, daß es möglich ist, Familie und Erwerbstätigkeit miteinander zu vereinbaren und welche Lebensziele haben die Frauen?

4.1 Familie und Erwerbstätigkeit im Lebenszusammenhang von Frauen

Frauen haben sich heute im Hinblick auf das Bildungsniveau den Männern angeglichen. Was die Ausbildung betrifft, so finden sich bevorzugte weibliche und männliche Ausbildungs- sowie Studiengänge. Die auf den ersten Blick segmentäre Differenzierung wird zur Segregation, wenn man die damit verbundenen Einkommen und das Berufsprestige betrachtet. Hinzu kommt, daß Frauen in hohem Maße teilzeit erwerbstätig sind (vgl. Statistisches Bundesamt 1997: 490). So ist es nicht verwunderlich, daß die weibliche Erwerbstätigkeit häufig als Ergänzung zum männlichen Hauptverdiener gesehen wird - vor allem in der Familienphase. Auch wenn Familie und Kinder, sowohl für Frauen als auch für Männer, eine sehr große Wichtigkeit im Lebenszusammenhang beanspruchen, so gestaltet sich diese Lebensform für beide Geschlechter immer noch völlig unterschiedlich. Bei den Männern verstärkt sich, in der Familienphase, die materielle Verantwortlichkeit und bei den Frauen die Reproduktionstätigkeit (vgl. Bundesministerium für Familie, Senioren, Frauen und Jugend 1997). Die Zahlen männlicher Antragsteller auf Erziehungsurlaub sprechen hier Bände (ebd.). Frage ist nun, ob Frauen - zumindest teilweise - aus der Erwerbstätigkeit aussteigen, weil sie schlechtere Berufs- und Karrierechancen haben und weil die von ihnen präferierten Berufe (vgl. Geißler 1996: 275ff) Teilzeitarbeit ermöglichen, was wiederum mit Karriereverzicht einhergeht, oder ob sie aus Überzeugung die Kinderarbeit übernehmen, weil diese eben Aufgabe der Frauen ist (vgl. z.B. Hausen 1978).
  Die Reproduktion geschlechtsspezifischer Arbeitsteilung innerhalb und außerhalb der Familie wird häufig als Folge einer Wechselwirkung geschlechtsspezifischer Segrega-

---

[19] Zu diesem Thema entsteht zurZeit ein ausführlicherer Beitrag der Autorinnen

tion auf dem Arbeitsmarkt und dem „weiblichen Arbeitsvermögen" (vgl. Ostner 1983) dargestellt. Ilona Ostner beschreibt letzteres als ein Zusammenspiel von geschlechtsspezifischer Sozialisation und weiblicher Lebensführung. So neigen Frauen beispielsweise eher zu sozialen als zu technischen Berufen und diese sind wiederum schlechter bezahlt und teilzeitfähiger als andere Berufe.

Insgesamt gilt es das Ausmaß der Modernisierung im weiblichen Lebenszusammenhang zu untersuchen, d.h. inwieweit Frauen sich von traditionellen Geschlechtsrollen distanzieren und welche Faktoren hierfür eine Rolle spielen. Die Bedeutung der Erwerbstätigkeit für Frauen reicht von Selbstverwirklichung und Kompetenzerweiterung, über Zuverdienst zum Haushaltseinkommen bis hin zum Wunsch nach sozialen Kontakten am Arbeitsplatz und Ambivalenzerfahrungen im Hinblick auf die Spannung zwischen den Anforderungen der Erwerbsarbeit und der Repoduktionsarbeit (vgl. Becker-Schmidt 1980). Die Bedeutung von Kindern reicht von dem Gefühl, gebraucht zu werden, über Horizonterweiterung bis hin zu Einschränkung im Lebenslauf und Belastung der Partnerschaft. Die Vereinbarkeit von Familie und Erwerbsarbeit ist abhängig von den individuellen Ressourcen (Alter, Bildung, beruflicher Status, Einkommen), von der innerfamilialen Arbeitsteilung und von der individuellen Idee der eigenen Geschlechtsrolle. Leiden Kinder, wenn die Mutter berufstätig ist? Ist es für alle Beteiligten am besten, daß der Mann die Produktions- und die Frau die Reproduktionsarbeit übernimmt oder ist es für die Kinder sogar gut, wenn die Mutter einer Erwerbsarbeit nachgeht?

Die hier eingenommene Perspektive ist die der Frauen und nicht des Arbeitsmarktes. Untersucht wird der Zusammenhang zwischen der sozialen Lage als unabhängige Variable und der Einstellung gegenüber der Vereinbarkeit von Familie und Erwerbsarbeit als abhängige Variable.

Folgende Thesen leiten die Untersuchung:

1. Je jünger die Frauen, desto moderner ihre Einstellung im Hinblick auf die Vereinbarkeit von Familie und Erwerbsarbeit, d.h. höhere Berufsorientierung, hohe Bedeutung von Kindern und Partnerschaft, aber auch die Überzeugung, daß eine Erwerbstätigkeit der Mutter den Kindern nicht schadet.
2. Mütter sind weniger modern als Nicht-Mütter, d.h. die Bedeutung der Kinder ist höher als die Bedeutung der Erwerbstätigkeit und die Vereinbarkeit von Familie und Erwerbstätigkeit wird eher angezweifelt. Mütter betonen eher die sozialen Aspekte der Erwerbstätigkeit, Nicht-Mütter eher die Selbstverwirklichungsaspekte.
3. Je höher der Umfang der Erwerbstätigkeit, desto moderner das Geschlechtsrollenbild, d.h. desto bedeutender die Erwerbstätigkeit und desto größer die Überzeugung, daß Mutterschaft und Erwerbstätigkeit vereinbar sind.
4. Je geringer die sozialen Ressourcen der Frauen, desto traditionaler das Geschlechtsrollenverständnis, d.h. je geringer das Bildungsniveau und je geringer der berufliche Status, desto wichtiger die Kinder und desto unwichtiger der Beruf und desto stärker die Überzeugung, daß (vor allem kleine) Kinder darunter leiden, wenn die Mütter erwerbstätig sind.

4.2 Anmerkungen zur Vorgehensweise und Aufbau des Kapitels

In einem ersten Schritt wird nach den Lebensbereichen gesucht, die für Frauen besonders wichtig sind. Dies verweist unmittelbar auf unsere Fragestellung, nämlich auf die Einstellung der Frauen gegenüber der Vereinbarkeit von Familien und Erwerbsarbeit. Hier werden spezifische Konflikte weiblicher Lebensführung herausgearbeitet. Der Lösungsweg, den die Frauen selbst sehen, nämlich mehr partnerschaftliche Arbeitsteilung in sämtlichen Bereichen der Reproduktion, wird in Kapitel 5 vorgestellt und deshalb hier nicht näher erläutert. Dies ist jedenfalls ihr Wunsch und derzeit nicht die Wirklichkeit familialer Arbeitsteilung. Sodann wird die Bedeutung hinterfragt, die die Produktionssphäre für die Frauen hat, um in einem vorletzten Schritt zu zeigen, daß die Mutterschaft, immer noch und über alle Generationen hinweg, ein Großmaß an Identität stiftet. Schließlich wird noch einmal gefragt, welche Lebensziele die Frauen haben. Auch hier zeigt sich die Dominanz des „Daseins für andere" im weiblichen Lebenszusammenhang, wenn auch der „Anspruch auf ein Stück eigenes Leben" vor allem bei den jüngeren Frauen an Bedeutung gewinnt. Eine Zusammenfassung beschließt dieses Kapitel.

Bei der Analyse werden immer folgende Variablen berücksichtigt: Alter, Mutterschaft, Bildung, Umfang der Erwerbstätigkeit und die berufliche Stellung.[20] Soweit möglich, werden die Ergebnisse für die Männer (in Klammern) mit aufgeführt. Als statistisches Prüfkriterium wird der Korrelationskoeffizient eta benutzt, der die Stärke der Beziehung zwischen der unabhängigen und der abhängigen Variable angibt.

Um das ganze noch etwas differenzierter betrachten zu können, wurden spezielle Gruppen gebildet, die in besonderer Weise das Thema „Vereinbarkeit von Familie und Erwerbstätigkeit" verkörpern: „Familienfrauen", i.e. Frauen mit Kindern, in deren Haushalt sich Kinder unter 18 Jahren befinden (können auch Enkelkinder, Pflegekinder etc. sein) und die die Betreuung der Kinder überwiegend selbst übernehmen und „Berufsfrauen", i.e. Frauen die keine Kinder haben und vollzeit erwerbstätig sind.[21]

---

[20] Eine ausführliche Darstellung der Verteilung der befragten Frauen (und Männer) auf diese Faktoren bietet Kapitel 3.

[21] Von den 760 befragten Frauen sind 225 „Familienfrauen". Der überwiegende Teil (83,4%) ist zwischen 30 und 50 Jahre alt. Davon sind 180 (80,0%) verheiratet und leben mit dem Partner zusammen. Weitere 9 (4,0%) haben einen festen Partner und führen mit diesem einen gemeinsamen Haushalt. Und 6 (2,7%) haben einen festen Partner ohne gemeinsame Haushaltsführung. Familienfrauen ohne Partner gibt es 30 (13,3%). Soweit ersichtlich, ergibt sich eine Zahl von 28 alleinerziehenden Frauen im klassischen Sinn (zwei von 30 sind älter als 70 Jahre). Nimmt man die 6 Frauen hinzu, die zwar einen Partner, jedoch keine gemeinsame Haushaltsführung haben, so ergibt sich eine Zahl von 34 Alleinerziehenden. Von den 225 Familienfrauen sind 6,7% voll erwerbstätig, 29,3% sind zwischen 15 und 34 Stunden wöchentlich erwerbstätig, 25,8% gehen einer geringfügigen (weniger als 15 Stunden wöchentlich) Beschäftigung nach und 37,8% sind nicht erwerbstätig. In der Ausbildung befindet sich eine Familienfrau, dies entspricht einem Anteil von 0,4%. Von den Frauen ohne Partner (N=30) gehen immerhin 20,0% einer vollen Erwerbstätigkeit nach, 36,7% sind teilzeit und 16,7% sind geringfügig erwerbstätig, 23,3% sind nicht erwerbstätig. In dieser Gruppe befindet sich auch die Auszubildende. Betrachtet man diese Gruppe im Hinblick auf den Familienstand, so ergibt sich folgendes Bild: 60,0% sind geschieden, 10,0% sind verheiratet und leben getrennt, 13,3% sind verwitwet und 16,7% sind ledig. Unter den befragten Frauen gibt es 100 „Berufsfrauen" im o.g. Sinne. Der überwiegende Teil (78,0%) ist zwischen 20 und 40 Jahre alt. Von den Berufsfrauen sind 26 (26,0%) verheiratet und leben zusammen. Hier finden sich womöglich die sogenannten „Dinkies" (=double income no kids). Es gibt 19 (19,0%) Frauen, die einen Partner haben (unverheiratet) und mit diesem einen gemeinsamen Haushalt führen. Es gibt 18 (18,0%) Berufsfrauen mit Partner und ohne gemeinsame Haushaltsführung. Schließlich gibt es 36 (36,0%) Berufsfrauen ohne festen Partner.

Es wird hier nicht nach Landkreisen unterschieden, da u.E. die Ähnlichkeit im Hinblick auf Erwerbsstruktur, Haushaltsstruktur, Familienstand zu hoch ist, als daß große Unterschiede bezüglich der Vereinbarkeit von Familie und Erwerbstätigkeit zu vermuten wären. Unterschiede ergeben sich hier vor allem im Stadt-Land-Verhältnis. Wenn möglich, werden die Ergebnisse des ALLBUS 1996 (Allgemeine Bevölkerungsumfrage der Sozialwissenschaften) und des Wohlfahrtssurvey 1993 herangezogen.

4.3 Wichtigkeit von Lebensbereichen

Die Wichtigkeit von Lebensbereichen wird vor allem durch den Umfang der Erwerbstätigkeit bestimmt (vgl. Tabelle 4.1). Allerdings spielen auch die anderen Faktoren eine Rolle. Insgesamt gibt es jedoch wenig aussagekräftige Zusammenhänge. Je größer der Erwerbsumfang der Frauen, desto bedeutsamer die Erwerbsarbeit, Erfolg im Beruf und das Einkommen. Je geringer der Erwerbsumfang ist, desto höher ist die Bedeutung der Familie. Dieses Ergebnis verstärkt sich noch, wenn man die „Berufsfrauen" und die „Familienfrauen" miteinander vergleicht. Die Auszubildenden verhalten sich hier ähnlich wie die voll erwerbstätigen Frauen, mit Ausnahme des Einkommens, das für sie nicht so wichtig ist.

Tabelle 4.1: Wichtigkeit von Lebensbereichen nach dem Umfang der Erwerbstätigkeit
(Anteil der Frauen, die diesen Lebensbereich als wichtig oder sehr wichtig nannten in %)

Lebensbereich	35 und mehr Stunden erwerbstätig	15-34 Stunden erwerbstätig	weniger als 15 Stunden erwerbstätig	Auszubildende	nicht erwerbstätig
Erwerbsarbeit	96,4	90,9	77,1	100	64,0
Familie	93,0	100	96,2	92,9	98,4
Einkommen	91,8	84,4	86,6	92,9	87,7
Liebe und Zuneigung	99,4	99,4	99,0	100	98,4
eigener Einfluß auf politische Entscheidungen	50,3	51,3	52,4	35,7	43,2
Erfolg im Beruf	86,5	74,0	68,6	78,6	56,9
Freizeit	84,8	85,7	90,4	100	82,8
Glaube	48,6	59,1	52,4	28,6	61,7
Gesundheit	99,5	99,4	95,2	100	98,4
Schutz der natürlichen Umwelt	96,5	99,3	97,1	100	98,4
Schutz vor Kriminalität	90,6	88,2	86,6	92,9	93,5
Anzahl der befragten Frauen	**171**	**154**	**105**	**14**	**308**

Quelle: eigene Erhebung

Über alle Befragten hinweg differiert die Bedeutung der Familie[22] kaum. Von den 760 befragten Frauen geben 97,2% (von den 77 befragten Männern 94,8%) an, daß die Familie für ihr Wohlbefinden und ihre Zufriedenheit sehr wichtig bzw. wichtig ist.[23] Das Alter erweist sich als ein Erklärungsfaktor für die Wichtigkeit der Familie. Frauen bis 30 Jahre und Frauen zwischen 50 und 60 Jahren zeigen im Vergleich zur Restgruppe ein etwas geringeres Interesse an der Familie (ca. 95%). Dies kann auf die hohe Erwerbsorientierung dieser Altersgruppen zurückgeführt werden. Für Frauen mit Kind/-ern ist die Familie mit 99,8% deutlich wichtiger (sehr wichtig bzw. wichtig) als für Frauen ohne Kind/-er (90,4%). Für Frauen mit Abitur und für Frauen mit Mittlerer Reife ist die Familie etwas weniger wichtig als für die restlichen Frauen. Frauen, die noch nie erwerbstätig waren, zeigen das „geringste" Interesse an Familie (88,8%).

Für 79,6% der befragten Frauen (78% der befragten Männer) ist die Erwerbstätigkeit sehr wichtig bzw. wichtig für ihr Wohlbefinden und ihre Zufriedenheit. Hier gibt es deutliche und signifikante Alterseffekte. Für Frauen unter 20 Jahren liegt die Wichtigkeit deutlich niedriger (68,2%) als für Frauen zwischen 20 und 30 Jahren (91,1%). Danach nimmt die Bedeutung der Erwerbsarbeit stetig ab. Frauen mit Kind/-ern geben zu 76,2% an, daß ihnen die Erwerbsarbeit sehr wichtig bzw. wichtig ist. Bei Frauen ohne Kind/-er trifft dies auf 88,5% zu. Je höher das Bildungsniveau, desto wichtiger die Erwerbsarbeit. Für alle Auszubildenden ist die Erwerbsarbeit mindestens wichtig. Arbeiterinnen bezeichnen die Erwerbsarbeit deutlich seltener als wichtig bzw. sehr wichtig (68,3%) als die Angestellten (83,3%), die Beamtinnen (80,0%) und als die Selbständigen (knapp über 80%).[24]

Was das Einkommen betrifft, so geben 88,0% der befragten Frauen (84,4% der befragten Männer) an, daß dies sehr wichtig bzw. wichtig für ihr Wohlbefinden und ihre Zufriedenheit sei. Den höchsten Wert erreichen die Frauen zwischen 60 und 70 Jahren (93,5%), gefolgt von den Frauen zwischen 20 und 30 Jahren (92,5%) und den Frauen zwischen 50 und 60 Jahren (89,6%). Was die älteren Frauen betrifft, so müssen hier der Übergang in das Rentenalter und die damit zusammenhängenden Einkommenseinbußen berücksichtigt werden. Bei den jüngeren Frauen spielen die Erwerbsorientierung und die bevorstehende Familiengründung eine bedeutendere Rolle. Für „lediglich" 72,7% der Frauen unter 20 Jahren ist das Einkommen mindestens wichtig. Je höher das Bildungsniveau, desto unwichtiger das Einkommen. Die signifikanten Unterschiede variieren von 80,9% Wichtigkeit bei Frauen mit Abitur und 92,6% Wichtigkeit bei Frauen mit Volks- bzw. Hauptschulabschluß. Arbeiterinnen halten das Einkommen für wichtiger (94,9%) als Angestellte (89,5%), Beamtinnen (80,0%) und Selbständige (über 80%).[25]

---

[22] Hier ist darauf zu verweisen, daß Familie nicht nur die eigene Familie meint, sondern auch die Herkunftsfamilie einschließt. Bei der weiter unten behandelten Frage nach der Wichtigkeit von Lebenszielen liegt denn auch die Kategorie „Familie/Kinder haben" deutlich hinter den hier erreichten Werten.

[23] Im *Wohlfahrtssurvey* 1993 gaben 97,4% der Frauen und 95,8% der Männer an, die Familie sei wichtig bzw. sehr wichtig für ihr eigenes Wohlbefinden.

[24] 86,7% der Frauen und 89,6% Männer benannten im *Wohlfahrtssurvey* 1993 die Erwerbstätigkeit als wichtig bzw. sehr wichtig. Hier zeigt sich doch ein deutlicher Unterschied. Die Bedeutung von Erwerbsarbeit liegt in Deutschland insgesamt um ca. 10% höher als in unserer Stichprobe. Dies ist sicherlich teilweise damit zu erklären, daß in unserer Stichprobe die Gruppe der Frauen, die sich in der Familienphase befinden, überrepräsentiert ist.

[25] *Wohlfahrtssurvey* 1993: Frauen 96,3%, Männer 96,2%. Hier zeigt sich erneut ein deutlicher Unterschied zu den beiden untersuchten Landkreisen.

Erfolg im Beruf ist für 69,2% der befragten Frauen (70,2% der befragten Männer) sehr wichtig bzw. wichtig. Frauen zwischen 30 und 40 Jahren (64,8%), zwischen 60 und 70 Jahren (62,4%) und Frauen, die älter sind als 70 Jahre (53,4%) zeigen hier die niedrigsten Werte. Typischerweise sind dies auch die Frauen, die verstärkt teilzeit oder nicht bzw. nicht mehr erwerbstätig sind. Leider kann hier nicht angegeben werden, welche Bedeutung der Erfolg im Beruf für jetzt ältere Frauen in deren aktiven Erwerbsphasen hatte. Wie nicht anders zu erwarten, geben deutlich weniger Frauen mit Kind/-ern, nämlich 64,7% im Vergleich zu 81,3% der Frauen ohne Kind/-er an, daß ihnen der Erfolg im Beruf sehr wichtig bzw. wichtig sei. Je höher das Bildungsniveau, desto wichtiger der Erfolg im Beruf. Für Selbständige ist beruflicher Erfolg deutlich wichtiger als für abhängig Erwerbstätige. Arbeiterinnen weisen einen deutlich unter dem Schnitt liegenden Anteil von 53,1% auf. Freiberuflerinnen liegen deutlich (83,0%) über den Beamtinnen (71,4%). Dieser hohe Wert wird nur von den Auszubildenden übertroffen (84,6%). Letztere zeichnen sich allgemein durch eine hohe Karriereorientierung aus.[26]

Hohe Familien- und hohe Erwerbsorientierung begründen Ambivalenzen im weiblichen Lebenszusammenhang. Es scheint deshalb notwendig, zu untersuchen, in welchem Maß die befragten Frauen an traditionellen Geschlechterrollen festhalten, d.h. inwieweit sie glauben, daß sich Familie und Erwerbstätigkeit für Frauen ausschließen oder inwieweit sie ein moderneres Bild von geschlechtsspezifischer Arbeitsteilung aufweisen und damit von einer grundsätzlichen Vereinbarkeit von Familie und Erwerbstätigkeit im Lebenszusammenhang von Frauen ausgehen. Hier interessiert natürlich auch die Meinung der Männer.

4.4 Vereinbarkeit von Familie (und Partnerschaft) und Erwerbstätigkeit[27]

Im Ergebnis zeigt sich das Alter vor dem Bildungsniveau als stärkster Erklärungsfaktor im Hinblick auf Modernität bzw. das Festhalten an traditionellen Werten (vgl. Tabelle 4.2). Generell sind die Zusammenhänge viel deutlicher, vor allem bei den „starken" traditionellen Aussagen, als bei der Wichtigkeit von Lebensbereichen. Die Jungen scheiden sich von den Älteren und die Gebildeteren von den weniger Gebildeten. Je jünger die Frauen sind, desto moderner sind ihre Einstellungen im Hinblick auf die Zuweisung der Geschlechtsrollen. Die Frauen unter 20 Jahren zeigen sich in ihren Einstellungen allerdings etwas inkonsistent. Daß die Frau zu Hause bleiben soll, wenn Kinder da sind oder daß sie zugunsten des Mannes auf eine eigene Karriere verzichten sollte, dem stimmen die Frauen zwischen 20 und 40 Jahren zu weniger als 20% zu, aber auch bei den Frauen bis 60 Jahren liegt die Zustimmung zu diesen Aussagen noch bei unter 50%. Daß es für eine Kind sogar gut ist, wenn seine Mutter berufstätig ist und sich nicht nur auf den Haushalt konzentriert, dem stimmen vor allem die Frauen zwischen 30 und 50 Jahren zu. Erst die älteren Frauen zeigen noch deutlich traditionelle Einstellungen, obwohl für sie die Erwerbstätigkeit sehr wichtig ist.

Familienfrauen und Berufsfrauen zeigen sich beide deutlich moderner als die befragten Frauen insgesamt. Dies liegt mit Sicherheit am Alter der Familien- und Berufs-

---

[26] *Wohlfahrtssurvey* 1993: Frauen 73,3%, Männer 83,0%. Vor allem bei Männern ist die Bedeutung von Erfolg im Beruf höher als in den beiden Landkreisen.

[27] Die Ergebnisse einer Gruppendiskussion, die Studierenden der Universität Stuttgart mit drei Frauen aus der Stichprobe zu diesem Thema durchgeführt haben, sind nachzulesen in *Dresel* 1997.

frauen. Die Erwerbsorientierung der Familienfrauen ist recht stark und die Tatsache vollzeit erwerbstätig zu sein und keine Kinder zu haben, ist noch kein Beleg für eine moderne Einstellung. So stimmen mehr Berufs- als Familienfrauen der Aussage zu, daß Kleinkinder darunter leiden, wenn ihre Mütter erwerbstätig sind. Was die Vereinbarkeit von Familie und Erwerbsarbeit betrifft, so sind beide Gruppen sind genauso ambivalent, wie ihre Geschlechtsgenossinnen.

Tabelle 4.2: Vereinbarkeit von Familie und Erwerbstätigkeit nach Alter
(Anteil derjenigen Frauen, die diesen Aussagen voll und ganz oder eher zustimmten in %)

Einstellung zur Vereinbarkeit von Familie und Beruf	unter 20 Jahren	20- <30 Jahre	30- <40 Jahre	40- <50 Jahre	50-<60 Jahre	60- <70 Jahre	mehr als 70 Jahre
Eine berufstätige Mutter kann ein genauso herzliches und vertrauensvolles Verhältnis zu ihren Kindern finden, wie eine Mutter, die nicht berufstätig ist	90,9	83,3	83,2	85,5	80,8	87,0	80,8
Für eine (verheiratete) Frau ist es wichtiger, ihrem Mann oder Partner bei seiner Karriere zu helfen, als selbst Karriere zu machen	13,6	11,6	15,1	19,1	31,7	52,0	63,0
Ein Kleinkind wird sicherlich darunter leiden, wenn seine Mutter berufstätig ist	77,3	55,9	52,8	56,3	69,9	68,9	80,8
Es ist für alle Beteiligten besser, wenn der Mann voll im Berufsleben steht und die Frau zu Hause bleibt und sich um den Haushalt und die Kinder kümmert	27,3	15,8	19,0	30,7	41,3	60,6	71,3
Es ist für ein Kind sogar gut, wenn seine Mutter berufstätig ist und sich nicht nur auf den Haushalt konzentriert	50,0	61,6	67,5	67,3	62,7	61,6	43,9
Eine (verheiratete) Frau sollte auf eine Berufstätigkeit verzichten, wenn es nur eine begrenzte Anzahl von Arbeitsplätzen gibt, und wenn ihr Mann oder Partner in der Lage ist, für den Unterhalt der Familie zu sorgen	9,0	17,5	18,5	25,7	45,3	63,7	71,2
Einen Beruf zu haben, ist das beste Mittel für eine Frau, um unabhängig zu sein	90,9	83,3	85,5	86,3	89,7	84,4	89,0
Beide (Ehe-) Partner sollten zum Haushaltseinkommen beitragen	86,4	75,0	66,8	72,6	73,8	74,1	80,8
Anzahl der befragten Frauen	**22**	**121**	**179**	**153**	**126**	**77**	**73**

Quelle: eigene Erhebung

Daß der Beruf das beste Mittel für eine Frau ist, um unabhängig zu sein, davon sind 86,5% der befragten Frauen (81,9% der befragten Männer) überzeugt, d.h. stimmen dieser Meinung voll und ganz bzw. eher zu.[28] Schülerinnen stimmen dieser Aussage am häufigsten zu (94,7%), die Frauen ohne Abschluß am seltensten (81,8%). Vollerwerbs-

---

[28] Von den 121 befragten Frauen im Alter von 20 bis unter 30 Jahren sind 36,4% voll erwerbstätig, und 33,9% sind nicht erwerbstätig.

tätige Frauen stimmen zu 91,2% zu. Teilzeiterwerbstätige und nicht erwerbstätige Frauen unterscheiden sich kaum (ca. 85%).

Daß beide (Ehe-) Partner zum Haushaltseinkommen beitragen sollten, dem stimmen voll und ganz bzw. eher 73,1% der befragten Frauen und 70,2% der befragten Männer zu. Die Unterschiede zwischen den Erwerbsgruppen sind recht deutlich. Je höher der Erwerbsumfang der Frau, desto größer die Zustimmung zu dieser Aussage. Beamtinnen (87,2%) und Freiberuflerinnen (73,3%) erreichen hier die höchsten Werte. Mithelfende Familienangehörige (58,9%) und Auszubildende (53,9), beides Gruppen von Frauen, die, wenn überhaupt, eher über ein geringes eigenes Einkommen verfügen, stimmen dieser Aussage am seltensten zu.

Kommen wir nun zu den etwas „stärkeren" traditionellen bzw. modernen Geschlechtsrollenbildern. Daß es für eine (verheiratete) Frau wichtiger ist, ihrem Mann bei seiner Karriere zu helfen, als selbst Karriere zu machen, dem stimmen nur 27% der Frauen und 27,3% der Männer zu.[29] Frauen mit Kind-/ern stimmen zu 30,8% zu und Frauen ohne Kind-/er zu 16,9%. Ein noch deutlicheres Ergebnis zeigt sich im Hinblick auf das Bildungsniveau. Je gebildeter, desto moderner das Geschlechtsrollenverständnis. Auch hier wieder ein breites Spektrum von 9,9% Zustimmung bei den Frauen mit Abitur bis zu 39,0% bei den Frauen mit Volks- bzw. Hauptschulabschluß. Erwartungsgemäß stimmen Frauen in der Ausbildung (7,1%), und Frauen, die 35 und mehr Stunden in der Woche erwerbstätig sind (12,5%) dieser Aussage am seltensten zu. Am stärksten ist die Zustimmung bei den nicht erwerbstätigen Frauen (38,3%). Beamtinnen, Freiberuflerinnen und Angestellte weisen eine deutlich niedrigere Zustimmung auf als Arbeiterinnen und mithelfende Familienangehörige.

Auch das nächste Item betrifft die partnerschaftliche Arbeitsteilung der Erwerbsarbeit bzw. die Frage, inwieweit Frauen für den Arbeitsmarkt lediglich eine Reservefunktion haben. „Eine (verheiratete) Frau sollte auf eine Berufstätigkeit verzichten, wenn es nur eine begrenzte Anzahl von Arbeitsplätzen gibt, und wenn ihr Mann oder Partner in der Lage ist, für den Unterhalt der Familie zu sorgen". Dieser Aussage stimmen 34,2% der befragten Frauen und ein deutlich höherer Anteil der befragten Männer, nämlich 49,4%, zu.[30] Neben dem Alter diskriminieren Bildung und Erwerbsumfang deutlich. Auch Frauen mit Kind-/ern (36,6%) stimmen dieser Aussage deutlich häufiger zu als Frauen ohne Kind-/er (28%). Von 5,3% der Schülerinnen über 14,2% der Frauen mit Abitur steigert sich die Zustimmung zu dieser Aussage kontinuerlich bis hin zu den Frauen mit Volks- und Hauptschulabschluß (54,8%). Nicht erwerbstätige Frauen (46,1%) zeigen hier bei weitem die höchste Zustimmung. Spitzenreiter in der Ablehnung dieser Aussage sind die Frauen in der Ausbildung (14,3% stimmen voll und ganz bzw. eher zu). Einem sehr hohen Anteil von 60,8% der Arbeiterinnen stehen 10,0% der Freiberuflerinnen ge-

---

[29] Im Westen stimmen auf der Basis des *ALLBUS* 1996 35% der Frauen und 34% der Männer und im Osten - deutlich darunter - 27% der Frauen und 23% der Männer „voll und ganz" bzw. „eher" zu.; vgl. *Statistisches Bundesamt* 1997, S. 454.

[30] *ALLBUS* 1996: 45% der Frauen und 47% der Männer im Westen und 33% der Frauen und 34% der Männer im Osten stimmen dieser Aussage zu. Interessant ist, daß sowohl Frauen als auch Männer im Osten dieser Aussage noch im Jahre 1991 in deutlich höherem Maße (41% bzw. 47%) zugestimmt haben. Dies muß wohl auf die jüngste Geschichte und auf die Arbeitsmarktsituation zurückgeführt werden. Zudem äußerten sich die Frauen aus dem Osten kurz nach der Wiedervereinigung zum Teil ganz erfreut darüber, in Zukunft nicht mehr soviel arbeiten zu müssen. Teilzeitarbeit wie im Westen gab es in der ehemaligen DDR so gut wie nicht; vgl. *Statistisches Bundesamt* 1997, S. 455.

genüber, die dieser Aussage mindestens eher zustimmen. Die selbständig Gewerbetreibenden zeigen sich konservativer (28,6%). Beamtinnen (22,8%) und Angestellte (36,0%) liegen im Mittelfeld. Die hohe Zustimmung der Arbeiterinnen verweist auf ein eher traditionelles Rollenbild und auf die geringe Identitätsstiftung, die die Erwerbsarbeit für diese Gruppe mit sich bringt.

Von der Arbeitsteilung im Hinblick auf die Erwerbsarbeit hin zur Arbeitsteilung in der Reproduktionsarbeit ist es kein großer Schritt. „Es ist für alle Beteiligten besser, wenn der Mann voll im Berufsleben steht und die Frau zu Hause bleibt und sich um den Haushalt und die Kinder kümmert",[31] so lautet eine Meinung, der 34,5% der befragten Frauen und 40,3% der befragten Männer zustimmen.[32] Frauen mit Kind/-ern befürworten diese klassische Geschlechtsrollenzuweisung zu 38,5% und Frauen ohne Kind/-er zu 23,2%. Frauen ohne Abschluß stimmen dieser Aussage zu 81,9% zu, im Gegensatz zu Frauen mit Abitur (13,7%) aber auch noch in deutlichem Unterschied zu Frauen mit Volks- bzw. Hauptschulabschluß (56,4%). Frauen, die voll erwerbstätig sind, sind zu 21,8% der Meinung, daß die Frau zu Hause bleiben soll und dem Mann die Erwerbsarbeit überlassen soll, wenn Kinder da sind. Die bei weitem stärkste Zustimmung findet diese Aussage - wie zu erwarten - bei nicht erwerbstätigen Frauen, in denen sich die Gruppe der Frauen befindet, die zugunsten der Familie auf eine Erwerbsarbeit verzichtet haben, d.h. die älteren „Familienfrauen". Für die berufliche Stellung zeigt sich tendenziell das gleiche Bild wie weiter oben. Je selbständiger, je höher die Bildungsinvestitionen und die Dauer der Ausbildung, desto moderner das Geschlechtsrollenverständnis. Arbeiterinnen (65,8%) und Angestellte (33,8%) unterscheiden sich deutlich voneinander.

„Ein Kleinkind wird sicherlich darunter leiden, wenn seine Mutter berufstätig ist." Dieser Aussage, die die eben diskutierte stützt, stimmen 61,9% aller befragten Frauen und 72,8% aller befragten Männer zu.[33] Es findet sich hier also eine gewisse Inkonsistenz in der Beantwortung der Fragen. Während relativ wenige Frauen, wenn auch mit steigendem Alter immer mehr, der Frau die Familienarbeit und dem Mann die Berufsarbeit zuordnen, findet die Aussage, daß ein Kleinkind darunter leidet, wenn seine Mutter berufstätig ist, eine deutlich höhere Zustimmung. „Die Frauenfrage zur Kinderfrage zu machen, das ist die stabilste Bastion gegen die Gleichstellung der Frauen." (Metz-Göckel/Müller 1985: 27) Frauen mit Kind/-ern stimmen in geringerem Maße zu, als Frauen ohne Kind/-er. Das könnte darauf zurückgeführt werden, daß die Mütter einen realistischeren Blick haben und daß, zumindest einige von ihnen, einen beruflichen Wiedereinstieg planen. Schülerinnen (73,7%) und Frauen mit Volks- bzw. Hauptschulabschluß (75,7%) führen die Gruppe der Zustimmenden an. Interessant ist hier die eher

---

[31] Ungefähr jede 4. Frau aus unserer Stichprobe ist aus dem Erwerbsleben ausgetreten, wenn ein Kind geboren wurde.

[32] *ALLBUS* 1996: 47% der Frauen und 53% der Männer im Westen sowie 26% der Frauen und 27% der Männer im Osten stimmen dieser Aussage „voll und ganz" bzw. „eher" zu. Es zeigt sich hier doch ein deutlicher Unterschied zu unserer Befragungspopulation. Dies mag an der Altersverteilung liegen und an der Tatsache, daß wir kaum MigrantInnen befragt haben; vgl. *Statistisches Bundesamt* 1997: 451

[33] *ALLBUS* 1996: Hier ergibt sich ein sehr deutlicher Unterschied zwischen West und Ost. 72% der Frauen und 80% der Männer im Westen stimmen dieser Aussage zu, gegenüber „nur" 49% der Frauen und 49% der Männer im Osten. Vor allem hier hat zwischen 1991 und 1996 ein „Modernisierungsprozeß" stattgefunden. Die kurz nach der Wiedervereinigung vorzufindende Bereitschaft der Frauen, sich in viel stärkerem Maße als bisher der Familie zu widmen, hat sich deutlich abgeschwächt; vgl. *Statistisches Bundesamt* 1997: 452.

konservative Einstellung der Schülerinnen, die ja, was die Wichtigkeit von Beruf, Einkommen und Karriereorientierung betrifft, sehr hohe Werte ausweisen. Glauben die jungen Frauen noch an die Möglichkeit der Vereinbarkeit von Familie und erfolgreicher Erwerbsarbeit? Aber auch Frauen mit Abitur stimmen dieser Aussage noch zu 52,5% zu. Haben Frauen ein schlechtes Gewissen, wenn sie versuchen, Familie (vor allem in der Kleinkinderphase) und Erwerbsarbeit zu vereinbaren? Vollerwerbstätige Frauen stimmen der o.g. Aussage immerhin noch zu 57% zu. Frauen, die zwischen 15 und 34 Stunden in der Woche erwerbstätig sind, stimmen „nur" zu 51% zu, während geringfügig Beschäftigte (65%) und nicht erwerbstätige Frauen (68,2%) deutlich über diesem Anteil liegen. Es zeichnet sich hier bereits ab, daß die klassische Teilzeitbeschäftigung (zwischen 15 und 34 Stunden in der Woche) am ehesten mit der Familie zu vereinbaren ist.[34] Die Unterschiede nach der beruflichen Stellung sind signifikant. Freiberuflerinnen weisen eine höhere Zustimmung auf (56,7%) als Beamtinnen (47,1%) und selbst als mithelfende Familienangehörige (53,0%).

Betrachten wir das Problem einmal von der anderen Seite. „Eine berufstätige Mutter kann ein genauso herzliches und vertrauensvolles Verhältnis zu ihren Kindern finden, wie eine Mutter, die nicht berufstätig ist." Dem stimmen 83,8% aller Frauen und 76,7% aller Männer zu. Die Unterschiede nach dem Bildungsgrad sind, wie übrigens auch nach den anderen Faktoren, statistisch nicht signifikant, d.h. die Unterschiede sind nicht hinreichend groß und nicht hinreichend gleichmäßig von einer Gruppe zur anderen, um als erklärungskräftig zu gelten. Dennoch findet diese Aussage bei den Frauen mit Volks- bzw. Hauptschulabschluß (76,6%) die geringste und bei Frauen mit Abitur (90,9%) die höchste Zustimmung. Was die Erwerbstätigkeit betrifft, so zeigt sich ein interessanter Unterschied. Abgesehen von den Frauen, die sich noch in der Ausbildung befinden (92,9%), weisen die Frauen, die zwischen 15 und 34 Stunden wöchentlich erwerbstätig sind, hier den höchsten Wert auf (91,2%), was die These von der Vereinbarkeit von Familie und Erwerbstätigkeit in dieser Gruppe stärkt. Die restlichen Gruppen unterscheiden sich kaum (knapp über 80%). Neben Freiberuflerinnen haben Beamtinnen hier die modernste Haltung, Arbeiterinnen und mithelfende Familienangehörige die konservativste.

„Es ist für ein Kind sogar gut, wenn seine Mutter berufstätig ist und sich nicht nur auf den Haushalt konzentriert." Die Zustimmung zu dieser noch etwas fortschrittlicheren Aussage fällt deutlich geringer aus. 62,1% der befragten Frauen stimmen dieser Aussage voll und ganz bzw. eher zu und 41,6% der befragten Männer. Die Unterschiede sind jedoch nicht signifikant. Je gebildeter, desto moderner die Einstellung. Die erwerbstätigen Frauen zeigen die höchste Zustimmung und zwar wieder, wie bei der zuvor behandelten Einstellungsfrage, verstärkt bei teilzeit erwerbstätigen Frauen mit einer wöchentlichen Arbeitszeit zwischen 15 und 34 Stunden (71,9%). Nicht erwerbstätige Frauen stimmen „nur" zu 53,3%. Signifikante Unterschiede finden sich in Abhängigkeit von der beruflichen Stellung. Freiberuflerinnen und Beamtinnen stimmen am häufigsten (über 70%), Arbeiterinnen und mithelfende Familienangehörige am seltensten (unter 50%) zu.

---

[34] Allerdings wissen wir aus den Fragen zum Umfang der Freizeit, daß teilzeit erwerbstätige Frauen vor allem am Wochenende über ein deutlich geringeres Ausmaß an freier Zeit verfügen als vollzeit erwerbstätige Frauen. Dies kann z.B. daran liegen, daß sie die Zeit mit den Kindern als Arbeit und nicht als Freizeit einstufen, wohingegen die vollzeiterwerbstätigen Frauen, wie die Männer, die Zeit mit den Kindern als Freizeit verbuchen.

4.5 Einstellung zu Erwerbstätigkeit, Beruf und Karriere[35]

Welche Bedeutung hat die Erwerbsarbeit für die befragten Frauen (und Männer)? Stehen eher materielle (Geld, Altersversorgung) oder ideelle (Status, Selbstverwirklichung) Gründe im Mittelpunkt des Interesses? Inwieweit spielt die Familie bei der Entscheidung über die Erwerbstätigkeit eine Rolle?[36] Die berufliche Stellung (vgl.Tabelle 4.3) spielt eine besondere Rolle, wenn es darum geht, herauszufinden, welche Faktoren die Einstellung gegenüber der Erwerbstätigkeit determinieren, d.h. die abhängig Beschäftigten unterscheiden sich häufig von den selbständigen Frauen und die Beamtinnen und Angestellten unterscheiden sich wiederum von den Arbeiterinnen. Zum Teil „koalieren" jedoch auch die Beamtinnen und die Freiberuflerinnen. So im Hinblick auf die Vereinbarkeit von Erwerbstätigkeit und Familie. Daß der Beruf Zeit lassen muß für die Familie, das meinen vor allem diese beiden Gruppen. Bei einer Zustimmung auf relativ niedrigem Niveau ist der Beruf für Beamtinnen und für Arbeiterinnen am ehesten das Wichtigste im Leben, während vor allem Arbeiterinnen am ehesten der Meinung sind, daß der Beruf lediglich ein Mittel ist, um Geld zu verdienen. Daß Arbeiterinnen einen sehr großen Wert auf den sozialen Kontakt am Arbeitsplatz legen, wie Becker-Schmidt (1980) dies herausfand, läßt sich in dieser Studie nicht belegen, im Gegenteil, sie haben hier den geringsten Wert. Die Karriereorientierung ist bei den Beamtinnen niedriger als erwartet.

Von den 225 Familienfrauen sind 82 (36,4%) mindestens teilzeit erwerbstätig (incl. Auszubildende), von den 143 nicht bzw. geringfügig erwerbstätigen Familienfrauen wollen 97 (67,8%) innerhalb der nächsten 3-4 Jahre wieder erwerbstätig werden. Mindestens teilzeit erwerbstätige Familienfrauen und solche, die wieder erwerbstätig sein wollen (N=179), erwarten zu 77,3%, daß ihnen der Beruf Zeit für die Familie läßt. Berufsfrauen erwarten dies zu 87,0%. Beide liegen unter dem Durchschnitt der befragten Frauen. Das Wichtigste im Leben ist der Beruf für 12,5% der Familienfrauen und 23,0% der Berufsfrauen. Diese Werte sind erstaunlich niedrig. Zum einen sei darauf verwiesen, daß die älteren Frauen fehlen, die hier hohe Werte haben und daß alle Familienfrauen noch Kinder unter 18 Jahren im Haushalt haben. 38,0% der Berufsfrauen streben eine berufliche Position an, in der viel Geld verdient wird, dies tun nur 16,4% der Familienfrauen. Der Kontakt mit anderen Menschen am Arbeitsplatz ist für 73,8% der Familienfrauen mindestens wichtig und gar für 94,0% der Berufsfrauen. Die Verwirklichung eigener Ideen ist für 61,4% der Familienfrauen und für 90,9% der Berufsfrauen mindestens wichtig. Lediglich 28,5% der Familienfrauen weisen eine Karriereorientierung auf. Dies tun doppelt soviel, nämlich 56,0% der Berufsfrauen. Die Bedeutung des Berufes für die eigene Alterssicherung bzw. die soziale Absicherung ist 64,0% der Familienfrauen und 89,0% der Berufsfrauen bewußt. Die zum Teil recht deutlichen Unterschiede zwischen den beiden Gruppen sind auch darauf zurückzuführen, daß die Berufsfrauen vollzeiterwerbstätig sind, d.h. alle Frauen ohne Kinder oder ohne Kinder unter 18 Jahren im Haushalt, die teilzeit oder gar nicht erwerbstätig sind, sind hier nicht enthalten. Es

---

[35] vgl. *Bundesministerium für Familie, Senioren, Frauen und Jugend* 1997, Frage G6.

[36] Bei dieser Frage fallen Frauen und Männer heraus, die im erwerbsfähigen Alter sind, aber nicht erwerbstätig sind und auch nicht planen, in den nächsten 3-4 Jahren wieder erwerbstätig zu werden. Bei den Männern fallen die Wehr- und Zivildienstleistenden heraus und bei beiden Geschlechtern die SchülerInnen und StudentInnen. RentnerInnen und PensionärInnen werden berücksichtigt.

zeigt sich deutlich, welche Rolle die Entscheidung für oder gegen Kinder im Lebensverlauf spielt.

Tabelle 4.3: Einstellung zu Erwerbstätigkeit, Beruf und Karriere nach beruflicher Stellung
(Anteil der Frauen, die diesen Aussagen voll und ganz oder eher zustimmten in %)

Einstellung zur Erwerbstätigkeit	war noch nie erwerbstätig	Selbst. in Landwirtschaft o.ä.	in freiem Beruf tätig	Selbst. in Handel, Gewerbe, Dienstl.	Beamtinnen	Angestellte	Arbeiterin, Facharbeiterin	mithelfende Familienangehörige	in Ausbildung oder Lehre
Ich würde auch dann gerne berufstätig sein, wenn ich das Geld nicht bräuchte	33,3	71,4	86,6	69,4	82,9	69,1	38,0	41,1	84,7
Ein Beruf ist nur ein Mittel um Geld zu verdienen, nicht mehr	11,1	28,6	3,3	6,1	2,9	10,8	36,7	11,8	15,4
Sehr wichtig ist/war mir der Kontakt mit anderen Menschen am Arbeitsplatz	33,3	85,8	80,0	73,5	94,3	81,8	76,0	64,7	92,3
Ich strebe/strebte eine berufliche Position an, in der ich viel Geld verdiene/verdiente	0	14,3	26,7	20,6	21,4	19,3	20,2	17,6	30,8
Ich muß/mußte meine Ideen verwirklichen, mich einsetzen können	33,3	57,1	93,3	71,5	80,0	62,8	44,3	35,3	84,6
Ein Beruf ist/war für mich das Wichtigste im Leben	11,1	28,6	23,3	18,3	28,6	17,7	27,9	11,8	23,1
Für mich ist/war es sehr wichtig, in einem Beruf Aufstiegschancen zu haben	11,1	28,6	40,0	44,9	27,1	33,6	31,7	23,5	38,5
Ein Beruf muß/mußte mir Zeit für die Familie lassen	44,4	100	93,4	69,3	87,1	79,2	77,2	70,6	100
Ich strebe/strebte eine berufliche Position an, die mir höheres Ansehen verschafft/e	0	0	23,3	22,5	11,5	12,7	13,9	11,8	7,7
Der Beruf ist/war mir wichtig, um mir eine eigene Alterssicherung/soziale Absicherung aufzubauen	22,2	57,2	66,7	63,2	81,4	70,8	65,8	53,8	77,0
Anzahl der befragten Frauen	**9**	**7**	**30**	**49**	**70**	**408**	**79**	**17**	**13**

Quelle: eigene Erhebung

„Ein Beruf muß/mußte mir Zeit für die Familie lassen". Dieser Aussage stimmen 93,0% der befragten Frauen voll und ganz bzw. eher zu. 95,0% der Männer sind dieser Meinung. Je älter die Frauen sind, in desto geringerem Umfang stimmen sie dieser Aussage zu. Die Unterschiede sind statistisch signifikant. 95,6% der Frauen mit Kind/-ern stimmen dieser Aussage zu und 85,6% der Frauen ohne Kind/-er. Die Bildung diskriminiert hier nicht in einer Weise, daß Voraussagen getroffen werden können. Frauen ohne Schulabschluß zeigen die geringste (54,6%), Frauen mit mittlerer Reife die höchste

Zustimmung (80,6%). Die Frauen, die sich noch in der Ausbildung befinden, fordern zu 100,0% die Vereinbarkeit von Familie und Erwerbstätigkeit. Ansonsten stimmen die teilzeit erwerbstätigen Frauen dieser Aussage am ehesten, die nicht erwerbstätigen am „seltensten" zu.

„Ein Beruf ist/war für mich das Wichtigste im Leben". Diese Aussage findet bei den befragten Frauen in viel geringerem Maße Zustimmung, als die eben besprochene Aussage. Lediglich 23,6% der befragten Frauen und immerhin 33,4% der befragten Männer stimmen dieser Aussage voll und ganz bzw. eher zu. Was das Alter betrifft, so steigt die Zustimmung zu dieser Aussage von einer Altersgruppe zur anderen (von 10,3% auf 42,9%). Frauen mit Kind/-ern stimmen lediglich zu 21,5% zu, im Gegensatz zu Frauen ohne Kind/-er, für die der Beruf immerhin zu 30,0% das Wichtigste im Leben ist. Je höher das Bildungsniveau, desto geringer die Zustimmung, mit Ausnahme der Frauen ohne Abschluß. Eine interessante Differenz ergibt sich im Hinblick auf das Ausmaß der Erwerbstätigkeit. 24,4% der vollzeit erwerbstätigen Frauen, 16,9% der Frauen, die wöchentlich zwischen 15 und 34 Stunden erwerbstätig sind, 15,9% der geringfügig Beschäftigten und 23,1% der Frauen, die sich in einer Ausbildung befinden, stehen immerhin 35,0% der Frauen gegenüber, die nicht erwerbstätig sind und wieder erwerbstätig sein wollen und den Beruf als das Wichtigste im Leben ansehen.

Lediglich 14,5% der befragten Frauen (26,3% der befragten Männer) stimmen der Aussage zu, wonach ein Beruf nur ein Mittel ist, um Geld zu verdienen, nicht mehr. Wie zu erwarten, finden sich hier starke Alterseffekte: 38,7% der Frauen ab 70 vertreten diese Meinung im Gegensatz zu 10,3% der Frauen zwischen 20 und 30 Jahren. Groß ist auch noch die Differenz der ältesten Frauen zu den Frauen zwischen 60 und 70 Jahren (18,4%). Dieses Ergebnis läßt sich nicht zuletzt aus den Bildungs- und Ausbildungsreformen der letzten 40 Jahre erklären, die dazu geführt haben, daß den Frauen eine qualifizierte Berufsausbildung immer eher möglich wurde und damit die Entwicklung weg ging von der Sichtweise eines reinen finanziellen Nutzens weiblicher Erwerbstätigkeit. Frauen ohne Abschluß (36,4%) und Frauen mit Volks- bzw. Hauptschulabschluß (19,7%) zeigen die höchste Zustimmung, im Gegensatz vor allem zu den Frauen mit Abitur (3,9%). Die höchste Zustimmung findet diese Aussage bei den nicht erwerbstätigen Frauen (23,9%), während der Wert bei teilzeit erwerbstätigen Frauen unter 10% liegt. Die vollerwerbstätigen Frauen stimmen dieser Aussage mit 13,1% etwas stärker zu. Eine berufliche Position, in der viel Geld verdient wird/ wurde, streben an bzw. haben angestrebt, 23,1% der befragten Frauen (41,0% der befragten Männer).

Inwieweit auch der soziale Kontakt am Arbeitsplatz eine wichtige Rolle für die Frauen spielt, wird mit dem folgenden Item erfragt: „Sehr wichtig ist/war mir der Kontakt mit anderen Menschen am Arbeitsplatz". Dem stimmen 94,2% der Frauen und 80,3% der Männer zu. Für 93,4% der Frauen mit Kind/-ern und 96,6% der Frauen ohne Kind/-er ist der soziale Kontakt sehr wichtig bis wichtig. Alter und Umfang der Erwerbstätigkeit zeigen keine linearen Zusammenhänge. Frauen mit Fachhochschulreife (88,9%) liegen hier deutlich höher in der Zustimmung als Frauen mit Hauptschulabschluß (75,7%) und als Frauen ohne Abschluß (45,5%).

Der Aspekt der Selbstverwirklichung wird erfragt mit der Aussage: „Ich muß/mußte meine Ideen verwirklichen, mich einsetzen können". 74,2% der befragten Frauen und 80,3% der befragten Männer stimmen dieser Aussage voll und ganz bzw. eher zu. Frauen mit Kind/-ern stimmen hier zu 69,4% zu und Frauen ohne Kind/-er zu 89,1%. Frauen mit Fachhochschulreife zeigen eine deutlich höhere Zustimmung (77,8%) als die anderen Gruppen, für die gilt, je höher das Bildungsniveau, desto höher die Zustimmung.

Vollerwerbstätige (85,7%) und geringfügig erwerbstätige Frauen (82,3%) erreichen hier die höchsten Werte. Letzteres bedarf einer weiteren Analyse, die hier jedoch nicht geleistet werden kann. Vermutlich verbinden die geringfügig beschäftigten Frauen mit dem Beruf eine große individuelle Bedeutung. In der Analyse wird an mehreren Stellen deutlich, daß diese Frauen verstärkt nach der Familienphase in das Erwerbsleben drängen (vgl. auch Kapitel 5).

Karriereorientierung („Für mich ist/war es sehr wichtig, in einem Beruf Aufstiegschancen zu haben") weisen 34,1% der befragten Frauen und 53,9% der befragten Männer auf. Je jünger die Frauen sind, desto wichtiger sind diese Aufstiegschancen, das entspricht auch den vorhergehenden Ergebnissen. Bildung weist keine linearen Zusammenhänge auf. Frauen, die sich in der Ausbildung befinden (53,9%) und Frauen, die vollzeit erwerbstätig sind (53,6%), zeigen das stärkste Interesse an beruflichen Aufstiegschancen.

Daß der Beruf für die eigene Alterssicherung wichtig ist, dem stimmen 84,0% der befragten Frauen und 81,7% der befragten Männer zu. Besonders hohe Werte zeigen die Frauen zwischen 50 und 60 Jahren (89,1%) und die Frauen unter 20 Jahren (100,0%). Unter dem Mittelwert liegen die Frauen zwischen 40 und 50 Jahren (81,5%). Frauen ohne Kind/-er (89,5%) liegen hier deutlich über den Frauen mit Kind/-ern (81,8%). Auch hier zeigen die Frauen, die sich in der Ausbildung befinden (90,9%) und die vollzeit erwerbstätigen Frauen (91,0%) die höchste Zustimmung. Erwartungsgemäß stimmen nicht erwerbstätige Frauen (76,4%) in geringstem Maße zu. Ansonsten zeigen sich keine relevanten Unterschiede.

4.6 Einstellung zu Kindern[37]

Erwerbstätigkeit und Kinderversorgung sind häufig nur schwer vereinbar. Deshalb ist es notwendig zu erfragen, welchen Wert Frauen und Männer Kindern beimessen, d.h. worauf sie aus ihrer eigenen Perspektive verzichten, wenn sie sich gegen Kinder entscheiden. Aufgelistet wurden Argumente für oder gegen Kinder denen jeweils voll und ganz, eher, eher nicht oder überhaupt nicht zugestimmt werden konnte. Wie bereits bei der Frage nach der Vereinbarkeit von Familie und Erwerbsarbeit, finden sich auch hier deutliche Alters- bzw. Generationeneffekte (vgl. Tabelle 4.4). Vor allem die positiven Aspekte von Kindern, wie das Gefühl, gebraucht zu werden, werden von den sehr jungen und den älteren Frauen betont. Die Frauen im mittleren Alter haben hier vermutlich einen realistischeren Blick, d.h. sie verherrlichen Kinder nicht und sie sehen die Probleme, die Kinder auch für eine Partnerschaft bedeuten. Dies trifft ganz stark auf die Gruppe der Frauen zwischen 30 und 40 Jahren zu. Die Frauen zwischen 20 und 30 Jahren, die noch ganz kleine Kinder haben, sehen eher positive Wirkungen auf die Partnerschaft. Die Einschränkung eigener Interessen empfinden vor allem die Frauen, die sich konkret in der Kinderphase befinden. Allerdings sind auch sie der Meinung, daß mehr Gründe für als gegen Kinder sprechen.

Betrachtet man auch hier die beiden Gruppen „Familienfrauen" und „Berufsfrauen", so ergeben sich folgende Unterschiede bzw. Gemeinsamkeiten. Daß Kinder das Leben intensiver und erfüllter machen und daß Kinder etwas sind, wofür es sich lohnt zu leben, dem stimmen (voll und ganz bzw. eher) deutlich mehr Familienfrauen (98,2% bzw.

---

[37] vgl. *Bundesministerium für Familie, Senioren, Frauen und Jugend* 1997, Frage D9.

93,8%) als Berufsfrauen (90,0% bzw. 80,0%) zu. Familienfrauen haben ein - womöglich realistischeres - Bild, was die Belastung der Partnerschaft durch Kinder betrifft. Während nur 28,0% der Berufsfrauen dieser Aussage zustimmen, tun dies 37,3% der Familienfrauen. Ansonsten unterscheiden sich die beiden Gruppen kaum voneinander. Dem Fazit, daß mehr Gründe für als gegen Kinder sprechen, stimmen 92,0% der Familienfrauen und 78,0% der Berufsfrauen zu.

Tabelle 4.4: Einstellung zu Kindern nach Alter
(Anteil der Frauen, die diesen Aussagen voll und ganz oder eher zustimmten in %)

Einstellung zu Kindern	unter 20 Jahren	20-<30 Jahre	30-<40 Jahre	40-<50 Jahre	50-<60 Jahre	60-<70 Jahre	mehr als 70 Jahre
Kinder lassen nur wenig Zeit für eigene Interessen	63,6	56,7	61,4	46,4	41,2	50,0	54,8
Kinder machen das Leben intensiver und erfüllter	81,8	93,4	93,9	92,8	100,0	98,7	95,9
Es sprechen mehr Gründe für Kinder als dagegen	86,4	82,7	85,0	84,3	96,1	94,7	91,6
Kinder geben einem das Gefühl, gebraucht zu werden	100,0	93,3	93,3	91,4	89,7	100,0	98,6
Kinder bringen einem Liebe und Zuneigung entgegen	86,4	96,6	95,0	98,7	96,1	93,5	98,6
Kinder bringen viele Sorgen und Probleme mit sich	68,4	78,3	79,4	70,6	78,5	80,3	87,5
Kinder sind etwas, wofür es sich lohnt zu leben und zu arbeiten	81,7	87,3	86,6	90,9	96,8	98,7	95,9
Kinder belasten die Partnerschaft, da man wenig Zeit füreinander hat	27,2	34,8	40,4	28,8	15,1	23,7	19,5
Kinder bringen Partner einander näher	63,6	70,8	57,6	59,3	61,9	69,3	69,8
Anzahl der befragten Frauen	**22**	**121**	**179**	**153**	**126**	**77**	**73**

Quelle: eigene Erhebung

„Kinder machen das Leben intensiver und erfüllter" sowie „Kinder geben einem das Gefühl, gebraucht zu werden" sind Aussagen, die bei den Frauen beinahe hundertprozentige Zustimmung finden. Die Zustimmung der Männer liegt etwas darunter. Frauen mit Kind-/ern zeigen eine höhere Zustimmung als Frauen ohne Kind-/er. Allein was den Umfang der Erwerbstätigkeit betrifft, finden sich Unterschiede zwischen beiden Aussagen. Frauen, die zwischen 15 und 34 Stunden wöchentlich erwerbstätig sind, sind zu beinahe 100% der Meinung, daß Kinder das Leben intensiver und erfüllter machen, daß Kinder einem das Gefühl geben, gebraucht zu werden, davon sind sie deutlich weniger überzeugt. In letzterem ähneln sie den voll erwerbstätigen Frauen. Beide Gruppen erhalten auch von außen Bestätigung, und sind deshalb nicht in dem Maße wie nicht bzw. geringfügig erwerbstätige Frauen auf die Bestätigung von Seiten der Familienmitglieder angewiesen. Je gebildeter, desto geringer die Zustimmung, vor allem zu der zweiten Aussage. Frauen mit Fachhochschulreife stimmen hier am seltensten zu. Sie haben übrigens auch die stärkste Karriereorientierung, den stärksten Wunsch nach Selbstverwirklichung und auch der soziale Kontakt am Arbeitsplatz ist für sie sehr wichtig. Arbeiterinnen stimmen am stärksten der Aussage zu, daß Kinder einem das Gefühl geben, gebraucht zu werden.

Ein weiteres „positives" Item betrifft die Wirkung von Kindern auf die Partnerschaft. „Kinder bringen Partner einander näher". Die Zustimmung hierzu liegt deutlich unter dem Niveau der beiden bisher genannten Meinungen. Hier stimmen die Männer (68,4%) in etwas höherem Maße zu als Frauen (63,7%). Das Bildungsniveau differenziert nicht. Vollerwerbstätige Frauen (58,7%) und Frauen, die nur geringfügig erwerbstätig sind (55,2%) liegen deutlich unter dem Durchschnitt. Den höchsten Wert erreichen die noch in der Ausbildung befindlichen Frauen (71,4%). Arbeiterinnen zeigen die höchsten (76,0%) und selbständig Gewerbetreibende die niedrigste Zustimmung (44,9%).

Der umgekehrten Meinung „Kinder belasten die Partnerschaft, da man wenig Zeit füreinander hat" stimmen viel weniger der befragten Frauen (29,0%) und Männer (35,6%) zu. 27,7% der Frauen mit Kind/-ern und 32,2% der Frauen ohne Kind/-er stimmen zu. Je höher das Bildungsniveau, desto größer die Zustimmung. Schülerinnen lehnen hier eher ab. Die größte Zustimmung findet diese Aussage bei Frauen, die weniger als 15 Stunden in der Woche erwerbstätig sind (37,2%). Diese Frauen sind auch in recht geringem Ausmaß der Meinung, daß Kinder Partner einander näher bringen. Die geringste Zustimmung findet sich bei Frauen in der klassischen Teilzeitarbeit (22,7%).

Es kristallisiert sich, wie bereits oben angedeutet, heraus, daß die Gruppe der klassisch teilzeit erwerbstätigen Frauen (15-34 Stunden wöchentlich) in einer deutlich anderen Beziehung zu Familie und Erwerbstätigkeit steht, als die voll erwerbstätigen Frauen und als die Frauen, die nur geringfügig oder gar nicht erwerbstätig sind. Das Gefühl, beides vereinbaren zu können, scheint hier stark zu sein, allerdings ohne zu vergessen, daß der Anteil des Partners an familialer Tätigkeit zu gering ist und unter Verzicht auf Karriere.

Eine weitere eher negative Einstellung zu Kindern wird in folgender Aussage deutlich: „Kinder lassen nur wenig Zeit für eigene Interessen". Dem stimmen schon deutlich mehr Frauen (52,6%) und noch mehr Männer (55,9%) zu. Mütter stimmen zu 51,4% zu und Frauen ohne Kind/-er zu 55,8%. Die stark berufsorientierten Frauen mit Fachhochschulreife (66,7%) zeigen, neben den Frauen ohne Abschluß (72,7%), die höchste Zustimmung. Was das Ausmaß der Erwerbstätigkeit betrifft, so stimmen die geringfügig und nicht erwerbstätigen Frauen dieser Aussage am häufigsten zu (59,1% bzw. 58%). Die Erwerbstätigen liegen deutlich darunter (zwischen 50% und 45,9%). Dies kann als Beleg dafür gesehen werden, daß die Versorgung der Kinder sich mit dem Eigeninteresse der Frauen überschneidet, während die „nur" bzw. „beinahe ausschließlich"-Hausfrauen, wenig eigene Zeit über den familialen Bereich hinaus zur Verfügung haben. Frauenforscherinnen haben darauf hingewiesen, daß die Produktions- und die Reproduktionssphäre ganz unterschiedliche Umgangsformen mit Zeit aufweisen (vgl. Becker-Schmidt 1980; vgl. Rerrich 1990). Beamtinnen stimmen dieser Aussage deutlich häufiger zu als die restlichen Statusgruppen.

Läßt man die Befragten abwägen mit der Meinung „Es sprechen mehr Gründe für Kinder als dagegen" so stimmen 88,1,% der befragten Frauen und 84,5% der befragten Männer zu. Die positiven Seiten wiegen die negativen Seiten auf. Deutlich mehr Frauen mit Kind/-ern (91,6%) als Frauen ohne Kind/-er (79,3%) stimmen dieser Aussage voll und ganz bzw. eher zu. Am höchsten ist die Zustimmung bei den nicht erwerbstätigen Frauen (93,4%) und am niedrigsten bei den Frauen, die sich noch in der Ausbildung befinden (71,4%). Die Zustimmung der Frauen, die zwischen 15 und 34 Stunden wöchentlich (88,9%) einer Erwerbstätigkeit nachgehen, liegt deutlich über den Werten für vollerwerbstätige (82,5%) und geringfügig erwerbstätige (82,8%) Frauen. Lediglich Auszubildende sind eher skeptisch (63,3%). Ansonsten liegen alle Statusgruppen deutlich über 80% Zustimmung.

4.7   Lebensziele von Frauen

„Jeder Mensch hat ja gewisse Vorstellungen von dem, was er in seinem Leben anstrebt. Sind folgende Ziele für sie persönlich sehr wichtig, wichtig, weniger wichtig oder unwichtig?"[38] Diese Frage greift noch einmal die Lebensbereiche von Frauen heraus und versucht etwas mehr die Visionen der Frauen herauszufinden. Die stärkste Erklärungskraft bei der Beantwortung dieser Frage hat die Mutterschaft, d.h. Frauen mit Kind/-ern unterscheiden sich, was die Lebensziele, betrifft deutlich von Frauen ohne Kind/-er (vgl. Tabelle 4.5). Mütter schätzen die Familie deutlich höher ein, als Frauen ohne Kind/-er. Frauen mit Kind/-ern betonen das Dasein für andere und reduzieren den Anspruch auf ein Stück eigenes Leben vor allem im Hinblick auf Dinge wie mehr Zeit für sich selbst, Urlaub und Reisen, ein aufregendes Leben. Sie reduzieren diesen Anspruch jedoch nicht so sehr im Hinblick auf die Erwerbstätigkeit, d.h. auch hier zeigt sich wieder der Versuch, Familie und Erwerbstätigkeit zu vereinbaren, allerdings auf Kosten der Freizeit.

Tabelle 4.5: Lebensziele nach Mutterschaft
(Anteil der Frauen, die dieses Lebensziel als wichtig oder sehr wichtig nannten in %)

Einstellung zu verschiedenen Lebenszielen	Frauen mit Kind/-ern	Frauen ohne Kind/-er
gute Freunde haben	98,9	99,5
eine naturverbundene Lebensweise	87,6	81,1
ein aufregendes u. abwechslungsreiches Leben führen	27,7	55,0
Urlaub machen, Reisen	66,2	80,7
für andere da sein	94,8	93,3
gutes, attraktives Aussehen	58,7	65,7
Sicherheit und Geborgenheit	97,8	95,2
unabhängig sein	83,8	92,8
eine Familie/Kinder haben	95,7	75,3
die Partnerschaft	89,8	90,3
Anerkennung durch andere	59,0	72,5
viel Zeit für persönliche Dinge haben	72,5	85,1
eine sinnvolle u. befriedigende Arbeit	91,0	94,2
sparsam sein	60,4	40,5
sich politisch, gesellschaftlich einsetzen	35,1	31,4
Führungspositionen übernehmen	11,8	21,7
phantasievoll, schöpferisch sein	66,8	73,0
Anzahl der befragten Frauen	**548**	**207**

Quelle: eigene Erhebung

---

[38] vgl. *Bundesministerium für Familie, Senioren, Frauen und Jugend* 1997, Frage D3.

Vergleicht man „Familienfrauen" und „Berufsfrauen", so verstärken sich die o.g. Unterschiede. Ist es z.B. lediglich für 34,7% der Familienfrauen mindestens wichtig, ein aufregendes und abwechslungsreiches Leben zu führen, so erhöht sich der Wert bei den Berufsfrauen auf 51,0%. Führungspositionen streben 12,0% der Familien- und 28,0% der Berufsfrauen an.

Eine Familie bzw. Kinder haben, ist sehr wichtig bzw. wichtig für 89,9% der befragten Frauen und 81,9% der befragten Männer.[39] Die jüngeren Altersgruppen sind hier weniger engagiert als die älteren. Die größte Wichtigkeit hat diese Institution für die 50 bis 60 Jährigen (94,4%). Für Schülerinnen ist die Familie und Kinder noch weniger wichtig als für die anderen Bildungsgruppen, wobei die Wichtigkeit mit zunehmendem Bildungsniveau um wenige Prozentpunkte aber linear steigt. Frauen, die vollzeit erwerbstätig sind, haben hier den geringsten Wert (81,1%), gefolgt von Frauen in der Ausbildung (85,8%).

Auch die Partnerschaftsorientierung ist sehr hoch. Für 89,9% der befragten Frauen (Männer 90,9%) ist die Partnerschaft sehr wichtig bzw. wichtig.[40] Daß sich hier Alterseffekte ergeben, liegt auf der Hand. Je älter die Frauen sind (ab 50 Jahren), desto eher nimmt die Partnerschaft in ihrer Bedeutung ab. Den geringsten Wert bei den jüngeren Frauen erreichen die Frauen zwischen 20 und 30 Jahren (90,8%). Je höher das Bildungsniveau, desto wichtiger die Partnerschaft, bei insgesamt geringen Unterschieden. Die höchsten Werte haben die Frauen in der Ausbildung (92,9%) und die Frauen, die zwischen 15 und 34 Stunden wöchentlich einer Erwerbstätigkeit nachgehen (92,8%). Für Beamtinnen (94,7%) ist die Partnerschaft deutlich wichtiger als für Arbeiterinnen (86,1%) und als für Angestellte (89,5%). Junge Frauen, Schülerinnen und Auszubildende schätzen die Partnerschaft als sehr wichtig ein.

Es ist also durchaus davon auszugehen, daß Familie und Partnerschaft auch in den zukünftigen Generationen noch eine große Rolle spielen. Hier ist zu beachten, daß unsere Stichprobe Frauen umfaßt, die nicht in einer städtischen, sondern in einer suburbanen Umgebung leben. Der Individualisierungsprozeß ist weniger weit fortgeschritten.

„Für andere da sein", ist ein weiteres Lebensziel, das die Frauen in ihrer persönlichen Wertigkeit beurteilen konnten. 94,4% der Frauen und 75,0% der Männer finden dieses Lebensziel sehr wichtig bzw. wichtig. Frauen jeden Alters betonen dieses Ziel. „Für andere da sein" ist für alle befragten Frauen unter 20 Jahren mindestens wichtig und noch für 95,0% der Frauen zwischen 20 und 30 Jahren. Am niedrigsten liegt der Wert für die Frauen, die sich noch in der Ausbildung befinden (85,5%), am höchsten bei den Frauen, die nur geringfügig beschäftigt sind (96,2%). Beamtinnen wollen in weitaus geringerem Maße für andere da sein (81,4%) als selbständig Gewerbetreibende (95,9%), als Angestellte (95,4%) und auch noch als Arbeiterinnen (91,1%).

„Für andere da sein" ist für die Gruppe insgesamt noch etwas bedeutsamer als Familie und Partnerschaft. Wie sieht es nun mit dem „Anspruch auf ein Stück eigenes Leben" aus? Dazu zählen u.a. „viel Zeit für persönliche Dinge haben", „Urlaub machen,

---

[39] *ALLBUS* 1996: Kinder zu haben im Leben ist für 81% der Frauen und 74% der Männer im Westen sowie 82% der Frauen und 84% der Männer im Osten mindestens wichtig; vgl. *Statistisches Bundesamt* 1997: 475.

[40] *ALLBUS* 1996: Eine glückliche Ehe, Partnerschaft ist für 89% der Frauen und 94% der Männer im Westen sowie für 86% der Frauen und gar für 94% der Männer im Osten sehr wichtig bzw. wichtig; vgl. *Statistisches Bundesamt* 1997: 475.

Reisen", „ein aufregendes, abwechslungsreiches Leben führen", „eine sinnvolle und befriedigende Arbeit" zu haben und „unabhängig sein".

„Viel Zeit für persönliche" Dinge wünschen sich 75,9% der befragten Frauen und 75,3% der befragten Männer. Frauen zwischen 30 und 50 Jahren zeigen hier das „geringste" Interesse (ca. 70%). Das höchste Interesse zeigen die jungen Frauen von unter 20 Jahren bis unter 30 Jahren (95,4% bzw. 91,7%). Schülerinnen fordern Zeit für sich deutlich häufiger ein als die anderen Bildungsgruppen. Frauen in der Ausbildung haben ein sehr großes Interesse an viel Zeit für sich selbst (92,9%). Die restlichen Gruppen unterscheiden sich kaum, wobei vollzeit erwerbstätige (76,5%) und nicht erwerbstätige Frauen (77,8%) noch über dem Durchschnitt aller Frauen liegen. Mithelfende Familienangehörige (88,3%) und Auszubildende (84,6%) haben hier die höchsten Werte.

Urlaub machen und Reisen ist für 70,3% der befragten Frauen sehr wichtig bzw. wichtig (64,9% der befragten Männer). Die Verteilung über die verschiedenen Altersgruppen ist recht interessant. Die größte Wichtigkeit erzielt dieses Item bei den jungen Frauen bis unter 30 Jahre (maximal 80%). Frauen zwischen 50 und 60 Jahren halten Urlaub machen und Reisen noch zu 75,4% für sehr wichtig bzw. wichtig. Vor allem die Frauen ab 60 Jahren haben hier ein geringeres Interesse (62,4% bzw. 57,5%). Mit Sicherheit spielen hier finanzielle Aspekte eine nicht unerhebliche Rolle. Dies zeigt sich indirekt bei den Unterschieden nach der Stellung im Beruf. Frauen mit Abitur (78,5%) und Schülerinnen (79,0%) liegen deutlich über dem Durchschnitt der Zustimmenden. Frauen ohne Abschluß liegen am unteren Ende (45,5%). Frauen in der Ausbildung (78,6%) und vollzeit erwerbstätige Frauen (78,2%) scheinen am meisten erholungsbedürftig zu sein. Den niedrigsten Wert erreichen die Frauen, die wöchentlich zwischen 15 und 34 Stunden einer Erwerbstätigkeit nachgehen (65,4%). Es ist zu vermuten, daß diese Frauen auch im Urlaub den Großteil der „Hausarbeit" übernehmen, da sich die anderen Familienmitglieder „mal so richtig erholen müssen". Die Mütter dieser Gruppe sind in relativ großem Umfang der Meinung, daß ihnen Kinder wenig Zeit für eigene Interessen lassen. Hinzu kommt die Unzufriedenheit mit der familialen Arbeitsteilung. Auch hier ist der finanzielle Aspekt nicht zu vernachlässigen. Mithelfende Familienangehörige (76,5%), Beamtinnen (74,3%) und selbständige Gewerbetreibende (71,5%) zeigen das stärkste Interesse an Urlaub und Reisen, Arbeiterinnen (56,9%) das geringste. Dies scheint die Einkommensthese zu belegen.

„Ein aufregendes und abwechslungsreiches Leben führen" ist für nur 35,1% der befragten Frauen sehr wichtig bzw. wichtig. Männer liegen hier bei immerhin 46,8%. Während die Frauen unter 20 Jahren (86,4%) und die Frauen zwischen 20 und 30 Jahren (63,4%) - wenn auch schon deutlich niedriger - hierauf noch sehr großen Wert legen, wird dieses Ziel für Frauen ab 50 Jahren immer unwichtiger (von 20,6% bis hin zu 15,3%). Holt die Realität des Lebens die Frauen ein, soll man sich so etwas als gereifte Frau und Mutter nicht mehr wünschen oder haben diese Frauen genug von Aufregung und Abwechslungsreichtum? Interessant wäre es, die Frauen näher zu betrachten, die auch im Alter noch ein aufregendes und abwechslungsreiches Leben führen wollen. Dies kann hier jedoch nicht geleistet werden. Auch das Bildungsniveau differenziert hier deutlich. Je höher der Bildungsgrad, desto mehr Interesse an einem aufregenden und abwechslungsreichen Leben. Schülerinnen liegen bei 89,5% und Auszubildende bei 61,6%. Frauen, die wöchentlich 35 Stunden und mehr einer Erwerbstätigkeit nachgehen (41,8%) und Frauen in der Ausbildung (57,1%) wollen in deutlich höherem Maße ein aufregendes und abwechslungsreiches Leben führen als ihre Geschlechtsgenossinnen. Die Unterschiede nach der beruflichen Stellung sind nicht sehr aussagekräftig.

„Unabhängig sein" ist für 86,3% der befragten Frauen und 89,6% der befragten Männer mindestens wichtig. Was die Altersunterschiede betrifft, so erreichen die Frauen unter 20 Jahren (90,9%) und die Frauen zwischen 40 und 50 Jahren (89,5%), gefolgt von den Frauen zwischen 50 und 60 Jahren (88,1%) hier die höchsten Werte. Frauen mit Abitur streben am ehesten (90,7%), Frauen ohne Abschluß am seltensten (45,5%) Unabhängigkeit an. Fast alle Frauen, die vollzeit erwerbstätig sind (93,5%) geben an, daß Unabhängigkeit für sie mindestens wichtig sei. Mit der Abnahme des Erwerbsumfanges nimmt auch die Bedeutung der Unabhängigkeit ab. Die Auszubildenden liegen mit 85,7% im Mittelfeld. Arbeiterinnen (91,1%) und Beamtinnen (91,4%) erreichen hier die höchsten, Frauen, die noch nie erwerbstätig waren, die niedrigsten Werte (66,6%).

Zum „Anspruch auf ein Stück eigenes Leben" gehört natürlich auch das Interesse an einer „sinnvollen und befriedigenden Arbeit". 91,9% der befragten Frauen und 92,3% der befragten Männer halten dies für mindestens wichtig. Was die Altersgruppen betrifft, so steigt die Bedeutung einer sinnvollen und befriedigenden Arbeit bis zum Alter von 60 Jahren stetig an. Die älteren Frauen haben etwas geringere Werte. Daß Frauen, die voll erwerbstätig sind (98,8%), sich eine sinnvolle und befriedigende Arbeit wünschen, liegt auf der Hand, daß es aber eine relativ große Diskrepanz gibt zwischen Frauen, die nur geringfügig beschäftigt sind (94,3%) und Frauen, die nicht erwerbstätig sind (84,7%) ist erklärungsbedürftig. Auch geringfügig Beschäftigte scheinen ihre Tätigkeit wichtig zu nehmen und als Teil ihrer Identität zu betrachten, oder sie streben eine Erhöhung ihrer Erwerbstätigkeit an. Ansonsten gilt, je gebildeter, desto wichtiger die sinnvolle Arbeit, bei generell geringen Unterschieden und je höher die materiellen und ideellen Investitionen in den Beruf, desto höher der Wunsch nach Sinnhaftigkeit und Befriedigung im Beruf.

Während 34,1% der befragten Frauen Aufstiegschancen im Beruf für sehr wichtig bzw. wichtig halten, ist es nur für 14,7% der Frauen wichtig bis sehr wichtig, eine Führungsposition zu übernehmen. Für Frauen unter 20 Jahren (31,8%) ist dieses Ziel von weitaus größerer Bedeutung als für ihre älteren Geschlechtsgenossinnen. Schülerinnen zeigen wie erwartet den höchsten Wert, gefolgt von Frauen mit Fachhochschulreife und Abitur. Daß Frauen, die voll erwerbstätig sind (22,4%) hier ein größeres Interesse zeigen, als nicht erwerbstätige Frauen (13,3%) liegt auf der Hand. Bemerkenswert ist die geringe Bedeutung, die dieses Lebensziel für Frauen in der Ausbildung (7,1%) zu haben scheint. Festzuhalten ist, daß immerhin jede 5. Frau, die - unabhängig vom Alter - voll erwerbstätig ist, auch eine Führungsposition übernehmen will. Weiter oben wurde bereits erwähnt, daß über 50% der Frauen in dieser Gruppe berufliche Aufstiegschancen als sehr wichtig bzw. wichtig betrachten und 86,5% dieser Frauen Erfolg im Beruf als für ihr Wohlbefinden und ihre Lebenszufriedenheit mindestens wichtig einschätzen. Keine mithelfende Familienangehörige strebt Erfolg im Beruf an, im Gegensatz zu 18,7% der selbständig Gewerbetreibenden.

4.8 Zusammenfassung

In den Ergebnissen wird deutlich, daß die Frauen in ganz hohem Maße den Wunsch haben, Familie und Erwerbsarbeit zu vereinbaren, wobei der Familie größere Bedeutung beigemessen wird, als der Erwerbsarbeit. Dies trifft für alle Altersgruppen zu. Tatsächlich haben beinahe 3/4 der befragten Frauen mindestens ein Kind und ca. 3/5 der Frauen sind mindestens geringfügig erwerbstätig. Eine „gelungene" Verbindung von Familie und Erwerbsarbeit findet sich vor allem bei den Frauen, die einer Erwerbstätigkeit nachgehen, die zwischen 15 und 34 Stunden wöchentlich liegt. Diese Frauen zeigen die geringste Ambivalenz zwischen diesen beiden Sphären. Sowohl die Familie als auch die Erwerbsarbeit beinhalten für diese Frauen identitätsstiftende Momente, die spezifische Konflikte, wie ein schlechtes Gewissen gegenüber den Kindern, verhindern. Allerdings geht dies eindeutig auf Kosten der Karriere. Und so sind denn auch ideelle Aspekte der Erwerbsarbeit, wie soziale Kontakte am Arbeitsplatz und die Vereinbarkeit des Berufes mit der Familie für die meisten Frauen von größerer Bedeutung als materielle Aspekte. Dies gilt allerdings auch für die voll erwerbstätigen Frauen. Die Unabhängigkeit, die der Beruf ermöglicht, wird von beinahe allen Frauen betont. Den Zusammenhang von Geld und Erwerbsarbeit nehmen vor allem die älteren Frauen wahr, die auch die eigene Alterssicherung im Auge haben. Das heißt jedoch nicht, daß für die älteren Frauen die Erwerbstätigkeit keine Rolle gespielt hätte. Allerdings scheint sie viel stärker als notwendiger Zuverdienst zum Haushaltseinkommen verstanden worden zu sein, denn als identitätsstiftende Teilhabe an der öffentlichen Arbeit. Das Einkommen (dies impliziert das Haushaltseinkommen) ist für die Frauen insgesamt wichtiger als die Erwerbsarbeit.

Beinahe 3/4 der befragten Frauen sind der Meinung, daß beide Partner zum Haushaltseinkommen beitragen sollten. Nicht einmal 1/3 der befragten Frauen ist der Meinung, daß die Frau zugunsten des Mannes auf die eigene Karriere verzichten sollte und lediglich 1/3 sieht die Rolle der Frauen auf dem Arbeitsmarkt im Sinne einer „Reservefunktion". Im allgemeinen haben sich, vor allem die jüngeren Frauen, von den traditionellen Rollenklischees verabschiedet. Junge Frauen und Schülerinnen haben eine hohe Berufs- und Karriereorientierung, verbunden allerdings mit einer ebenfalls hohen Familienorientierung. Was die Rollenklischees betrifft, so sind die jungen Frauen durchaus am modernsten. Allerdings sind sie in relativ hohem Maße der Meinung, daß (Klein-)Kinder unter mütterlicher Erwerbstätigkeit leiden. Sie vertrauen jedoch darauf, daß eine Vereinbarkeit beider Sphären möglich ist. Damit ist die These 1, wonach jüngere Frauen eine modernere Einstellung gegenüber der Vereinbarkeit von Familie und Erwerbsarbeit haben, als ältere Frauen, in modifizierter Form bestätigt.

Vor allem Frauen mit und Frauen ohne Kind/-er unterscheiden sich fast immer deutlich in ihren Einstellungen. Dies unterstützt die These 2, wonach Mütter weniger modern sind in ihren Einstellungen als Nicht-Mütter. Letztere betonen die Bedeutung der Erwerbsarbeit, streben verstärkt einen Beruf an, der es ihnen ermöglicht, ihre Ideen zu verwirklichen und der Aufstiegschancen hat. Gleichzeitig haben die Frauen mit Kind/-ern häufig den „realistischeren" Blick auf die Folgen der mütterlichen Erwerbstätigkeit für die Kinder. Damit ist gemeint, daß sie z.B. positive und negative Effekte mütterlicher Erwerbstätigkeit auf das Wohlbefinden der Kinder eher abzuwägen in der Lage sind, als Frauen ohne Kind/-er.

Je geringer der Erwerbsumfang desto überzeugter sind die Frauen von ihrer spezifischen Verantwortung für die Familie. Damit bestätigt sich die These 3. Dies geht allerdings häufig mit Widersprüchen einher, die damit zusammenhängen, daß vor allem die nicht bzw. geringfügig erwerbstätigen Frauen versuchen, die Wahl ihrer Lebensführung zu legitimieren. Obwohl sie auch eine hohe Berufsorientierung aufweisen, betonen sie die Rolle der Frau in der Familie.

Bildung und berufliche Stellung spielen beide eine bedeutende Rolle für die Einstellungen gegenüber Familie und Erwerbsarbeit. Je weniger gebildet und je „geringer" die berufliche Stellung, desto traditioneller das Rollenbild bei einer gleichzeitig starken Erwerbsorientierung. Damit bestätigt sich auch die These 4. Vor allen die Frauen mit Fachhochschulreife fallen hier auf. Für sie ist der Beruf, die Selbstverwirklichung im Beruf, aber auch der soziale Kontakt am Arbeitsplatz sehr wichtig und sie haben eine nicht ganz so positive Einstellung Kindern gegenüber wie ihre Geschlechtsgenossinnen. Für Arbeiterinnen sind die finanziellen Aspekte der Erwerbsarbeit sehr wichtig und sie genießen an Kindern vor allem das Gefühl gebraucht zu werden. Identitätsstiftend ist dann eher die Familie.

Insgesamt sind es vor allem die Frauen zwischen 20 und 50 Jahren, die man in ihren Einstellungen als „modern" einstufen könnte und die einen realistischen Blick auf das Leben haben, wenn auch z.B. der Wunsch nach einem aufregenden und abwechslungsreichen Leben bereits in diesen Altersgruppen deutlich variiert. Zum Teil hat man den Eindruck, daß die Realität weiblicher Lebensführung, aus ursprünglich hoffnungsvollen, der Familie, der Partnerschaft und der Erwerbstätigkeit gegenüber in ganz hohem Maße offenen Frauen, Frauen macht, die eingesehen haben, daß sie verzichten müssen, entweder auf Familie, oder auf Karriere, oder auf Freizeit. Anscheinend wird hier letzteres am ehesten geopfert. Der Ansatzpunkt zu einer Lösung liegt u.E. - und dies ist nichts Neues, kann aber anscheinend nicht oft genug eingefordert werden - in einer verstärkten partnerschaftlichen Arbeitsteilung sowohl in der Produktions- als auch in der Reproduktionssphäre. Dies könnte zu einer Situation führen, in der Jungen nicht notwendig auf die Erwerbsarbeit und nur die Mädchen auf beide Sphären hin sozialisiert werden, sondern in der beide Geschlechter sowohl das „Dasein für andere" als auch den „Anspruch auf ein Stück eigenes Leben" in ihre Lebensplanung einbeziehen und als identitätsstiftende Formen der Lebensführung akzeptieren.

Betrachtet man die befragten Männer, so findet sich diese Bereitschaft nicht unbedingt, obwohl hier ein außergewöhnlich hoher Anteil an Hausmännern enthalten ist. Männer sind „traditioneller" als Frauen, was die Geschlechtsrollenstereotype betrifft und sie treffen mit ihrer Einstellung die „Achillesferse" der Frauen. Hieraus müssen sich die Frauen anscheinend selbst befreien.

5. Innerfamiliale Arbeitsteilung - Zwischen Wunsch und Wirklichkeit

Nachholende Modernisierung - ein Prozeß, der sich im weiblichen Lebenszusammenhang abspielt - wird in starkem Maße von der Arbeitsteilung zwischen den Geschlechtern beeinflußt. Neben strukturellen und institutionellen Aspekten bestimmt vor allem das Ausmaß der partnerschaftlichen Arbeitsteilung die Möglichkeit der Frauen, Familie und Erwerbsarbeit zu vereinbaren. In diesem Beitrag wird ein Blick auf die Arbeitsteilung innerhalb der Familie geworfen. Wer übernimmt die Kinderbetreuung und wer erledigt die Hausarbeiten und, haben sich die Frauen dies so vorgestellt?

Die so viel beschworenen „neuen Väter" gibt es bestimmt - aber wo und in welchem Ausmaß? Für Deutschland zeigt sich, daß Frauen den männlichen Anteil an der Reproduktionsarbeit durchgängig geringer einschätzen als Männer. Zwar tragen beinahe alle deutschen Männer, ob verheiratet oder nicht, ob mit Kindern oder ohne, in irgendeiner Weise zur Reproduktionsarbeit bei, allerdings in weitaus geringerem Maße als die Frauen, auch wenn beide PartnerInnen erwerbstätig sind. Mit steigender Kinderzahl verstärkt sich der männliche Rückzug aus Familien- und Hausarbeit, gleichzeitig sinkt der Umfang der Erwerbsbeteiligung der Frau.

In dem hier vorgestellten Projekt wurde nicht nur die Wirklichkeit innerfamilialer Arbeitsteilung erhoben, sondern es wurde auch nach den spezifischen Vorstellungen, die Frauen von einer idealen Arbeitsteilung haben, gefragt. Im Ergebnis zeigt sich, daß Frauen in hohem Maße die Familienarbeit übernehmen und daß sie sich nicht immer die Übernahme dieser Tätigkeiten wünschen, sondern eine weitaus stärkere partnerschaftliche Arbeitsteilung erwarten, als sie vorfinden.

Bevor im folgenden detaillierter auf die Ergebnisse der Erhebung eingegangen wird, werden kurz der aktuelle Stand der Forschung zum Thema innerfamiliale Arbeitsteilung vorgestellt und Erklärungsansätze diskutiert. Diese dienen sodann als theoretischer Rahmen für die Ergebnisdiskussion. Neben einer quantitativen Erhebung wurden mit einigen Frauen Intensivinterviews durchgeführt, um die Diskrepanz zwischen Wunsch und Wirklichkeit besser fassen zu können (vgl. Bohle/Hahn/Schlegel 1997). Gefragt wurde nach den sozialen Faktoren, die zum einen eine bestimmte innerfamiliale Arbeitsteilung beeinflussen und die zum anderen Zufriedenheit bzw. Unzufriedenheit mit dieser Situation begründen. Neben Alter, Bildung und Elternschaft wurden der Einfluß des Umfangs der Erwerbsbeteiligung der Frauen sowie des Partners und das Nettoeinkommen der Frauen betrachtet. Insgesamt wird deutlich, daß sich die weiblichen Ambivalenzerfahrungen häufig aus dem Wunsch heraus ergeben, für das Kind/die Kinder da zu sein, und der Erfahrung, daß dies Veränderungen in der Arbeitsteilung der Partner mit sich bringt, die den Mann stärker in die Öffentlichkeit und die Frau stärker in die Privatheit führen. Am Ende steht eine kurze Zusammenfassung und ein kritischer Ausblick auf zukünftige Entwicklungen.

5.1 Innerfamiliale Arbeitsteilung in Deutschland

Die Frage der innerfamilialen Arbeitsteilung und damit die Frage nach der Beteiligung der Männer an der Hausarbeit findet in der sozialwissenschaftlichen Forschung in zweierlei Hinsicht Beachtung. In den unterschiedlichen Zeitbudgeterhebungen wird diese Frage unter dem allgemeinen Aspekt der Zeitverwendung thematisiert (vgl. z.B. Kössler 1984, Krüsselberger et al. 1986, Schulz 1990, Bundesministerium für Familie, Senioren, Frauen und Jugend 1996, Stutzer 1996). Betrachtet wird beispielsweise, wie sich der Zeitaufwand für die Hausarbeit zwischen den Geschlechtern verteilt, ob dieser sich in Abhängigkeit von der Erwerbstätigkeit der Frau oder der Elternschaft verändert. Ein zweiter Forschungszweig untersucht die geschlechtsspezifische Verteilung der einzelnen Tätigkeiten der innerfamilialen Arbeit. Er geht der Frage nach, wer welche Tätigkeit übernimmt und welche Faktoren diese Arbeitsteilung beeinflussen. Diese Fragestellung ist auch der Schwerpunkt der hier vorgestellten Studie, so daß im folgenden auf die Zeitbudgetstudien nicht näher eingegangen wird.

Die Arbeitsteilung in Familie und Partnerschaft ist ein Thema, dem seit Jahren ein unverändert starkes Interesse entgegengebracht wird, da sie auch eine Antwort auf die Frage nach einer Veränderung des Geschlechterverhältnisses oder des Aufbrechens traditioneller Geschlechterrollen zu geben scheint. Die Ergebnisse empirischer Untersuchungen zur innerfamilialen Arbeitsteilung sind jedoch seit gut 20 Jahren im Kern nahezu unverändert: sie zeigen übereinstimmend eine stabile Dominanz traditioneller Muster der familialen Arbeitsteilung. Einige exemplarisch ausgewählte Studien sollen dies im folgenden verdeutlichen. Auch wenn die Ergebnisse der Studien nicht unmittelbar vergleichbar sind, da z.B. die abgefragten Tätigkeiten variieren, so sprechen sie in der Tendenz ihrer Ergebnisse doch eine deutliche Sprache.

In den siebziger Jahre machte Pross (1976 und 1978) mit zwei repräsentativen Studien Furore, die heute als Klassiker der Arbeiten zur innerfamilialen Arbeitsteilung gelten können und deren Befunde noch immer erschreckend aktuell sind. In ihrer Untersuchung nicht erwerbstätiger verheirateter Frauen stellte Pross (1976) für den Bereich des Haushaltes eine den traditionellen Geschlechtsrollen entsprechende, klassische Arbeitsteilung fest: „Nur selten geht er [der Mann] seiner Frau zur Hand. Wenn überhaupt, dann assistiert er beim Geschirrspülen und beim Einkaufen, nicht beim Putzen, Kochen, Waschen. Damit verhält er sich ähnlich wie der Mann der *erwerbstätigen* Ehefrau. Dieser packt zwar etwas häufiger zu, beschränkt sich aber ebenfalls auf Abwasch und Einkaufshilfen." (Pross 1976: 143; Hervorhebung im Orginal) Überwiegend jedoch waren die befragten Frauen mit dieser Form der Arbeitsteilung zufrieden, denn sie fanden, „...daß der Mann mit der Tagesarbeit genug für die Familie geleistet hat und daher durch Arbeit im Haushalt nicht noch zusätzlich belastet werden sollte." (ebd.: 145) Dieses Bild der klassischen Arbeitsteilung wurde in der zweiten Untersuchung von Pross (1978), einer repräsentativen Befragung verheirateter Männer bestätigt: „In den Ehen fast aller Befragten gibt es eine klare Arbeitsteilung: die Frau kümmert sich um den Haushalt, der Mann packt 'gelegentlich' oder bloß ausnahmsweise 'häufig' zu (...). Ob die Frau berufstätig ist oder nicht, der Haushalt ist ihr Ressort." (ebd.: 94) In dieser zweiten Studie zeigte sich auch, daß diese klassische Arbeitsteilung die von den Männern gewünschte ist. Männer bejahten eine Berufstätigkeit ihrer Frauen unter der Prämisse, daß die klassische Arbeitsteilung im Haushalt davon unberührt bleibt.

Nahezu zehn Jahre später stellten Metz-Göckel und Müller (1985) in einer ebenfalls repräsentativen Befragung von Männern fest, daß 83% der Befragten der Aussage zustimmten, daß der Beruf für die Frau genauso wichtig ist wie für den Mann. Dieses „höhere" Ansehen oder die Befürwortung der Frauenerwerbstätigkeit ging dabei mit einer veränderten Einstellung zur klassischen Arbeitsteilung im Haushalt einher. Nach

Ansicht der befragten Männer sollte sich Partnerschaftlichkeit darin zeigen, daß „... der Mann einer berufstätigen Frau auch zu Hause mit 'anpackt'" (Metz-Göckel/Müller 1985: 46). Dieser Einstellungswandel jedoch bewirkte kaum eine Verhaltensänderung der Männer, die auf ein Aufbrechen der klassischen innerfamilialen Arbeitsteilung hinweisen könnte. Es zeigte sich, daß die überwiegende Zahl der Männer sich an einer ganzen Reihe von Hausarbeiten überhaupt nicht beteiligte, andere nur gelegentlich übernahm. Die meisten Männer, so die Ergebnisse der Befragung, bügeln nicht (87%), waschen die Wäsche nicht (79%), putzen keine Fenster (73%) oder wischen nicht (65%). Gelegentlich räumen sie auf (72%), kaufen ein (63%), trocknen sie ab (57%) oder waschen sie ab (55%). Lediglich Reparaturen übernahmen zu 55% die Männer alleine (Metz-Göckel/Müller 1985 nach Künzler 1994: 25). Im weiteren betrachteten die Autorinnen vier Faktoren in ihren Auswirkungen auf die absolute Beteiligung des Mannes an der Hausarbeit: die Erwerbstätigkeit der Frau, die Elternschaft, das Alter und die Schulbildung der Männer. Bezogen auf das Alter und die Schulbildung fanden Metz-Göckel/Müller (1986) heraus, daß ältere Männer und Männer mit niedrigen Bildungsabschlüssen häufiger angaben, nie einzelne Hausarbeiten zu übernehmen (vgl. ebd.: 48). Die Elternschaft hatte einen starken negativen Effekt auf die innerfamiliale Arbeitsteilung, in dem Sinne, daß Männer mit Kindern sich noch stärker von der Hausarbeit zurückziehen als Männer ohne Kinder (vgl. ebd.: 55). Die Erwerbstätigkeit der Frau hatte zwar einen positiven Effekt auf die Beteiligung der Männer an der Hausarbeit, dieser war jedoch relativ unbedeutend. „Entgegen der von den Männern offenbar so hoch bewerteten Norm der Partnerschaftlichkeit hat die Berufstätigkeit der Partnerin bisher keineswegs zu einer Umverteilung der Hausarbeit geführt. Sie wirkt sich allenfalls graduell aus." (ebd.: 53).

Auch die im November 1995 im Auftrag des Bundesministeriums für Familie, Senioren, Frauen und Jugend durchgeführte Umfrage des Instituts für praxisorientierte Sozialforschung (ipos) zeigt, daß die Aufgabenteilung zwischen Frau und Mann nach wie vor den traditionellen geschlechtsspezifischen Zuweisungen folgt, die bereits Pross (1976) gut 20 Jahre früher beschrieben hat. Nach den Ergebnissen dieser Umfrage übernehmen zum weit überwiegenden Teil nach wie vor die Frauen das Putzen der gemeinsamen Wohnung (Westen: 76%, Osten: 78%), während nur 17% der Paare im Westen und 18% der Paare im Osten die Putzarbeiten gemeinsam übernehmen. Beim Kochen zeigen sich ähnliche Ergebnisse: In 77% der Haushalte im Westen sind dafür die Frauen zuständig, dies gilt auch für 75% der Haushalte im Osten. Im Westen kochen nur 14% der Paare abwechselnd oder gemeinsam, im Osten sind dies knapp 15%. Diese Verhältnisse ändern sich bei der Tätigkeit Einkaufen jedoch deutlich. Im Westen sind mit 49% zwar noch knapp die Hälfte der Frauen auch für diesen Teil der häuslichen Arbeit überwiegend zuständig, immerhin kaufen jedoch bereits 35% der Paare gemeinsam ein. Im Osten liegt der Anteil der Paare, die gemeinsam einkaufen, bereits bei 49%, aber auch hier übernimmt die Frau noch bei 36% der Paare die häuslichen Einkäufe überwiegend selbst (vgl. Bundesministerium für Familie, Senioren, Frauen und Jugend 1996: 12f.). Ähnlich wie bereits Pross (1976 und 1978) kommt auch die ipos-Umfrage zu dem Ergebnis, daß, trotz dieser ungleichen Belastung bei der innerfamilialen Arbeit, der überwiegende Teil der Frauen und Männer im großen und ganzen mit dieser Aufgabenverteilung zufrieden ist. Die Zufriedenheit fällt bei den Frauen (Westen: 90%, Osten: 89%) zwar etwas zurückhaltender aus als bei den Männern (Westen: 97%, Osten: 96%), dennoch würden es nur 7% der westdeutschen und 5% der ostdeutschen Frauen begrüßen, wenn sich der Mann stärker an der Hausarbeit beteiligen würde. Die befragten Männer haben umgekehrt jedoch keine Defizite festgestellt.

Aus einer Studie der sozialwissenschaftlichen Forschungsstelle der Universität Bamberg geht hervor, daß Frauen ziemlich realistisch sind, was die Einschätzung der Beteiligung der Männer an der Versorgung der Kinder betrifft (Bundesministerium für Familie, Senioren, Frauen und Jugend 1997). Lediglich ein Viertel der befragten Mütter hatte vor der Elternschaft mit mehr Beteiligung von seiten des Partners gerechnet. Frauen, die die Versorgung des Kindes/der Kinder überwiegend selbst übernahmen, hatten allerdings zu mehr als 30 % erwartet, daß der Partner sich stärker beteiligen würde.

5.2 Ansätze zur Erklärung der innerfamilialen Arbeitsteilung

Die theoretische Diskussion zur innerfamilialen Arbeitsteilung wird im wesentlich von vier konkurrierenden Middle-Range-Theorien bzw. -Ansätzen bestimmt, aus denen Hypothesen zu Faktoren abgeleitet werden, die die innerfamiliale Arbeitsteilung beeinflussen. Die vier Ansätze sind: die Ressourcen-Theorie, New Home Economics, die Rollentheorie und der Time-Availability-Ansatz (vgl. Künzler 1994, Hartmann 1998). Sie werden im folgenden kurz skizziert.

Die Ressourcen-Theorie geht als Rational-Choice-Ansatz davon aus, daß Individuen auch in intimen Beziehungen an der Maximierung des eigenen Nutzen orientiert sind. Es wird in diesem Ansatz implizit angenommen, daß beide Partner bestrebt sind, den Aufwand für die unangenehme Hausarbeit möglichst gering zu halten. Da der Ansatz davon ausgeht, daß der im Haushalt zu leistende Aufwand für die Hausarbeit fix ist und den Regeln eines Nullsummenspieles folgt, entsteht der Zwang, mit dem Partner in Verhandlungen über die beiderseitigen Beiträge zur Hausarbeit einzutreten. Solche Verhandlungen laufen jedoch machtgesteuert ab. „Macht äußert sich in der Möglichkeit, über Ressourcen zu verfügen, die in Verhandlungen so eingesetzt werden können, daß der Partner zusätzliche Kosten übernimmt und auf Nutzen verzichtet, wodurch - komplementär qua Nullsummenspiel - die eigenen Kosten minimiert und der eigene Nutzen maximiert werden." (Künzler 1994: 45) Das Spektrum der in der Ehe einsetzbaren Ressourcen geht von der sexuellen Attraktivität bis hin zu den klassischen materiellen Ressourcen wie Einkommen oder über Bildung festzumachende Einkommenschancen. Entscheidend für die relative Verhandlungsstärke der Partner sind Differenzen in der Verfügbarkeit der Ressourcen. Basishypothese dieses auch als Theorie der familialen oder ehelichen Machtverteilung (Künzler 1995: 150) bezeichneten Ansatzes ist, daß die Wahrscheinlichkeit, die Entscheidungsmacht zu seinen Gunsten verschieben zu können, um so größer ist, je höher die externen Ressourcen sind, die ein Individuum im Vergleich zu seinem Partner/seiner Partnerin besitzt.

Ähnlich wie die Ressourcen-Theorie geht auch der New-Home-Economics-Ansatz davon aus, daß Individuen nutzenorientiert handeln, wobei angenommen wird, daß die Maximierung des individuellen Nutzens über die Maximierung des Gesamtnutzens der Familie hergestellt wird. Entsprechend diesem Ansatzes der neuen Haushaltsökonomie wird unterstellt, daß die Akteure die ihnen zur Verfügung stehende Zeit so auf Markt- und Haushaltstätigkeiten aufteilen, daß das für den Haushalt oder die Familie erzielte Gesamtergebnis maximal wird (vgl. Hartmann 1998). Der Gesamtnutzen der Familie läßt sich so effizient durch Arbeitsteilung und Spezialisierung auf bestimmte familiale Posten bzw. Rollen steigern. Bei der Bestimmung der optimalen Aufteilung und Spezialisierung ist zu berücksichtigen, wie ertragreich die aufgewandte Zeit der verschiedenen Haushaltsmitglieder in diesen beiden Bereichen (Markt- und Haushaltstätigkeiten) wäre. Die Partner spezialisieren sich entsprechend ihrer Ausstattung mit Kompetenzen (Humankapital), so daß für die Übernahme der Positionen Unterschiede in der Ausstattung mit Humankapital, vor allem arbeitsmarktrelevantem Humankapital, ausschlaggebend sind (Künzler 1995). Die Tatsache, daß Männer im Regelfall eine höhere Markteffizienz aufweisen als Frauen, impliziert für die innerfamiliale Arbeitsteilung, daß der Mann sich auf den Marktsektor spezialisiert, die Frau hingegen auf den Haushaltssektor (Hartmann 1998). Basishypothese dieses Ansatzes ist es, daß mit steigender Markteffizienz der Frauen (z.B. Bildung, Erwerbstätigkeit, Einkommen) die ursprüngliche Spezialisierung brüchig wird und entsprechend dem angestrebten Gesamtnutzen der Familie neu verhandelt wird.

Die Rollentheorie oder der Geschlechtsrollen-Ansatz geht von „...der Existenz und Akzeptanz von Geschlechtsrollen aus, die qua Sozialisation internalisiert und in entsprechende Geschlechtsrollenorientierungen überführt werden." (Künzler 1995: 151) Geschlechtsrollenorientierungen werden dabei als normative und internalisierte Einstellungen betrachtet, die zu entsprechendem Verhalten führen. Bei Geschlechtsrollenorientierungen handelt es sich um ein eindimensionales, bipolares Konstrukt, welches durch die Extreme „Traditionalität" und „Nontraditionalität" bestimmt wird. Der traditionelle Pol entspricht dem Modell einer geschlechtsspezifischen Differenzierung familialer Rollen und bejaht die Zuweisung der (außerhäusigen) Versorgungsaufgabe, d.h. den Produktionsbereich auf den Mann und den Reproduktionsbereich, d.h. die Aufgaben der Haushaltsführung und der Kindererziehung, auf die Frau (Künzler 1994). Der nontraditionelle Pol wird dabei (wohl etwas verkürzt) mit der Ablehnung des traditionellen Pols gleichgesetzt. Dieser Geschlechtsrollen-Ansatz geht im Kern von einer Beeinflussung des Verhaltens durch die Einstellungen aus. Seine Basishypothese ist demzufolge, daß Personen mit nontraditionellen Orientierungen in ihrer Partnerschaft auch eher nontraditionelle Formen der innerfamilialen Arbeitsteilung leben, während Personen mit traditionellen Orientierungen eher auch zu einer traditionellen Form der innerfamilialen Arbeitsteilung neigen.

Der Time-Availability- bzw. Demand/Response-Capacity-Ansatz unterscheidet bei der Hausarbeit eine Angebots- und eine Nachfrageseite. Er geht von der Überlegung aus, daß in jedem Haushalt ein bestimmter Bedarf an Haushaltsleistungen besteht, dessen Umfang durch verschiedene Faktoren wie z.B. die Haushaltszusammensetzung, speziell Anzahl und Alter der Kinder o.ä., beeinflußt wird (Hartmann 1998). Mit diesem Bedarf korreliert eine entsprechende Nachfrage nach Hausarbeitsleistungen der Familienmitglieder. Die Familienmitglieder, insbesondere die (Ehe)Partner können auf diese Nachfrage jedoch nur eingeschränkt reagieren, da ihr Zeitbudget z.B. auch durch familienexterne Verpflichtungen (vorrangig die Erwerbstätigkeit) gebunden und nur bedingt frei verfügbar ist. Das zentrale Element des Time-Availability-Ansatzes ist somit die Zeit als knappe Ressource (Künzler 1995). Was die relative Verteilung der Hausarbeit betrifft, geht dieses Modell davon aus, daß die Hausarbeitszeit den Regeln von Nullsummenspielen folgt: „Was ein Partner weniger macht, muß der andere mehr machen". (Künzler 1994: 49) Die Basishypothese dieses Ansatzes ist also, daß insbesondere der zeitliche Umfang der Erwerbstätigkeit Einfluß nimmt auf die Hausarbeitszeit der (Ehe)Partner, da primär über sie das zur Verfügung stehende Zeitbudget zur Erfüllung der Nachfrage bestimmt wird.

Alle skizzierten Erklärungsansätze sind sich darin einig, daß die Erwerbstätigkeit der Frau bei der innerfamilialen Arbeitsteilung eine zentrale Rolle spielt. Trotz unterschiedlicher Schwerpunkte erwarten sie durch die Erwerbstätigkeit der Frau „... eine Reduktion des Zeitaufwandes der Frau, eine Erhöhung des Zeitaufwandes des Mannes und eine entsprechende Enttraditionalisierung und Umschichtung der relativen Verteilung in Richtung größerer Egalität." (Künzler 1994: 49) Die Erwerbstätigeit der Frau bzw. der Umfang ihrer Erwerbstätigkeit wird als der zentrale Bedingungsfaktor für die innerfamiliale Arbeitsteilung betrachtet.

Daneben lassen sich entsprechend der hier nur sehr knapp skizzierten Erklärungsansätze als weitere entscheidende Bedingungsfaktoren für die innerfamiliale Arbeitsteilung vor allem noch die Differenz der Erwerbsbeteiligung der (Ehe)Partner, das Einkommen der (Ehe)Partner, das Vorhandensein von Kindern und gegebenenfalls deren Anzahl und/oder Alter sowie die Geschlechtsrollenorientierung der (Ehe)Partner benennen. Als weitere Faktoren werden häufig auch die Bildung und das Alter der (Ehe)Partner genannt, sowie der Umstand, ob es sich um verheiratete oder unverheiratet zusammenlebende Paare handelt. Entlang dieser Bedingungsfaktoren wurden eine ganze Reihe von Hypothesen und Prognosen entwickelt, von denen einige inzwischen auch einer empirischen Überprüfung unterzogen wurden, zum Teil jedoch mit unterschiedlichen Ergebnissen (vgl. z.B. Oberndorfer 1993, Künzler 1994, Hartmann 1998).

5.3   Innerfamiliale Arbeitsteilung im Rhein-Neckar-Kreis und im Rems-Murr-Kreis -
        Zwischen Wunsch und Wirklichkeit

In der Auswertung wurde die Bedeutung horizontaler und vertikaler Ungleichheitsfaktoren für die gegebene und die gewünschte innerfamiliale Arbeitsteilung untersucht. Alter, Kinderzahl und Familienstand zählen zu den horizontalen Ungleichheitsfaktoren und verweisen auf die Wahl der privaten Lebensform, die unseren Ausgangsthesen zufolge in starkem Maße Aspekte der Lebensführung beeinflußt. Vertikale Ungleichheitsfaktoren wie das Bildungsniveau, der Umfang der Erwerbstätigkeit der Frauen und ihrer Partner sowie das Einkommen ermöglichen es, die Annahmen der Ressourcentheorie zu überprüfen. Alter und Bildung weisen zugleich eine Verbindung zu den Annahmen der Geschlechtsrollentheorie auf, die Kinderzahl und der Umfang der Erwerbstätigkeit erlauben Aussagen zur Gültigkeit der Annahmen des time-availability- Ansatzes.

Neben dem Ist-Zustand der innerfamilialen Arbeitsteilung wird auch der Soll-Zustand herausgearbeitet, also der Frage nachgegangen, inwieweit die Frauen mit der gegebenen Situation zufrieden sind und wie sie sich die Arbeitsteilung wünschen würden. Auch hier wird nach Erklärungsfaktoren gesucht. In einer qualitativen Analyse können vor allem diese Ressourcenaspekte und damit verbunden das Machtungleichgewicht innerhalb der Partnerschaft genauer betrachtet werden. Folgende Thesen wurden überprüft:

1. Je höher der Umfang der Erwerbstätigkeit von Frauen, desto höher der Anteil des Mannes an der innerfamilialen Arbeit und desto eher fordern die Frauen Partnerschaftlichkeit ein.
2. Je älter die Frauen, desto eher übernehmen sie die familialen Tätigkeiten selbst und sind auch damit zufrieden.

3. Je gebildeter die Frauen, desto eher teilen sie sich die Arbeiten mit dem Partner und desto stärker fordern sie diese Partnerschaftlichkeit auch ein.

Was die Unterscheidung in Elternschaft sowie Hausarbeiten („weibliche" und „männliche") betrifft, so kann aus den Ergebnissen bisheriger Studien folgendes vermutet werden:
4. Alter und Bildung spielen im Hinblick auf die Organisation der Elternschaft eine größere Rolle als der Umfang der Erwerbstätigkeit. Hier wird die Frage der Geschlechtsrollenidee relevant. Der Umfang der Erwerbstätigkeit spielt im Hinblick auf die Organisation der Hausarbeiten eine größere Rolle. Hier greift der Time-Availability-Ansatz.

5.3.1   Anmerkungen zur Methode

Zur Analyse der Realität der innerfamilialen Aufgabenteilung in Partnerschaften und des Wunsches von Frauen nach der Verteilung dieser innerfamilialen Aufgaben wurde eine Teilstichprobe aus der Gesamtheit der befragten Frauen (N=760) gezogen. In diese Teilstichprobe wurden nur diejenigen Frauen aufgenommen, die zum Zeitpunkt der Befragung mit ihrem Partner in einem gemeinsamen Haushalt lebten (N=481). Der Familienstand der Frauen blieb als Auswahlkriterium unberücksichtigt. In dieser Teilstichprobe befinden sich sowohl Partnerschaften mit Kindern (N=306) als auch ohne Kinder (N=175). Die im folgenden beschriebenen allgemeinen Ergebnisse beziehen sich auf die Gesamtheit dieser Teilstichprobe. Daneben wurde, für die Hausarbeiten, noch ein Vergleich mit der Gruppe der „Berufsfrauen" (vgl. Kapitel 4) durchgeführt. Diese "Berufsfrauen" (N=45) leben mit dem Partner in einem gemeinsamen Haushalt, haben keine Kinder und sind voll erwerbstätig.

Die innerfamiliale Arbeitsteilung in der Partnerschaft wurde anhand von vierzehn Aufgaben erfaßt: Arbeiten für das Kind/die Kinder erledigen, Wege mit dem Kind/den Kindern erledigen, sich mit dem Kind/den Kindern beschäftigen, Wohnung/Haus sauber machen, Wohnung/Haus putzen, Wäsche waschen, Wäsche bügeln und in Ordnung halten, Kochen, Abspülen und Abtrocknen, Einkaufen, (Gartenarbeiten und/oder Versorgung der Blumen), Reparaturen im Haus und/oder in der Wohnung, KFZ pflegen und reparieren, (Erledigung von Behördengängen u.ä.).[41]
Da in dieser Studie nicht nur nach der „Realität" der Aufgabenteilung gefragt werden sollte, sondern auch danach, wie die Frauen sich die Aufgabenteilung idealerweise wünschen würden, wurden den Frauen zu jeder der oben beschriebenen Aufgaben zwei Fragen gestellt. Die erste Frage lautete: „Wer übernimmt derzeit diese Aufgaben in Ihrer Partnerschaft"? Die zweite sich anschließende Frage lautete: „Wie würden Sie es sich wünschen: wer sollte diese Aufgabe übernehmen"? Bei beiden Fragen standen den Frauen folgende Antwortalternativen zur Verfügung: „überwiegend ich selbst", „zu gleichen Teilen ich und mein Partner", „überwiegend mein Partner", „andere Personen".[42] Frauen, die diese Tätigkeiten überwiegend selbst übernehmen, lassen sich in bezug auf das Verhältnis von Wirklichkeit und Wunsch ganz grob in vier Gruppen unterteilen: die, die mit dem „Ist-Zustand" dieser Arbeitsteilung zufrieden sind, die, die mit dem „Ist-Zustand" unzufrieden sind und sich Partnerschaftlichkeit wünschen, die, die

---

[41]   Auf die Tätigkeiten in Klammern wird im weiteren nicht näher eingegangen.
[42]   vgl. Bundesministerium für Familie, Senioren, Frauen und Jugend 1997, Frage J3

mit dem „Ist-Zustand" unzufrieden sind und sich wünschen, daß überwiegend der Partner diese Tätigkeiten übernimmt sowie die Frauen, die mit dem "Ist-Zustand" unzufrieden sind und sich eine Übernahme der Tätigkeiten durch andere Personen wünschen. Da die beiden letzten Gruppen sehr klein sind, werden sie nur in Einzelfällen erwähnt.

Bei der Auswertung der Ergebnisse stellen die gegebene Arbeitsteilung bzw. der Wunsch, wie sie sein sollte, jeweils die abhängige Variable dar. Als unabhängige Variablen bzw. als Erklärungsfaktoren werden Alter, Bildung, Umfang der Erwerbstätigkeit der Frau sowie des Partners, die Kinderzahl sowie das Nettoeinkommen herangezogen. Darüber hinaus werden vereinzelt Ergebnisse von Bohle, Hahn und Schlegel (1997) wiedergegeben, die mit einigen befragten Frauen zusätzlich qualitative Interviews durchgeführt haben. In diesen Interviews wurden die Frauen nach dem spezifischen Verhältnis zwischen Wunsch und Wirklichkeit innerfamilialer Arbeitsteilung in ihrer Partnerschaft gefragt. Mit Hilfe eines biographietheoretischen Ansatzes wurde der Wandlungsprozeß dieser Aufgabenteilung innerhalb der Partnerschaft nachvollzogen.

5.3.2 Elternschaft und innerfamiliale Arbeitsteilung

Graphik 5.1 zeigt zunächst in einer Übersicht, wie sich im „Ist-Zustand" die Arbeitsteilung im Bereich der Elternschaft darstellt und wie nach dem Wunsch aller befragten Frauen die Arbeitsteilung bei der Elternschaft sein sollte. Die einzelnen Aufgaben der Elternschaft werden im folgenden detaillierter betrachtet.

Graphik 5.1: Innerfamiliale Arbeitsteilung bei der Elternschaft (befragte Frauen in %)

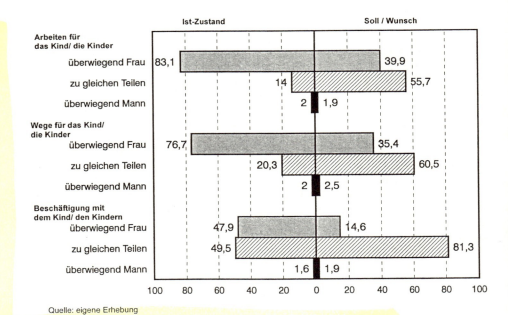

Quelle: eigene Erhebung

Arbeiten für das Kind/die Kinder erledigen

In einem ersten Schritt wird der Blick den Aufgaben zugewendet, die unmittelbar im Zusammenhang mit einer Elternschaft stehen. Begonnen wird mit dem Bereich „Arbeiten für das Kind/die Kinder". Insgesamt erledigen knapp über 83% der Frauen die Arbeiten für das Kind/die Kinder überwiegend alleine, bei 14% der Befragten werden diese zu gleichen Teilen von den Eltern/Partnern erledigt, in 2% der Fälle übernimmt diese überwiegend der Partner und in ganz wenigen Fällen übernehmen diese Arbeiten überwiegend andere Personen (0,3%). Dies entspricht ganz und gar nicht den Wünschen der Frauen, die sich zu 55,5% eine Gleichverteilung dieser Tätigkeiten zwischen den PartnerInnen wünschen.

Das Ausmaß der Erwerbstätigkeit der Frauen erweist sich entsprechend der Forschungshypothese als ein statistisch signifikanter Faktor, der Unterschiede in der innerfamilialen Arbeitsteilung zu erklären vermag. Dies heißt: je größer der Umfang der weiblichen Erwerbstätigkeit ist, desto größer ist die Partnerschaftlichkeit. Am höchsten ist der Anteil der Frauen, die diese Arbeiten überwiegend selbst erledigen, unter den nicht erwerbstätigen Müttern (88,7%). Unter ihnen ist umgekehrt der Anteil derer, die diese gleichberechtigt mit ihrem Partner teilen, am geringsten (8,9%). Deutlich niedriger ist der Anteil der Frauen, die diese Arbeiten überwiegend alleine erledigen, unter den vollzeit erwerbstätigen Frauen (46,7%), und ebenso deutlich höher liegt dort der Anteil derjenigen, die diese Arbeiten partnerschaftlich teilen (36,7%). Vergleichsweise hoch ist der Anteil derjenigen, bei denen überwiegend der Partner (10,0%) oder bei denen andere Personen (3,3%) diese Aufgaben übernehmen. Unter den Frauen, die unter 15 Stunden wöchentlich (geringfügig) erwerbstätig sind, ist der Anteil derer, bei denen der Partner diese Arbeiten zu gleichen Teilen mit erledigt, erstaunlich hoch (17,2%). Eine mögliche Erklärung hierfür könnte sein, daß die geringfügig beschäftigten Frauen ihre Erwerbstätigkeit erhöhen wollen und Partnerschaftlichkeit in stärkerem Maße einfordern. Die Bestätigung für diese Vermutung zeigt sich weiter unten, bei der Analyse der Zufriedenheit.

Was die Bildung betrifft, so ergibt sich ein über alle Bildungsniveaus hinweg sehr hoher Anteil an Frauen, die die Arbeiten für das Kind/die Kinder überwiegend selbst übernehmen. Auch wenn sich unter den Frauen mit Abitur der höchste Anteil derer findet, die angeben, daß diese Tätigkeiten partnerschaftlich geteilt werden, so ist, insgesamt betrachtet der Zusammenhang zwischen Bildung und gegebener Arbeitsteilung nicht signifikant. Man kann also nicht sagen, daß Frauen mit höherer Bildung eher eine partnerschaftliche Arbeitsteilung bei den "Arbeiten für das Kind/die Kinder" aufweisen. Auch die Unterschiede in Abhängigkeit vom Alter sind nicht signifikant. Dies bedeutet, zwischen den einzelnen Altersgruppen gibt es kaum Unterschiede dahingehend, ob Frauen diese Arbeiten selbst übernehmen oder diese Aufgaben partnerschaftlich geteilt werden.

Unterschiede werden jedoch bei den Einflußfaktoren Kinderzahl, Erwerbstätigkeit des Mannes und Einkommen der Frau sichtbar. So zeigt sich, daß die Arbeiten für das Kind/die Kinder umso eher partnerschaftlich erledigt werden, je höher die Kinderzahl ist. Ebenso findet sich in Partnerschaften, in denen die Männer einer Teilzeitarbeit nachgehen, eine deutlich erhöhte Partnerschaftlichkeit bei den Arbeiten für das Kind/die Kinder. Auch im Hinblick auf das Einkommen finden sich einige interessante Egebnisse: Je geringer das eigene Einkommen der Frau, desto wahrscheinlicher ist es, daß sie die Arbeiten für das Kind/die Kinder überwiegend selbst erledigt. 65,3% der Frauen, die diese Tätigkeit überwiegend selbst übernehmen, haben kein oder ein Einkommen bis unter DM 1250.- monatlich.

Die Frauen, die diese Tätigkeiten überwiegend selbst übernehmen (N=250) sind zu 49,6% damit zufrieden, d.h. sie wünschen sich diese Arbeitsteilung. 48,8% hingegen wünschen sich Partnerschaftlichkeit. Nur 0,4% Frauen zögen die Übernahme dieser Tätigkeit durch den Partner vor. Dieser Anteil ist so gering, daß er im folgenden nicht weiter beachtet wird.

Was den Umfang der Erwerbstätigkeit betrifft, so zeigen sich die vollzeit erwerbstätigen Frauen und die nicht erwerbstätigen Frauen am zufriedensten mit der Arbeitsteilung (57,1% bzw. 57,9%). Frauen, die weniger als 15 Stunden wöchentlich erwerbstätig sind, sind am unzufriedensten, von ihnen wünschen sich 64,2% eine Gleichverteilung der Tätigkeiten. Die hohe Zufriedenheit der vollzeit erwerbstätigen Frauen mit der Arbeitsteilung ist erklärungsbedürftig, kann aber damit zusammenhängen, daß die Kinder dieser Gruppe bereits älter sind und damit weniger Betreuung benötigen. Der statistische Zusammenhang ist zu gering, um davon ausgehen zu können, daß der Umfang der Erwerbstätigkeit die Zufriedenheit mit der gegebenen Situation beeinflußt.

In Hinblick auf die Bildung zeigt sich: Je gebildeter eine Frau ist, desto unzufriedener ist sie mit der traditionellen Arbeitsteilung innerhalb der Familie. Abgesehen von den Frauen, die (noch) nicht über einen Bildungsabschluß verfügen und die sich zu 75% Partnerschaftlichkeit wünschen, sind Frauen mit Abitur am ehesten an einer partnerschaftlichen Arbeitsteilung (57,3%) interessiert, gefolgt von den Frauen mit Realschulabschluß (54,8%). Frauen mit Volks- bzw. Hauptschulabschluß hingegen sind deutlich zufriedener mit der klassischen Rollenverteilung.

Bezogen auf die Faktoren Alter und Kinderzahl gilt ganz allgemein: Je mehr Kinder die Frauen haben und je älter die Frauen sind, desto zufriedener sind sie mit der gegebenen Situation. Interessant ist, daß die Frauen zwischen 30 und 40 Jahren, also die Frauen in der "klassischen" Familienphase, die größte Unzufriedenheit mit der derzeitigen Arbeitsteilung zeigen. Von ihnen wünschen sich 56,6% eine Gleichverteilung der Arbeiten. In Abhängigkeit vom Einkommen ergeben sich keine signifikanten Unterschiede. Zwar sind die Frauen, die kein eigenes Einkommen haben, zufriedener mit der gegebenen Arbeitsteilung, aber die Höhe des eigenen Einkommens der Frauen, zeigt keine nennenswerten Einflüsse auf ihre Zufriedenheit.

Wege mit oder für das Kind/die Kinder erledigen
Auch bei der Aufgabe „Wege mit oder für das Kind/die Kinder machen", zeigen sich deutliche Unterschiede zwischen der Realität und den Wünschen der Frauen. Insgesamt erledigen 76,7% der Frauen überwiegend alleine die Wege mit den Kindern, nur 35,4% wollen dies aber so. Insgesamt 20,3% der Frauen gaben an, daß diese Wege zu gleichen Teilen von ihnen und ihrem Partner gemacht werden, 60,5% wünschen sich eine Gleichverteilung dieser Arbeiten. Bei lediglich 2,0% der Frauen erledigt überwiegend der Partner die Wege mit oder für die Kinder.

Was die einzelnen Faktoren betrifft, so sind die Ergebnisse vergleichbar mit den „Arbeiten für das Kind/die Kinder". Deshalb seien im folgenden nur einige Besonderheiten erwähnt. Bei den vollzeit erwerbstätigen Frauen ist der Anteil derjenigen, die diese Tätigkeit überwiegend partnerschaftlich erledigen, niedriger als bei den teilzeit erwerbstätigen Frauen. Dies wird jedoch dadurch kompensiert, daß, wie bei den Arbeiten für das Kind/die Kinder, bei den Vollerwerbstätigen mit Abstand der Anteil am höchsten ist, bei denen die Wege mit dem Kind/den Kindern überwiegend vom Partner erledigt werden (13,8%). Was das Alter betrifft, so zeigt sich, anders als bei den Arbeiten für das Kind/die Kinder, ein linearer Zusammenhang. Je älter die Frauen sind, desto höher ist der Anteil an Partnerschaftlichkeit, was vermutlich mit dem Alter der Kinder zusammenhängt. Je älter die Kinder sind, desto eher fährt sie der Vater zur Party, zu Freunden oder sonst wohin, d.h. die Bedarfsstruktur ändert sich. Das Einkommen erklärt die gegebene Arbeitsteilung im gleichen Maße wie bei den Arbeiten für das Kind/die Kinder.

Betrachtet man auch hier wieder die Gruppe der Frauen, die diese Tätigkeiten überwiegend selbst übernehmen (N=231), im Hinblick auf ihre Zufriedenheit bzw. Unzufriedenheit mit der Situation, so sind 47,6% zufrieden, 51,1% wünschen sich eine partnerschaftliche Arbeitsteilung, 0,4% würden diese Tätigkeiten gerne an den Partner abgeben und 0,9% wünschen sich die Übernahme durch andere Personen. Wie auch bei den Arbeiten für das Kind/die Kinder erweist sich der Faktor Bildung als erklärungskräftig. Dies bedeutet, je gebildeter die Frauen sind, desto unzufriedener sind sie auch bei dieser Tätigkeit mit der gegebenen Arbeitsteilung. Anders verhält es sich mit den Faktoren Alter und Kinderzahl. Diese haben bei dieser Tätigkeit keinen erwähnenswerten Einfluß auf die Zufriedenheit der Frauen mit der gegebenen Arbeitsteilung.

Die Unzufriedenheit der Frauen verändert sich zumindest teilweise, betrachtet man, wer für das Kind/die Kinder die „Betreuungsaufgaben" im weiteren Sinne übernimmt, wer sich also mit dem Kind/den Kindern beschäftigt.

Sich mit dem Kind/den Kindern beschäftigen
In 49,5% der Fälle übernehmen die Partner die Beschäftigung mit dem Kind/den Kindern gemeinsam. Die stärkste Beteiligung der Männer/Väter an den verschiedenen Aufgaben, die eine Elternschaft mit sich bringt, findet sich also bei den Betreuungsaufgaben im weitesten Sinne, beim Spielen, Spazierengehen, Trösten usw. Im Vergleich zu den anderen Aufgaben gaben nur 47,9% der Frauen an, auch diese überwiegend alleine zu übernehmen, 1,6% sagten, daß diese bereits überwiegend vom Partner übernommen werden. Aber damit sind die Frauen noch nicht zufrieden. 81,3% wünschen sich eine partnerschaftliche Verteilung dieser Aufgaben.
Die Beteiligung der Männer bei der Betreuung der Kinder ist bei den vollzeit erwerbstätigen Frauen am höchsten. Diese Frauen beschäftigen sich nur noch zu 27,6% überwiegend alleine mit dem Kind/den Kindern, 62,1% teilen sich diese Aufgaben bereits jetzt mit dem Partner, in 6,9% der Fälle werden diese überwiegend vom Partner wahrgenommen und bei 3,4% betreuen überwiegend andere Personen das Kind/die Kinder. Von den teilzeit erwerbstätigen Frauen übernehmen bereits deutlich mehr Frauen noch immer überwiegend alleine diese Aufgaben (42,7%), wenngleich auch bei ihnen schon mehr als die Hälfte (57,3%) angaben, daß sie sich zu gleichen Teilen mit dem Partner mit dem Kind/den Kindern beschäftigen. Sowohl bei den geringfügig wie bei den nicht erwerbstätigen Frauen übernehmen über die Hälfte der Frauen die Betreuungsaufgaben überwiegend alleine.
Der Faktor Bildung zeigt bei dieser Tätigkeit keine Unterschiede wogegen für die Altersverteilung auch hier wieder gilt: Je jünger die Frauen sind, desto höher ist die Partnerschaftlichkeit in der Arbeitsteilung. Die Kinderzahl zeigt keine signifikanten Unterschiede. Allerdings fällt auf: Frauen mit 2 und 3 Kindern beschäftigen sich mehr

alleine mit den Kindern als Frauen mit 1 Kind bzw. Frauen mit mehr als 3 Kindern. Was die Zusammenhänge zwischen der Arbeitszeit des Partners und dessen Beteiligung an der Elternarbeit betrifft, so findet sich hier ein Verhalten der Männer, das von dem üblichen Muster "weniger Erwerbsarbeit ist gleich mehr Reproduktionsarbeit" abweicht. Partnerschaftliche Arbeitsteilung ist bei vollzeit erwerbstätigen Partnern am höchsten (51,0%). Teilzeitbeschäftigte und nicht erwerbstätige Männer unterscheiden sich kaum. Die Frauen der geringfügig beschäftigten Männer übernehmen diese Tätigkeit alle überwiegend selbst. Je höher das Nettoeinkommen der Frauen, desto höher ist das Engagement der Männer bei den Betreuungsaufgaben.

Deutlich weniger Frauen (nur 141) übernehmen die Aufgabe, sich mit dem Kind/den Kindern beschäftigen, allein. Davon sind nur 29,8% mit dieser Situation zufrieden, 66,7% wünschen sich eine partnerschaftliche Arbeitsteilung, 0,7% gäben diese Tätigkeiten gerne an den Partner und 2,8% an andere Personen ab.

Was den Umfang der Erwerbstätigkeit betrifft, so zeigen sich die gleichen Relationen wie bei den Wegen mit den Kindern. Am „zufriedensten" sind die vollzeit Erwerbstätigen und am unzufriedensten sind die teilzeit oder geringfügig Beschäftigten. Der Blick auf das Bildungsniveau zeigt wieder, daß die gebildeteren Frauen unzufriedener mit der gegebenen Arbeitsteilung sind als die weniger gebildeten, wenngleich der Zusammenhang nicht signifikant ist. Auch bei dieser Tätigkeit gilt: am unzufriedensten sind die Frauen in der klassischen Familienphase zwischen 30 und 40 Jahren. 77,2% dieser Altersgruppe wünschen sich partnerschaftliche Arbeitsteilung. Am niedrigsten - aber auf hohem Niveau - liegt der Wert bei den Frauen zwischen 20 und 30 Jahren (60,0%). Interessant ist der deutliche Unterschied zu den oben diskutierten Tätigkeiten. Die Aufgabe, sich mit dem Kind/den Kindern zu beschäftigen, wird in sehr hohem Maß von den Partnern erwartet.

Was das Geschlechtsrollenverständnis betrifft, so ergibt sich allgemein folgender Zusammenhang (vgl. auch Kap. 4): je traditioneller das Rollenbild, desto traditioneller die Arbeitsteilung und je moderner das Rollenbild, desto eher teilen sich die Partner die Arbeiten um das Kind/die Kinder. Je traditioneller das Geschlechtsrollenverständnis, desto zufriedener sind die Frauen mit einer traditionellen Aufteilung der Arbeiten für das Kind/die Kinder. Ein traditionelles Rollenbild zeichnet sich u.a. dadurch aus, daß die Befragten der Meinung sind, daß Kinder darunter leiden, wenn die Mutter erwerbstätig ist, daß die Frau zugunsten der Karriere des Partners auf ihre eigene Karriere verzichten sollte und daß es für alle Beteiligten besser ist, wenn der Mann voll im Berufsleben steht und die Frau sich um den Haushalt und die Kinder kümmert. Ein modernes Rollenbild zeichnet sich durch die Überzeugung aus, daß es für ein Kind/die Kinder sogar gut ist, wenn die Mutter erwerbstätig ist, daß eine berufstätige Frau ein genauso herzliches Verhältnis zu ihrem Kind haben kann, wie eine nicht berufstätige Mutter und daß einen Beruf zu haben, das beste Mittel für eine Frau ist, um unabhängig zu sein.

Der Einfluß des Geschlechtsrollenverständnisses oder der Geschlechtsrollenerwartungen auf die innerfamiliale Arbeitsteilung wird in den durchgeführten Tiefeninterviews besonders deutlich. Sämtliche intensiv befragten Frauen (vgl. Bohle/Hahn/Schlegel 1997) reduzierten bei der Geburt des 1. Kindes ihre Erwerbstätigkeit oder gaben sie auf und übernahmen, entsprechend dem weiblichen Rollenbild, zumindest überwiegend, wenn nicht ausschließlich, die Kinderversorgung und -erziehung. „Dasein für andere" wird für diese Frauen zum leitenden Handlungsmotiv. Nicht immer jedoch entspricht dies den eigentlichen Vorstellungen oder Wünschen der Frauen. Einige Aussagen sollen dies im folgenden verdeutlichen.

Frau C erklärt z.B. in einem Interview: „ ... *war es meinem Mann sehr wichtig, daß ich also nicht unbedingt meine Karriere weiterlebe, wenn wir Kinder haben. Und ich habe dem auch absolut zugestimmt.*" Frau C ist mit der gegebenen Arbeitsteilung zufrieden. Er hilft auf Anfrage bereitwillig ... Entsprechend ist Frau C's Vertrauen in seine häuslichen Fähigkeiten: „*Er kann eigentlich nur was machen, wenn ich mal krank bin, oder wenn's mir nicht gut geht.*"

Frau D erzählt, daß Herr D einmal in der Woche abends die Kinder und die häuslichen Arbeiten übernimmt, damit Frau D ihren Freizeitaktivitäten nachgehen kann. Frau E erklärte: „Spielen, *Mathe und Holzarbeiten machen sie mit ihrem Vater, was meistens nicht klappt, weil Herr E die (Zeit-)Maßstäbe setzt.*" Oder: Frau B zufolge kümmert sich ihr Mann sehr intensiv um seine Kinder, obwohl er zur Zeit beruflich bedingt oft abwesend ist. Die Kinder hängen sehr an ihm, auch wenn sie ihn nur selten sehen, das ist für Frau B sehr wichtig. Für Frau C ist es sehr wichtig, viel Zeit für die Kinder zu haben. „ ... *ich genieß das jetzt auch Mutter zu sein. Wirklich aus vollen Zügen.*" Ca. zwei Stunden täglich kümmert sich Herr C um die Kinder, damit auch sie Freizeit hat.

Es stellt sich die Frage, ob dies die vielgepriesenen „neuen Väter" sind, die sich in Ausnahmefällen oder als Freizeitbeschäftigung mal um das Kind/die Kinder kümmern oder ob das der Anspruch der Frauen "auf ein Stück eigenes Leben" ist, abends zum Sport oder ins Kino gehen zu können. Wie, so soll nun in einem zweiten Schritt betrachtet werden, gestaltet sich dieses Verhältnis von Wunsch und Wirklichkeit bei den anderen Aufgaben der häuslichen Arbeit, von denen nun einige detaillierter betrachtet werden.

5.3.3   „Weibliche Arbeitsbereiche" und innerfamiliale Arbeitsteilung

Graphik 5.2 zeigt zunächst in einer Übersicht, wie sich der „Ist-Zustand" der Arbeitsteilung bei ausgewählten Hausarbeiten darstellt und wie, nach dem Wunsch der befragten Frauen, die Arbeitsteilung bei diesen Tätigkeiten sein sollte. Einzelne Arbeitsbereiche werden dann detaillierter betrachtet.

Wohnung sauber machen und Wohnung putzen
Noch höher als beim "Saubermachen" (z.B. Staub wischen oder aufräumen; 68,9%) ist der Anteil der Frauen, die die Wohnung überwiegend alleine putzen (z.B. naß wischen oder Fenster putzen; 74,6%). Während bei immerhin 21,6% der Frauen der Partner zu gleichen Teilen sauber macht und aufräumt, tun dies nur noch 11,4% beim Putzen. Bei beiden Tätigkeiten ist der Anteil der Männer, die dies überwiegend alleine tun (2,1% Saubermachen und 3,6% Putzen) deutlich geringer als der Anteil anderer Personen, die diese Aufgaben erledigen (6,6% bzw. 10,1%). Dies bedeutet überspitzt formuliert: noch eher putzt die Putzfrau als der Partner. Vor allem beim Saubermachen wünschen sich die Frauen mehr Partnerschaftlichkeit (47,9%). Zufrieden mit der gegebenen Situation sind jeweils knapp die Hälfte der Frauen.

Graphik 5.2: Innerfamiliale Arbeitsteilung im Haushalt - „weibliche Aufgaben"
(befragte Frauen in %)

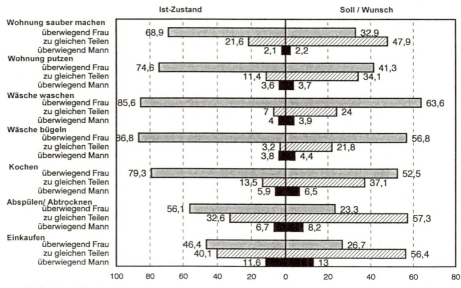

Quelle: eigene Erhebung

Auch bei diesen Tätigkeiten zeigt sich, daß die voll erwerbstätige Frau noch am ehesten (durch ihren Partner) Unterstützung in der häuslichen Arbeit erfährt. Die Unterschiede sind signifikant. 38,8% der voll erwerbstätigen Frauen gaben an, daß die Wohnung zu gleichen Teilen sauber gemacht wird und 23,5%, daß zu gleichen Teilen geputzt wird. 8,2% der Frauen dieser Gruppe erfahren beim Saubermachen und 12,9% beim Putzen Hilfe durch andere Personen. Noch höher ist der Anteil der Frauen, die diese Tätigkeiten durch andere Personen erledigen lassen, bei den teilzeit erwerbstätigen Frauen. Von ihnen gaben 12,4% an, daß andere die Wohnung sauber machen, und 17,4%, daß andere putzen. Allerdings ist der Anteil der Partner, die diese Arbeiten mit übernehmen, bei den teilzeit erwerbstätigen Frauen auch deutlich geringer als bei den vollzeit erwerbstätigen Frauen. Die geringste Unterstützung durch ihre Partner erfahren die Frauen, die geringfügig oder nicht erwerbstätig sind. Im Gegensatz zu den voll erwerbstätigen oder teilzeit erwerbstätigen Frauen können sie auch in weitaus geringerem Maße diese Arbeiten an Dritte abgeben (max. 6,5%).

Die Ergebnisse anderer Einflußfaktoren lassen sich wie folgt zusammenfassen: Je gebildeter die Frauen sind, desto eher teilen sie sich diese Tätigkeiten mit dem Partner. Dies ist beim Putzen der Wohnung noch deutlicher als beim Saubermachen der Wohnung/des Hauses. So geben z.B. 50,4% der Abiturientinnen an, die Wohnung überwiegend selbst zu putzen. Bei den Frauen mit Hauptschulabschluß beträgt dieser Anteil 89,2%. Was die Kinderzahl betrifft, so gilt bei beiden Tätigkeiten, je mehr Kinder im Haushalt leben, desto geringer ist die Partnerschaftlichkeit. Bezogen auf das Alter zeigt sich, daß zwar die jüngeren Frauen etwas mehr Unterstützung beim Putzen und Saubermachen durch den Partner erfahren als die älteren, die Unterschiede sind jedoch nicht herausragend. Männer, die nur geringfügig beschäftigt sind, zeigen, anders als bei der Versorgung des Kindes/der Kinder, das höchste Maß an Partnerschaftlichkeit sowohl beim Saubermachen (57,1%) als auch beim Putzen (28,6%) der Wohnung/des Hauses. Bezogen auf das Einkommen zeigt sich wieder: Je weniger die Frauen verdienen, desto eher übernehmen sie Hausarbeiten überwiegend alleine. Dieser signifikante Zusammenhang gilt für sämtliche „weibliche" Tätigkeiten im Haushalt.

Von den befragten „Berufsfrauen", die eigentlich eine Teilgruppe der voll erwerbstätigen Partnerschaftsfrauen darstellen, nämlich die ohne Kind/Kinder, säubern und putzen weniger als 50% die Wohnung bzw. das Haus überwiegend alleine. 11,4% geben für beide Tätigkeiten an, daß der Partner diese Tätigkeiten überwiegend übernimmt. Vor allem beim Putzen erhält demnach die „Berufsfrau" eine größere Unterstützung durch den Partner als die Gruppe der voll erwerbstätigen Partnerschaftsfrauen (mit Kind/ern) insgesamt.[43]

Frauen, die überwiegend selbst die Wohnung/das Haus sauber machen (N=318) bzw. putzen (N=345), wünschen sich etwas häufiger beim Saubermachen (37,7%) als beim Putzen (30,7%) Partnerschaftlichkeit. 48,7% sind damit zufrieden, daß sie die Wohnung überwiegend selbst sauber machen, und 55,7% würden diese auch in Zukunft gerne selbst putzen. 13,5% bzw. 13,0% wünschen sich andere Personen, die diese Tätigkeit übernehmen, den Partner allein würden nicht einmal 1% der Frauen damit belasten.

Die voll erwerbstätigen Frauen liegen (im Gegensatz zu der Versorgung der Kinder!) mit ihrem Wunsch nach Partnerschaftlichkeit an der Spitze. 56,8% wünschen sich eine Gleichverteilung beim Saubermachen der Wohnung/des Hauses und 44,4% beim Putzen. Am zufriedensten sind die nicht erwerbstätigen Frauen. „Lediglich" 26,0% wünschen sich Partnerschaftlichkeit beim Saubermachen und 22,1% beim Putzen der Wohnung. Beim Bildungsniveau zeigen sich ähnliche Effekte wie bei den Erziehungsaufgaben. Je geringer das Bildungsniveau, desto zufriedener sind die Frauen mit der gegebenen Arbeitsteilung. Je höher das Bildungsniveau, desto eher sind die Frauen daran interessiert, diese Tätigkeiten an andere Personen, z.B. an eine Putzfrau, abzugeben. Bezogen auf das Alter zeigt sich, daß die Frauen der Altersgruppen bis 40 Jahre deutlich unzufriedener sind und sich mehr Partnerschaftlichkeit beim Säubern der Wohnung und beim Putzen wünschen als die älteren Frauen. Die Faktoren Kinderzahl und Familienstand sowie das Einkommen der Frauen hat keinen Einfluß auf die Zufriedenheit oder Unzufriedenheit der Frauen mit der gegebenen Arbeitsteilung.

Wäsche waschen und Wäsche bügeln

Etwas anders gestaltet sich das Verhältnis zwischen Wunsch und Wirklichkeit bei den Tätigkeiten Wäsche waschen und Wäsche bügeln bzw. in Ordnung halten. Beide Bereiche werden zu mehr als 85% von den Frauen selbst erledigt. Während bei insgesamt 7% der Frauen die Wäsche zu gleichen Teilen von beiden Partnern gewaschen wird, halbiert sich der Anteil der partnerschaftlichen Arbeitsteilung, wenn es um das Bügeln oder das „In-Ordnung-Halten" der Wäsche geht. Etwa gleich liegt bei beiden Tätigkeiten der Anteil der Frauen, bei denen überwiegend die Partner diese Arbeiten übernehmen (4,0% beim Waschen und 3,8% beim Bügeln der Wäsche). Während nur 3,0% der Frauen beim Wäsche waschen auf die Hilfe Dritter zurückgreifen, sind dies 6,0% beim Bügeln.

---

[43] Für alle Bereiche außer dem Einkaufen sind diese Unterschiede statistisch signifikant.

Die Frauen sind damit jedoch nicht ganz so unzufrieden wie beim Putzen und Aufräumen der Wohnung/des Hauses.

Beide Tätigkeiten (waschen und bügeln) übernehmen die vollzeit erwerbstätigen Frauen am seltensten (65,9% bzw. 71,8%), die nicht erwerbstätigen Frauen am häufigsten (92,6% bzw. 94,1%). Dieser Zusammenhang ist statistisch signifikant. Wie bei anderen häuslichen Arbeiten auch schon deutlich wurde, erhalten noch am ehesten die voll erwerbstätigen Frauen eine Unterstützung durch ihre Partner. Ebenfalls relativ hoch ist bei den Vollerwerbstätigen der Anteil, die diese Arbeiten anderen überlassen.

Auch bei diesen Tätigkeiten zeigt sich wieder das bereits bekannte Bild: Je höher das Bildungsniveau, desto geringer der Anteil an Frauen, die überwiegend selbst die Wäsche waschen bzw. bügeln. Bezogen auf das Alter gilt: je älter die Frauen sind, desto häufiger übernehmen sie diese beiden Tätigkeiten überwiegend alleine, und bezogen auf das Einkommen wird wieder deutlich: je niedriger das Einkommen der Frau ist, desto weniger beteiligt sich der Partner an diesen beiden Tätigkeiten.

Die „Berufsfrauen" sind wieder in einer etwas besseren Situation als die voll erwerbstätigen Frauen insgesamt. 20,5% waschen die Wäsche partnerschaftlich und 11,4% teilen sich das Bügeln der Wäsche. In 13,6% der Fälle wäscht der Partner und in 11,4% der Fälle bügelt er. Immerhin in 9,1% der Fälle bügeln und in 6,8% der Fälle waschen andere Personen die Wäsche.

Auch Frauen, die keine traditionelle Arbeitsteilung aufweisen, übernehmen bestimmte Tätigkeiten aus innerer Pflicht heraus. Frau A bügelt, obwohl sie es haßt, und er keinen Wert auf gebügelte Kleidung legt, weil sie glaubt, es sei ihre Aufgabe. *„Ich kann das nicht sehen, wenn das so verknittert ist ... obwohl es nicht Erziehung ist, meine Mutter hat nie gebügelt."* Und *„Ich denke, wenn's einem egal ist, und dem anderen ist es nicht egal, ist es gescheiter, der dem's nicht egal ist, übernimmt das."*

Von den 395 Frauen, die überwiegend selbst die Wäsche waschen, sind 74,9% mit dieser Arbeitsteilung zufrieden. 18,5% wünschen sich eine Gleichverteilung dieser Arbeiten und 6,3% wünschen sich die Übernahme durch andere Personen. Bügeln und die Wäsche in Ordnung halten tun 396 Frauen überwiegend selbst. 66,9% sind damit zufrieden und 20,2% wünschen sich eine Gleichverteilung. 1,0% würden diese Tätigkeiten gerne an den Partner abgeben und 11,9% an andere Personen.

Nicht erwerbstätige (82,6% bzw. 77,7%) und vollzeit erwerbstätige Frauen (73,2% bzw. 62,3%) sind am zufriedensten mit der gegebenen Situation, teilzeit beschäftigte Frauen sind deutlich unzufriedener.

Bezogen auf die anderen Faktoren ergibt sich hier ein eindeutiges Bild: Je jünger die Frauen und je gebildeter sie sind, desto unzufriedener sind sie mit der gegebenen Arbeitsteilung.

Kochen, Abspülen und Abtrocknen, Einkaufen

Kochen, Abspülen und Abtrocknen sowie Einkaufen sind Tätigkeiten, von denen man annehmen kann, daß sie, zumindest ab und an, auch von den anderen Familienmitgliedern erledigt werden. Neben dem Partner können auch die Kinder zu solchen Tätigkeiten herangezogen werden. Dies trifft auf die von uns befragten Frauen allerdings nur in geringem Umfang zu. Wenn es die Frauen nicht überwiegend selbst tun, dann teilen sie sich die Arbeit am häufigsten mit dem Partner. Andere Personen spielen kaum eine Rolle.

79,3% der Frauen kochen überwiegend selbst, 13,5% teilen sich diese Tätigkeit mit dem Partner. In 5,9% der Fälle kocht überwiegend der Partner. 56,1% der Frauen spülen und trocknen ab, 32,6% teilen sich diese Tätigkeit mit dem Partner und 6,7% geben diese Arbeit mehr oder weniger vollständig an den Partner ab. 46,1% der Frauen gehen überwiegend selbst einkaufen, 40,1% teilen dies mit dem Partner und in 11,6% der Fälle kauft der Partner überwiegend ein. Letztgenannte Tätigkeit scheint also am ehesten partnerschaftlich stattzufinden.

Der Umfang der Erwerbstätigkeit der Frauen bestimmt in relativ hohem Maße die partnerschaftliche Arbeitsteilung bei allen drei Tätigkeiten. Voll erwerbstätige Frauen kochen „nur" zu 48,8% überwiegend selbst, teilen diese Tätigkeit zu 29,1% mit dem Partner und übergeben diese zu 19,8% an den Partner. Bei den restlichen Gruppen liegt die Partnerschaftlichkeit nicht über 13,0% und die Übernahme durch den Partner überschreitet die 6% Marke nicht. Beim Abspülen und Abtrocknen ist dieser Zusammenhang nicht ganz so groß, allerdings, wie bereits erwähnt, auf einem viel partnerschaftlicheren Niveau. Auch beim Einkaufen ist der Zusammenhang mit der Erwerbstätigkeit nur schwach signifikant.

Bei keiner dieser Tätigkeiten hat das Bildungsniveau einen entscheidenden Einfluß auf die Art der Arbeitsteilung. Je älter die Frauen sind, desto höher ist der Anteil derer, die überwiegend selbst kochen. Bei den anderen Tätigkeiten zeigt das Alter keinen bedeutenden Zusammenhang mit der gegebenen Arbeitsteilung. Interessanterweise sind die Unterschiede beim Kochen signifikant in Abhängigkeit von der Kinderzahl. Je mehr Kinder im Haushalt leben, desto geringer ist die Partnerschaftlichkeit. Hier findet sich ein eindeutiger Prozeß des männlichen Rückzugs aus der Familie mit zunehmender Kinderzahl. Ähnlich sieht es beim Einkaufen aus.

Ein Blick auf die „Berufsfrauen" zeigt, daß diese nur zu 47,7% überwiegend alleine kochen. In 34,1% wird diese Tätigkeit gemeinsam übernommen. Abspülen und abtrocknen tun 42,5% der Frauen alleine und 42,5% teilen sich diese Tätigkeit mit dem Partner. Überwiegend selbst einkaufen tun 25,0% der „Berufsfrauen", 45,5% teilen sich diese Tätigkeit mit dem Partner.

Zum Bereich Kochen findet sich in der qualitativen Analyse ein schönes Beispiel. Für Frau F „ist alles gerecht verteilt". Sie wünscht sich nur, daß er ab und an ..., z.B. Kochen, mithilft, „aber ich glaube, das kommt nicht vor ... mein Mann kann das nicht." Einmal kam sie vom Arzt zurück und ihre Kinder sprangen ihr entgegen „Gott sei Dank Mutti bist Du Zu Hause, Papa wollte uns 'vergiften'".

Was also tun die Männer? Sie beschäftigen sich mit den Kindern und gehen einkaufen. Ab und zu kochen sie, spülen das Geschirr, putzen und räumen die Wohnung auf. Sehr selten waschen und bügeln sie und halten die Wäsche in Ordnung. Von den 367 Frauen, die überwiegend selbst kochen, wünschen sich 28,6% eine Gleichverteilung, von den 248 Frauen, die überwiegend selbst abspülen und abtrocknen, wünschen sich 43,1% eine Gleichverteilung und von den 217 Frauen, die überwiegend selbst einkaufen gehen, wünschen sich 35,0% eine Gleichverteilung.

Wie bei den anderen Tätigkeiten auch, so zeigt sich auch hier in der Tendenz, daß die voll erwerbstätigen Frauen am „unzufriedensten" mit der gegebenen Arbeitsteilung sind, die nicht erwerbstätigen Frauen am zufriedensten. Lediglich beim Einkaufen sind die teilzeit erwerbstätigen Frauen noch unzufriedener mit der gegebenen Situation als die vollzeit erwerbstätigen Frauen. Für alle drei Tätigkeiten hingegen gilt: Je höher die Bildung der Frauen ist, desto größer ist auch ihr Wunsch nach partnerschaftlicher Teilung dieser Tätigkeiten. Der Faktor Alter zeigt weder beim Kochen noch beim Einkaufen oder beim Abspülen und Abtrocknen einen nennenswerten Einfluß auf die Zufriedenheit bzw. Unzufriedenheit mit der gegebenen Arbeitsteilung. Erwähnenswert ist nur, daß die Frauen in der "heißen Zeit" der Familienphase, also zwischen 30 und 40 Jahren, am unzufriedensten sind und sich im Vergleich zu den Frauen der anderen Altersgruppen am meisten Unterstützung durch den Partner wünschen. Was die Anzahl der Kinder betrifft, so sind Frauen mit 2 und Frauen mit 4 Kindern am „unzufriedensten". Verheiratete und mit dem Partner zusammenlebende Frauen sind deutlich zufriedener mit der gegebenen Arbeitsteilung als die ledigen Frauen, die mit einem Partner zusammenleben.

Im Ergebnis zeigt sich, daß gerade diese Tätigkeiten zeitabhängig sind, denn deutliche Unterschiede zeigen sich vor allem im Hinblick auf den Erwerbsumfang und damit im Hinblick auf die im Haushalt verfügbare Zeit der PartnerInnen.

5.3.4 „Männliche Arbeitsbereiche" und innerfamiliale Arbeitsteilung

Graphik 5.3 zeigt zunächst in einer Übersicht, wie sich der "Ist-Zustand" der Arbeitsteilung bei ausgewählten "männlichen" Arbeitsbereichen im Haushalt darstellt und wie nach dem Wunsch der befragten Frauen die Arbeitsteilung bei diesen Tätigkeiten sein sollte.

Graphik 5.3: Innerfamiliale Arbeitsteilung im Haushalt - „männliche Aufgaben"
(befragte Frauen in %)

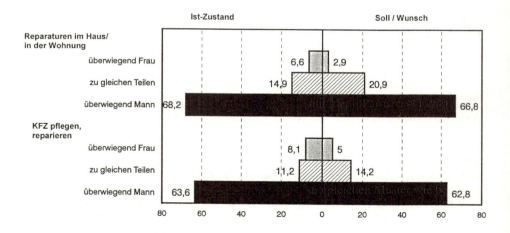

Quelle: eigene Erhebung

94

Reparaturen im Haus/in der Wohnung

Während insgesamt 6,6% der Frauen Reparaturen im Haus/in der Wohnung überwiegend selbst übernehmen, teilen sie sich zu 14,9% diese Arbeiten mit dem Partner. Bei 10% der Frauen übernehmen andere Personen diese Arbeiten und in 68,2% der Fälle werden diese überwiegend vom Partner erledigt. Dies entspricht auch in etwa den Vorstellungen der befragten Frauen. Geringe Differenzen zeigen sich, wenn man die Frauen, deren Partner diese Tätigkeit überwiegend selbst übernehmen, auf ihre Zufriedenheit damit untersucht (siehe weiter unten).

Interessanterweise liegt der Anteil der voll erwerbstätigen Frauen, die diese Tätigkeit überwiegend selbst übernehmen (11,9%), deutlich höher als bei den restlichen Erwerbsgruppen (max. 5,9%). Frauen mit Fachhochschulreife übernehmen die Reparaturarbeiten im Haus/in der Wohnung eher als die anderen Bildungsgruppen. Frauen mit Abitur teilen sich diese Tätigkeit mit dem Partner (25,2%) eher als ihre Geschlechtsgenossinnen. Die Unterschiede nach dem Alter zeigen keine Systematik. Die höchste Partnerschaftlichkeit zeigen Frauen zwischen 30 und 40 Jahren (18,8%). Den höchsten Eigenanteil leisten Frauen zwischen 50 und 60 Jahren (10,1%). Frauen, deren Männer zwischen 15 und 34 Stunden wöchentlich erwerbstätig sind, zeigen die höchste Partnerschaftlichkeit beim Reparieren in Haus oder Wohnung (36,4%). Frauen, deren Männer vollzeit erwerbstätig sind, übernehmen diese Tätigkeit im Vergleich zu ihren Geschlechtsgenossinnen am ehesten überwiegend selbst (7,6%). Je höher das eigene Einkommen der Frauen, desto eher übernehmen andere Personen diese Tätigkeiten (bis zu 33,3%) und auch der Anteil der Partner sinkt.

Betrachtet man die Frauen genauer, deren Partner überwiegend Reparaturen im Haus/in der Wohnung übernehmen (N=338), so zeigt sich folgendes Bild: 87,3% sind mit der gegebenen Arbeitsteilung zufrieden, 7,1% wünschen sich eine Gleichverteilung zwischen den Partnern, 4,7% würden diese Tätigkeit gerne überwiegend selbst übernehmen und 0,9% wünschen sich die Übernahme durch andere Personen. Außer dem Einkommen, zeigt keiner der untersuchten Ungleichheitsfaktoren einen signifikanten Zusammenhang mit dem "Wunsch" der Arbeitsteilung bei dieser Tätigkeit. Frauen mit hohem Eigeneinkommen wünschen sich häufig, diese Tätigkeiten selbst zu übernehmen. Andere Personen spielen bei dem Wunsch so gut wie keine Rolle.

KFZ reparieren und pflegen

Ein vergleichbares Bild zeigt sich auch bei den Tätigkeiten, die um das Auto kreisen. Wenige Frauen übernehmen diese Tätigkeiten überwiegend selbst (8,1%) oder teilen sie mit dem Partner (11,2%). Zuständig für diesen Tätigkeitsbereich sind der Partner (63,6%) oder andere Personen (16,9%). Auch hier sind die Frauen weitgehend damit zufrieden.

Der Anteil der Partner, die diese Tätigkeit übernehmen, variiert zwischen 55,3% bei den voll erwerbstätigen Frauen und 68,6% bei den nicht erwerbstätigen Frauen. Bei der Bildung, beim Alter und in Abhängigkeit von der Arbeitszeit des Partners zeigen sich die gleichen Muster wie bereits bei den Reparaturen in und um das Haus/die Wohnung.

Von den 312 Frauen, deren Partner überwiegend die Tätigkeiten um das KFZ übernehmen, sind 92,0% mit dieser Arbeitsteilung zufrieden, 4,2% wünschen sich eine Gleichverteilung und lediglich 2,2% könnten sich vorstellen, diese Tätigkeiten überwiegend selbst zu übernehmen. 1,0% wünscht sich die Übernahme durch andere Personen.

Es gibt hier keine eindeutigen Zusammenhänge mit den untersuchten Ungleichheitsfaktoren.

Ein möglicher Grund, warum Frauen die „männlichen" Arbeitsbereiche auch lieber weiterhin in den Händen der Männer lassen wollen, erschließt sich aus einer Äußerung in den Tiefeninterviews. So gibt Frau E an, früher auch die „männlichen" Arbeiten erledigt zu haben, aber jetzt mit drei Kindern und einem Mann, der ständig außer Haus ist, *„stelle ich mich genauso blöd an wie andere Hausfrauen"*. Frau E hat zu Beginn der Partnerschaft einen Mann gehabt, der sich viel mit ihr teilte. Mit den Kindern zog er sich mehr und mehr aus dem Haushalt zurück und es scheint, daß die einzigen Arbeitsbereiche, die überhaupt noch vom Mann erledigt werden, die sogenannten "männlichen" Tätigkeiten sind und daß Frauen, wenn sie die Männer schon bei den anderen Hausarbeiten nicht zu einer Mithilfe motivieren können, der Ansicht sind, daß die Männer wenigstens die "männlichen" Arbeitsbereiche übernehmen sollen.

5.4   Zusammenfassung

In Tabelle 5.1 werden die Ergebnisse eine Kontingenzanalyse (Cramer's V) vereinfacht dargestellt. Mit dieser Analyse ist es möglich, die Stärke der Beziehung zweier Variablen zu messen. Die gegebene Arbeitsteilung bzw. der Wunsch, wie sie sein sollte, stellen jeweils die abhängige Variable dar. Beim Wunsch werden nur diejenigen Frauen aufgenommen, die die jeweilige Tätigkeit überwiegend selbst übernehmen. Als unabhängige Variablen bzw. als Erklärungsfaktoren werden Alter, Bildung, Umfang der Erwerbstätigkeit der Frau sowie des Partners, die Kinderzahl sowie das Nettoeinkommen der Frau herangezogen. Hier werden die Felder mit verschiedenen Grautönen eingefärbt, in denen signifikante Zusammenhänge festgestellt wurden. Je kleiner das Signifikanzniveau p ist, desto größer ist die Wahrscheinlichkeit, daß mehr als nur ein zufälliger Zusammenhang zwischen den Variablen besteht, und desto dunkler wurde das Feld eingefärbt. So wird deutlich, daß auf die Arbeitsteilung der meisten Tätigkeiten, die im Haushalt anfallen, der Umfang der Erwerbstätigkeit und das eigene Einkommen Einfluß haben.

Betrachtet man noch einmal alle Arbeitsbereiche gemeinsam, so fällt zunächst ganz allgemein auf, daß es offensichtlich nach wie vor typisch weibliche Aufgaben und typisch männliche Aufgaben im Haushalt gibt. Während Frauen überwiegend alleine das Kochen, das Saubermachen der Wohnung/des Hauses, das Putzen der Wohnung/des Hauses, das Wäschewaschen, das Bügeln oder In-Ordnung-Halten der Wäsche und selbst das Abspülen und Abtrocknen übernehmen, sind die Männer überwiegend damit beschäftigt, Reparaturen im Haus und der Wohnung durchzuführen oder das Auto zu pflegen bzw. zu reparieren.

Deutlich wurde, daß noch am ehesten die vollzeit erwerbstätigen Frauen bei der häuslichen Arbeit die Unterstützung durch ihren Partner erhalten bzw. in weitaus größerem Maße als die anderen Frauen Arbeiten an Dritte abgeben. Die nicht erwerbstätigen Frauen erhalten in der Tendenz die geringste Unterstützung durch den Partner oder durch Dritte. Der Umfang der Erwerbstätigkeit der Frauen und ihr Einkommen sind statistisch signifikante Faktoren, die die Arbeitsteilung innerhalb der Familie determinieren. Für die wenigen teilzeit beschäftigten Partner in der Befragung kann von der Tendenz her gesagt werden, daß sie mehr im Haushalt leisten als nicht erwerbstätige Männer. Hier werden die Thesen des Ressourcen- und des time-availability-Ansatzes bestätigt. Die Einflüsse von Bildung und Alter auf die gegebene Arbeitsteilung sind geringer als erwartet. Lediglich beim Saubermachen und Putzen der Wohnung/des Hauses sind die Unterschiede in Abhängigkeit vom Bildungsniveau statistisch signifikant.

Tabelle 5.1: Erklärungskraft einzelner Faktoren im Hinblick auf die innerfamiliale Arbeitsteilung (Wirklichkeit = Ist[44] / Wunsch = Soll[45])

	Umfang der Erwerbstätigkeit		Alter		Bildung		Kinderzahl		Familienstand		Erwerbstätigkeit des Partners		eigenes Nettoeinkommen	
	Ist	Soll	Ist	Soll	Ist	Soll	Ist	Soll	Ist	Soll	Ist	Soll	Ist	Soll
Arbeiten f. d. Kind*	▨		▨		▨		▨						▨	
Wege mit dem Kind*	▨		▨								▨			
Beschäftigung mit dem Kind*	▨				▨						▨			
Wohnung/Haus sauber machen, aufräumen	▨		▨		▨						▨		▨	
Wohnung/ Haus putzen	▨				▨						▨		▨	
Wäsche waschen	▨				▨						▨		▨	
Wäsche bügeln	▨				▨						▨		▨	
Kochen	▨				▨						▨		▨	
Abspülen/Abtrockn.	▨	▨	▨								▨		▨	
Einkaufen	▨						▨		▨		▨		▨	
Reparaturen im Haus/i. d. Wohnung											▨		▨	
KFZ rep. u. pflegen							▨				▨		▨	

signifikant p<0.001   ▨   signifikant p<0.05   ▨   * das Kind/ die Kinder
signifikant p<0.01   ▨   signifikant p<0.1   ▨

Quelle: eigene Erhebung

Wirklichkeit und Wunsch innerfamilialer Arbeitsteilung differieren jedoch über alle Gruppen hinweg erheblich. In nahezu allen Bereichen, in denen die Frauen derzeit noch überwiegend selbst die verschiedenen Tätigkeiten ausführen, wünschen sie sich eine deutlich höhere Beteiligung des Partners. Interessant ist es, festzustellen, daß in einzelnen Bereichen der Wunsch der Frauen nach einer stärkeren Beteiligung der Partner relativ hoch ist (z.B. Bereich Putzen, Spülen usw.), während es bei anderen Tätigkeiten eher

---

[44] N=481.
[45] Hier werden nur die Frauen aufgenommen, die die jeweilige Tätigkeit überwiegend selbst übernehmen. Die Zahlen variieren von einer Tätigkeit zur anderen - vgl. Ausführungen im Text weiter oben.

so zu sein scheint, als wollten die Frauen dies auch weiterhin lieber überwiegend selbst erledigen (z.B. Bereich Wäsche oder Kochen), und auch die typisch männlichen Arbeitsbereiche sollen, nach Wunsch der Frauen offensichtlich in der Hand der Männer bleiben.

Am zufriedensten mit der traditionellen Arbeitsteilung sind die nicht erwerbstätigen Frauen, gefolgt von den teilzeit Erwerbstätigen. Sowohl die vollzeit als auch die lediglich geringfügig beschäftigten Frauen weisen die höchsten Unzufriedenheitswerte auf. Bei den Frauen, die lediglich geringfügig erwerbstätig sind, ist zu vermuten, daß sie gerne in höherem Umfange erwerbstätig wären, daß dies jedoch erschwert wird durch die geringe familiale Partizipation des Mannes. Weiterhin scheinen jüngere und gebildetere Frauen stärker in Richtung Gleichberechtigung zu drängen als ältere und weniger gebildete Frauen. Inwieweit dies zu einem tatsächlichen Wandel der innerfamilialen Arbeitsteilung führt, wird sich erst noch zeigen. Was die Wunschvorstellung nach partnerschaftlicher Arbeitsteilung betrifft, so ist nicht etwa der Umfang der Erwerbstätigkeit, sondern das Alter und zum Teil das Bildungsniveau entscheidend für die jeweilige Einstellung. Jüngere und gebildetere Frauen haben ein moderneres Geschlechtsrollenbild als ältere und weniger gebildete Frauen. Vor allem die 30- bis 40-jährigen Frauen, also die Frauen in der arbeitsintensivsten Familienphase, weisen hohe Unzufriedenheiten auf. Damit sind die Ausgangsthesen zu modifizieren.

Ein sehr sensibler und darum auch getrennt zu betrachtender Bereich ist die Versorgung des Kindes/der Kinder. Als Ergebnis kann man festhalten, daß zwischen der Realität der Elternschaft und dem Wunsch, wie diese eigentlich sein sollte, bei vielen Frauen eine Diskrepanz besteht. Dies gilt für alle Teilaspekte der mit einer Elternschaft verbundenen Aufgaben und ist mehr oder weniger unabhängig von der Erwerbsbeteiligung der Frauen. Am ehesten, so konnte man sehen, sind die Partner von vollzeit erwerbstätigen Frauen bereit, sich an der Elternschaft aktiv zu beteiligen, die wenigste Unterstützung erfahren nicht erwerbstätige Frauen. Vollzeit erwerbstätige Frauen, die die jeweilige Tätigkeit überwiegend selbst übernehmen, sind - und das widerspricht unserer These - eher damit zufrieden als vor allem die geringfügig beschäftigten Frauen. Bildung spielt im Hinblick auf die gegebene Arbeitsteilung keine so große Rolle wie bei der Zufriedenheit mit dieser Arbeitsteilung. Sowohl bei den Arbeiten für das Kind/die Kinder als auch bei den Wegen gilt: je höher das Bildungsniveau, desto unzufriedener sind die Frauen mit der gegebenen Arbeitsteilung. Je älter die Befragten sind, desto stärker liegt die Kinderversorgung überwiegend bei der Frau und desto niedriger ist der Wunsch nach mehr Partnerschaftlichkeit. Am unzufriedensten sind auch hier wieder die geringfügig beschäftigten Frauen zwischen 30 und 40 Jahren und die Frauen mit 2 Kindern.

Insgesamt bestätigen sich für die Elternschaft unsere Hypothesen mit Ausnahme der vollzeit erwerbstätigen Frauen und ihrer Zufriedenheit mit der traditionellen Arbeitsteilung. Dies müßte näher untersucht werden. Eine Vermutung drängt sich jedoch auf, nämlich, daß die vollzeit erwerbstätigen Frauen eher Kinder im Haushalt haben, die schon älter und nicht mehr auf eine umfassende Betreuung angewiesen sind. Welche Wirkung es auf die Zufriedenheit hat, wieder erwerbstätig zu sein, kann hier nicht gemessen werden. Dies spielt jedoch sicherlich auch eine wichtige Rolle. Der Umfang der Erwerbstätigkeit begründet deutliche signifikante Unterschiede, wenn es um die tatsächliche Arbeitsteilung geht. Im Hinblick auf die gewünschte Arbeitsteilung sind Bildung und Alter der Frauen relevanter.

Es zeigt sich demnach nicht so sehr ein Unterschied zwischen klassischen Hausarbeiten und der Elternschaft, sondern eher ein Unterschied zwischen Wirklichkeit und Wunsch der innerfamilialen Arbeitsteilung. Der Ist-Zustand wird eindeutig durch die Ressourcentheorie und den Time-Availability-Ansatz erklärt. Unterschiede im Soll-Zustand unterliegen deutlicher einem Kohorten- bzw. Bildungseffekt und verweisen damit auf die Rollentheorie.

Es bleibt alles in allem die ernüchternde Feststellung, daß das Bild der „Neuen Väter" oder der „Neuen Partnerschaft" zwischen Frau und Mann in erster Linie wohl noch immer ein Wunschbild ist, während die Realität eine andere Sprache spricht. "Trotz Gleichstellungsgesetze des Bundes und der Länder und trotz Zunahme der Erwerbstätigkeit von Frauen, bleibt die traditionelle Aufgabenzuweisung an die Frau erhalten. Noch immer ist es so, als ob es bei der Vereinbarkeit von Familien- und Erwerbsarbeit um ein Problem der Frauen gehe, statt um eine partnerschaftliche Arbeitsteilung und Familie. Noch immer liegt die Hauptlast der Sorge- und Hausarbeit auf den Schultern der Frauen, während die meisten Männer allenfalls symbolische Handlungen im Haushalt, bei der Kindererziehung und der Pflege der Angehörigen leisten." (Stresing 1996: 133)

6. Infrastruktur am Wohnort, Wohnung und Wohnumfeld

Ja, das möchste;
Eine Villa im Grünen mit großer Terrasse,
vorn die Ostsee, hinten die Friedrichstraße;
mit schöner Aussicht, ländlich-mondän, vom Badezimmer ist die Zugspitze
zu sehn -
aber abends zum Kino hast du's nicht weit.
Das Ganze schlicht, voller Bescheidenheit....

aus „Das Ideal"

Tucholsky 1927

In den vorhergehenden Kapiteln wurde die soziale Lage der befragten Frauen, die Vereinbarkeit von Erwerbsarbeit und Familie, und die innerfamiliale Arbeitsteilung in der Partnerschaft analysiert. Diese Betrachtung bezog sich einerseits auf das ganz persönliche, familiäre Umfeld der Frauen, die partnerschaftliche Unterstützung, die Rollenverteilung zwischen den Partnern und die persönlichen Wichtigkeiten und Lebensziele von Frauen. Andererseits wurde im Bereich der grundsätzlichen Einstellungen zu Erwerbsarbeit, Beruf, Karriere, Kindern die Beurteilung dieser Bereiche losgelöst von den eigenen Lebensverhältnissen erfragt und ausgewertet.

Dieses Kapitel beschäftigt sich mit einer Dimension dazwischen, die zwar noch immer mit dem Alltag in konkreter Verbindung steht, jedoch noch stärker als die persönliche Lebenssituation durch strukturelle Bedingungen bestimmt wird: die Infrastruktur am Wohnort und das Wohnumfeld. Das unmittelbare Lebensumfeld der Frauen bestimmt im Alltag der Frauen ihre Handlungsspielräume in starkem Maße. Ganz besonders gilt dies für den Fall, daß der männliche Partner einer Erwerbsarbeit - oft an einem anderen Ort als dem suburbanen Wohnort - nachgeht, und die Frauen nicht oder nur geringfügig erwerbstätig im Wohnumfeld der sogenannten - aus Männerperspektive - „Schlafstädte" wirken. Zudem verfügen Frauen - besonders ältere Frauen - meist in geringerem Maße über einen PKW als Männer,[46] d.h. sie sind noch stärker auf die am Ort vorhandene Infrastruktur angewiesen als Männer. Aus diesem Grund wurde der Wohnumfeld-Infrastruktur in dieser Studie besondere Aufmerksamkeit gewidmet.

Dabei werden folgende Bereiche analysiert: zuerst die Wichtigkeit von bestimmten Infrastruktureinrichtungen, d.h. wie sehr benötigen die befragten Frauen bestimmte Einrichtungen vor Ort, welche sind unentbehrlich, und auf welche Einrichtungen können die Frauen u.U. verzichten. Dann folgt eine Betrachtung der tatsächlichen Präsenz von bestimmten Infrastruktureinrichtungen, in erster Linie unter dem Aspekt, ob sie vor Ort vorhanden sind, bzw. ob sie für die befragten Frauen innerhalb von 10 Minuten zu Fuß erreichbar sind. Diese Distanz wird in der Regionalplanung als diejenige betrachtet, die

---

[46] Auf die spezifische Mobilität von Frauen wird in Kapitel 7 eingegangen. Es sei hierbei besonders auf die Ergebnisse von *Buschkühl* (1984), *Brög* (1985) und *Flade* (1991) verwiesen.

für den Großteil der Bewohner/-innen als zumutbar angesehen werden kann. In diesem Bereich können in der Regel all diejenigen, die nicht über einen PKW verfügen, die vielleicht mit einem kleinen Kind unterwegs oder älter sind, sich noch bewegen. Da ein besonderes Augenmerk in dieser Studie der Vereinbarkeit von Beruf und Familie gilt, wurde zudem die Zufriedenheit mit den öffentlichen Angeboten zur Kinderbetreuung in der jeweiligen Wohngemeinde erfragt. Falls die Antwort der Befragten in den Kategorien „eher unzufrieden" oder „sehr unzufrieden" lag, wurde diesen Personen zusätzlich eine Liste von möglichen Kritikpunkten vorgelegt, in der sie ihre Unzufriedenheit näher spezifieren konnten.

Es wird in diesem Abschnitt in wesentlich stärkerem Maße als bisher auf die einzelnen Untersuchungsgemeinden und die Abweichungen vom jeweiligen Kreisdurchschnitt bzw. dem Gesamtdurchschnitt eingegangen werden als in den vorhergehenden Kapiteln. Für Infrastruktur-Aspekte ist die einzelne Wohngemeinde die zentrale Betrachtungsebene, da hier die Charakteristika der einzelnen Gemeinde entscheidend sind. Noch besser wäre es, man könnte die einzelnen Ortsteile der Gemeinde unterscheiden, da sicherlich zwischen den Wohngebieten im Gemeindezentrum und den am Ortsrand gelegenen Neubaugebieten weitere Unterschiede in der Erreichbarkeit der Infrastruktureinrichtungen bestehen. Jedoch wäre für diese Betrachtung eine noch größere Stichprobe als die vorliegende notwendig gewesen, die eine Unterscheidbarkeit nach diesen Kriterien erlaubt hätte.

Die Beurteilung von Infrastruktur, ganz besonders die Wichtigkeit von Infrastruktur, hängt in entscheidendem Maße von der persönlichen Lebenssituation ab. Aus diesem Grund wird hier immer wieder auf die Ergebnisse aus Kap. 3 eingegangen werden, in dem Durchschnittsalter und Kinderzahl der befragten Frauen beschrieben wurde. So zählt z.B. die Tatsache, ob sich im Haushalt (noch) Kinder unter 18 Jahren befinden, zu den Indikatoren, die eine größere Sensibilisierung für „kindbezogene" Infrastruktur erwarten lassen. Hier bestehen zwischen den Gemeinden große Unterschiede. Es ist daher zu vermuten, daß sich die unterschiedlichen Familienstrukturen oder Lebensformen der befragten Frauen auf ihre Prioriäten hinsichtlich der Gestaltung der Infrastruktur in der Gemeinde auswirken.

6.1 Wichtigkeit von bestimmten Infrastruktureinrichtungen

In den beiden Tabellen 6.1 und 6.2 wurden die Ergebnisse so zusammengestellt, daß für jede der Antwortkategorien ein Wert für die gesamte Stichprobe, einer für den jeweiligen Kreis im Durchschnitt und der maximale und minimale Wert eines einzelnen Kreises sowie die Gemeinde aufgeführt ist, in der dieser maximale/minimale Wert erreicht wird. Die Hypothese, die der Interpretation der Ergebnisse zugrunde liegt, ist folgende: Eine hohe Wichtigkeit erreichen in erster Linie die Infrastruktureinrichtungen, die für den Alltag der Frauen unentbehrlich sind, wie Einkaufsmöglichkeiten für den täglichen Bedarf oder Einrichtungen zur Kinderbetreuung. Häufig sind diese bereits vor Ort vorhanden und die hohe Nennung kann neben der Wichtigkeit der Einrichtung an diesem Ort auch darauf hindeuten, daß diese Infrastruktureinrichtung in unmittelbarer Umgebung dieser Gemeinde sonst nicht erreichbar ist. Auch aktuelle Diskussionen um den Beibehalt oder die Verlegung von Infrastruktureinrichtungen erhöhen im allgemeinen die Wichtigkeit, die Bewohner/-innen dieser Einrichtung beimessen.

Tabelle 6.1: Wichtigkeit von Infrastruktureinrichtungen

Wichtigkeit von Infrastruktur	gesamt	RNK gesamt	RNK max	RNK min	RMK gesamt	RMK max	RMK min
Arbeits- und Verdienstmöglichkeiten	63,4	63,4	71,8 (Eb) +Eb	56,2 (Ba)	63,3	66,7 (Gr) +Ko	59,0 (Ko)
Ausbildungsplätze	53,2	54,4	59,0 (Eb) +Eb	51,6 (Sh)	51,2	65,4 (Ki) +Gr	48,8 (Ko)
Einkaufsmöglichkeiten	92,9	93,3	100 (Ba) +Ep	83,8(StL)	91,4	92,3 (Ki) +Ko	90,5 (Gr)
Versorgung mit ÖPNV	84,8	83,4	94,7 (Sh) +Ep	72,2 (Ra)	86,8	92,3 (Ki) +Ki	85,3 (Sd)
Ausbau des Straßennetzes	66,7	65,4	73,8(StL) +Ep	42,1 (Eb)	68,9	71,8 (Sd) +Ko	57,1 (Ki)
Kindergärten/-tagesstätten	67,2	70,2	77,7 (Ra) +Ba	64,5 (Sh)	62,3	77,0 (Ki) +Ki	55,1 (Ko)
Spielmöglichkeiten für Kinder	73,0	75,0	80,1(StL) +StL	69,9 (Sh)	69,9	71,5 (Gr) +Ko	66,6 (Ko)
Grund- und Hauptschulen	71,8	74,6	81,3(StL) +Ba	68,4 (Eb)	67,1	80,8 (Ki) +Ko	62,8 (Ko)
Weiterführende Schulen	65,1	67,6	80,5 (Ep) +Sh	56,1 (Ba)	61,3	81,0 (Gr) +Ki	61,5 (Sd)
Alten- und Pflegeheime	65,9	66,4	71,0 (Eb) +Ba	47,2 (Ra)	65,0	69,5 (Sd) +Ki	33,3 (Gr)
Ärzte/Krankenhäuser	92,7	91,9	95,6 (Eb) +StL	88,9 (Ra)	94,1	100(Gr, Ki)+Ki	92,7 (Sd)
Schwimmbad/Sportanlage	74,3	77,2	84,2 (Ba) +Ba	65,6 (Sh)	69,6	74,3 (Ko) +Sd	52,4 (Gr)
Parks/Grünanlage	76,7	79,8	87,8 (Ep) +Ba	72,3 (Ra)	71,6	80,5 (Sd) +Sd	38,1 (Gr)
Nähe zu Wald, Feld, Wiese	93,1	92,5	96,5 (Ba) +Ba	89,0 (Ep)	94,1	96,1 (Ko) +Ko	92,0 (Sd)
Kulturelle Einrichtungen	65,0	65,8	76,0 (Eb) +Eb	56,1 (Ep)	63,7	67,1 (Sd) +Sd	52,4 (Gr)
Gaststätten	53,1	56,7	63,9 (Ra) +StL	55,1 (StL)	47,1	50,0 (Sd) +Sd	33,4 (Gr)
Ruhige Wohnlage, kein Lärm	93,4	92,5	96,4 (Ba) +Ba	86,1 (Ra)	94,8	96,2 (Ki) +Gr	94,5 (Sd)
Sauberkeit der Luft	98,5	98,5	100 (Ba, Eb,Ep)	96,2 (StL)	97,6	100 (Ki,Ko)	95,2 (Gr)
Schutz vor Kriminalität	91,1	91,4	96,5 (Ba) +Ep	88,9 (Ra)	90,6	96,2 (Ki) +Gr	88,6 (Sd)
Gestaltung der Gebäude	75,5	72,5	80,5 (Ep) +Ba	60,0 (StL)	80,3	88,5 (Ki) +Sd	81,1 (Sd)
Versorgung mit Wohnungen	82,2	84,3	91,3 (Ba) +Ba	77,7 (Ra)	78,9	88,5 (Ki) +Sd	66,6 (Gr)

gesamt-Spalten = Summe Anteil derer, die dieses Infrastrukturelement als „sehr wichtig" oder „wichtig" betrachten
max./min Spalten:. 1.Zeile = Gemeinde, in der die höchste/niedrigste Nennung im jeweiligen Kreis lag
2. Zeile = + = Gemeinde, in der der höchste Anteil der „sehr wichtig"-Nennungen lag

RNK= Rhein-Neckar-Kreis
(Ba=Bammental, Eb=Eberbach, Ep=Eppelheim, Ra=Rauenberg, Sh=Schriesheim, StL=St. Leon-Rot)
RMK= Rems-Murr-Kreis
(Gr=Großerlach, Ki=Kirchberg, Ko=Korb, Sd=Schorndorf)
ÖPNV=Öffentlicher Personennahverkehr
Quelle: eigene Erhebung

Eine relativ geringe Wichtigkeit heißt nicht, daß diese Einrichtung überhaupt nicht benötigt würde, sondern, daß sie in unmittelbarer Umgebung des Wohnortes erreichbar ist, und zwar mit einem Aufwand, der den Befragten angemessen erscheint. So kann durchaus eine Befragte der Meinung sein, daß sie ein Kino am Wohnort nicht benötigt, wenn dieses in der größeren Nachbargemeinde existiert und gut erreichbar ist. Hier ist zwischen den wirklich unentbehrlichen Einrichtungen des Alltags und den Einrichtungen der Freizeit bzw. des eher wöchentlichen oder monatlichen Bedarfs zu unterscheiden.

Die größte Wichtigkeit erreichen drei Bereiche, die im eigentlichen Sinne nicht als Infrastrukturelemente, sondern als Eigenschaften des Wohnumfeldes zu bezeichnen sind, nämlich „Sauberkeit der Luft" (98,5%), eine „ruhige Wohnlage" (93,4%) und die „Nähe zu Wald, Feld und Wiese" (93,1%). Diese Eigenschaften sind es auch, die zentrale Motive für das Wohnen in den suburbanen Gemeinden der beiden „Kreise im Verdichtungsraum" darstellen. Im folgenden Abschnitt zum Wohnumfeld, in dem auf die Zuzugsmotive in den derzeitigen Wohnort eingegangen wird, erreichen diese Argumente erneut höchste Werte. Besonders hoch sind die Nennungen in den Gemeinden Bammental im Rhein-Neckar-Kreis und Korb im Rems-Murr-Kreis, die ganz typische kleine suburbane Wohngemeinden im Einzugsgebiet eines größeren Zentrums darstellen. Jedoch sind die Abweichungen der Maxima und Minima von dem ohnehin extrem hohen Mittelwert nur gering. Besonders hohe Nennungen erhielt der Bereich „Nähe zum Grünen" bei den jungen Frauen. Für sie ist der Erholungswert des Wohnumfeldes offensichtlich besonders wichtig.

Dicht gefolgt sind diese Nennungen von dem Vorhandensein von Einkaufsmöglichkeiten für den täglichen Bedarf (92,9%), wobei auch hier Bammental den höchsten Wert im Rhein-Neckar-Kreis erreicht, im Rems-Murr-Kreis schwanken die Werte kaum. Hier trifft sicherlich die o.g. These zu, daß wenn in Bammental vor Ort nicht Einkaufsmöglichkeiten bestünden, es ein weiter Weg in die Nachbargemeinden wäre. Die Nähe von Ärzten oder einem Krankenhaus ist - als Indikator der medizinischen Versorgung - das zweithöchste „echte" Infrastrukturelement[47] mit einer Nennung von 92,7%. Im Rhein-Neckar-Kreis erreicht Eberbach den höchsten Wert, was sicherlich damit zusammenhängt, daß in Eberbach ein Krankenhaus besteht, dessen Erhalt immer wieder diskutiert wird. Zudem ist Eberbach als Kreisstadt zwar relativ gut ausgestattet, jedoch gilt für diese Großeinrichtungen dasselbe Argument wie bei den Einkaufsmöglichkeiten: wenn es solche Einrichtungen in Eberbach nicht gibt, dann bleibt nur der Weg nach Heidelberg, Mannheim, Mosbach oder nach Heilbronn, d.h. es muß ein weiter Weg in Kauf genommen werden. Der Schutz vor Kriminalität ist ebenfalls für über 90% (91,1%) der befragten Frauen wichtig, besonders hoch lagen die Nennungen in Bammental und in Kirchberg. Vielleicht hängt dies damit zusammen, daß hier der höchste Anteil unserer Befragten relativ spät erst zugezogen ist. Diese Gruppe zählt damit höchstwahrscheinlich zu denen, die aus einem zentraleren Ort zum Eigenheimerwerb und in der Familienphase in die kleinere Umlandgemeinde gezogen sind und dort u.a. ruhiges „sicheres" Wohnen erwarten.

Zwischen 80% und 85% liegen die Nennungen der Wichtigkeit von „Versorgung mit Wohnungen" und „Versorgung mit Öffentlichem Personennahverkehr (ÖPNV)". Schriesheim, Eppelheim und Kirchberg sind die Gemeinden, in denen die ÖPNV-Versorgung am wichtigsten für die Befragten ist, sie erreicht überall deutlich mehr als 90%

---

[47] „Echt" ist als Gegensatz zu den „unechten" Infrastrukturelementen, wie „Wohnen im Grünen" zu verstehen.

der Nennungen. Die beiden erstgenannten Gemeinden im Rhein-Neckar-Kreis sind derzeit bereits an ein akzeptables Nahverkehrssystem angebunden, so daß die Vermutung besteht, daß man dies offensichtlich schätzt und nutzt. Die extrem niedrige Nennung in Rauenberg deutet darauf hin, daß hier bereits ein größerer Teil der Befragten den ÖPNV - aufgrund der offensichtlichen Unterversorgung - aus ihren Nutzungsalternativen gestrichen hat und auf andere Verkehrsmittel (meist den PKW) umgestiegen ist[48]. Grundsätzlich erreichen die Gemeinden im Rems-Murr-Kreis insgesamt etwas höhere Werte in der Wichtigkeit des ÖPNVs als die Gemeinden im Rhein-Neckar-Kreis. Betrachtet man die Wichtigkeit des ÖPNVs für die verschiedenen Altersgruppen, so zeigt sich ein U-förmiger Verlauf der Kurve. Für mehr als 50% der jungen Frauen unter 20 Jahren und der älteren Frauen über 70 Jahre ist der ÖPNV sehr wichtig. Dies sind die Gruppen, die noch keinen Führerschein/PKW haben bzw. nie so stark motorisiert waren wie die anderen Altersgruppen[49].

Bei einer Höhe zwischen 70% und 80% der Nennungen liegen Freizeiteinrichtungen, wie „Parks und Grünanlagen" (76,7%), „Schwimmbad/Sportanlage" (74,3%), die „Gestaltung der Gebäude" (also ein ansprechendes Wohnumfeld) (75,5%) und Einrichtungen für Kinder. Hier werden genannt „Spielmöglichkeiten für Kinder" (73%) und „Grund- und Hauptschulen" (71,8%). Diese Nennungen sind nicht zuletzt aus dem Grund relativ niedrig, weil im Fragetext explizit danach gefragt wurde, wie wichtig diese Einrichtungen für die/den Befragte/-n *persönlich* sei, so daß ältere Menschen Einrichtungen für Kinder selten nennen. Parks und Grünanlagen erhielten in den größeren bzw. stadtnahen Gemeinden Eppelheim und Schorndorf die höchsten Nennungen, genau dort, wo sie Ersatz für das grüne Umland bilden müssen, das dort nicht so großzügig vorhanden ist wie in den anderen Gemeinden. Bei der Wichtigkeit von Einrichtungen für Kinder erreichen die Gemeinden im Rems-Murr-Kreis grundsätzlich etwas niedrigere Werte als im Rhein-Neckar-Kreis, was sicherlich auf den etwas höheren Altersdurchschnitt und den geringeren Anteil Befragter mit Kindern unter 18 Jahren im Haushalt zurückzuführen ist (vgl. Kap. 3). Betrachtet man nur die Antworten von Frauen mit Kindern unter 18 Jahren, so steigt der Anteil der Nennungen in der Wichtigkeit dieser „kinderbezogenen Einrichtungen" auf knapp 90%. Unter denjenigen Befragten ohne Kinder unter 18 Jahren im Haushalt, erachten nur noch knapp 40% diese Einrichtungen als wichtig.

Umgekehrt erreicht die Wichtigkeit eines Alten- und Pflegeheimes in Eberbach (71%) und Schorndorf (69,5%), den beiden „ältesten" Gemeinden, die höchsten Werte, im Mittel liegt die Wichtigkeit dieser Infrastruktureinrichtung bei 65,9%. Extrem niedrige Werte mit unter 47,2%, bzw. sogar nur 33,3% erreichen die beiden „jüngsten" Gemeinden Rauenberg und Großerlach, in denen allerdings als extrem kleine Gemeinden auch die Einrichtung eines solchen Heimes recht unwahrscheinlich ist. Dagegen zählt ein Altenheim/Seniorenzentrum in den erstgenannten größeren und „älteren" Gemeinden zu den bereits vorhandenen und unverzichtbaren Infrastrukturelementen. Betrachtet man die einzelnen Altersgruppen, so steigt der Anteil derer, die eine Einrichtung für ältere Menschen als wichtig/sehr wichtig erachten, von 42% bei den unter 20 Jährigen erwartungsgemäß auf 87% bei den über 60 Jährigen.

Ähnlich könnte die o.g. These „vorhandene Infrastruktur vor Ort ist unbedingt erhaltenswert, vor allem, wenn im Umkreis keine Alternativen vorhanden sind" für die

---

[48] vgl. Kapitel 7 „Mobilität"
[49] vgl. Kapitel 7 „Mobilität"

Wichtigkeit von kulturellen Einrichtungen gelten. Im Mittel von 65% der befragten Frauen als wichtig erachtet, erreicht die Wichtigkeit der kulturellen Einrichtungen in den beiden größten Städten Eberbach und Schorndorf, die höchsten Werte, ganz besonders in Eberbach mit über 76%. Hier zeigt sich ganz deutlich die Lage Eberbachs, in dessen Umgebung nur wenig Möglichkeiten bestehen, Defizite hinsichtlich kultureller Einrichtungen auszugleichen. Dagegen ist die Wichtigkeit kultureller Einrichtungen am Wohnort in Eppelheim am niedrigsten, was sicherlich darauf zurückzuführen ist, daß Heidelberg in unmittelbarer Nähe mit der Straßenbahn erreichbar ist und auch Mannheim noch mit dem ÖPNV erreicht werden kann.

Die Gastronomie ist für die befragten Frauen das Infrastrukturelement, das mit einem Durchschnittswert von 53,1% die geringste Wichtigkeit am Wohnort besitzt. Am wenigsten wichtig ist es für die Frauen in Großerlach mit nur 33,4% und in St. Leon-Rot mit 55,1% - insgesamt sind Gaststätten, Kneipen, Cafés für die Frauen im Rhein-Neckar-Kreis noch deutlich wichtiger als für Frauen im Rems-Murr-Kreis, was u.U. auf das höhere Alter der Frauen im Rems-Murr-Kreis zurückzuführen sein könnte, da ältere Frauen meist weniger häufig - gar alleine - Gaststätten aufsuchen als dies jüngere Frauen tun, was sich auch in der Altersverteilung der Wichtigkeit zeigt.

6.2   Präsenz von bestimmten Infrastruktureinrichtungen

Nach der Analyse der Wichtigkeit bestimmter Infrastruktureinrichtungen für die befragten Frauen wurde in einem noch ausführlicheren Fragenkomplex für jedes dieser Infrastrukturelemente erfragt, ob dieses Element am Wohnort der Frauen vorhanden ist (nach ihren Informationen) und ob es in 10 Minuten zu Fuß erreichbar ist.[50]

Was die Anbindung an den öffentlichen Nahverkehr anbelangt, so ergab sich ein ausgezeichnetes Ergebnis: Mehr als 95% der befragten Frauen gaben an, eine Haltestelle des ÖPNV's in 10 Minuten Entfernung erreichen zu können. Allerdings darf daraus nicht der voreilige Schluß gezogen werden, daß dies auch eine Nutzung des ÖPNV's in hohem Maße zur Folge hätte. Allerdings ist aus planerischer Sicht diesbezüglich das Versorgungsziel „alle Personen können in 10 Minuten Bus/Bahn erreichen" erreicht. Im Rems-Murr-Kreis ist die Erreichbarkeit der Haltestellen noch besser als im Rhein-Neckar-Kreis. Für fast genauso viele Befragte sind Feld, Wald und Wiese in 10 Minuten erreichbar. Es erreichen bei diesem Indikator die kleinsten Wohngemeinden „im Grünen", Bammental und Großerlach die höchsten Werte. Für über 80% der befragten Frauen sind auch die Einkaufsmöglichkeiten für den täglichen Bedarf in weniger als 10 Minuten erreichbar. Hier werden große Unterschiede zwischen den Gemeinden sichtbar: In Eberbach sinkt der Wert bis auf 51,3%. Es zeigt sich, daß in der Gemeinde Eberbach mit zahlreichen eingemeindeten kleinen Ortsteilen und großen Neubaugebieten in hügeliger Lage bereits die Versorgung mit Gütern des täglichen Bedarfs nicht mehr gewährleistet ist. An dieser Stelle ist daran zu erinnern, daß dieses Infrastrukturelement von über 90% der Befragten als mindestens wichtig, bzw. sehr wichtig eingestuft wurde. Möglichkeiten zum Großeinkauf sind in den kleinen Befragungsgemeinden, wie z.B. Rauenberg und Großerlach überhaupt nicht vorhanden, in Schriesheim und Kirchberg

---

[50]   Es wurde weiterhin erfragt, wie diese Einrichtung erreicht wird, wenn sie nicht am Wohnort bzw. nicht in der 10-Minuten-Distanz erreichbar ist, d.h. mit welchem Verkehrsmittel und wie lange die Fahrt dorthin dauert. Diese Details werden derzeit in einer Diplomarbeit noch gesondert ausgewertet.

sind Möglichkeiten zum Großeinkauf immerhin noch für knapp ein Drittel der befragten Frauen erreichbar. Allerdings zählt ein Großeinkauf auch zu den Aktivitäten, zu denen ohnehin ein PKW - wenn verfügbar - verwendet wird.

Tabelle 6.2: Erreichbarkeit von Infrastruktureinrichtungen

Vorhandensein von Infra-struktur in 10 Minuten zu Fuß von der Wohnung	gesamt	RNK	RNK	RNK	RMK	RMK	RMK
		gesamt	max	min	gesamt	max	min
Haltestellen ÖPNV	95,9	94,8	96,8 (Sh)	89,5 (Ba)	97,6	98,7 (Ko)	95,2 (Gr)
Einkaufsmöglichkeiten für den täglichen Bedarf	80,9	79,2	91,3(StL)	51,3 (Eb)	83,7	92,3 (Ki)	71,4 (Gr)
Großeinkauf, Einkaufszentren	22,7	23,7	35,5 (Sh)	5,6 (Ra)	21,1	34,6 (Ki)	0 (Gr)
Ärzte/Praxen	64,9	65,7	90,4 (Sh)	29,9 (Eb)	63,7	92,3 (Ki)	19,0 (Gr)
Kindergärten/-tagesstätten	64,0	62,5	91,7 (Ra)	45,3 (Eb)	66,4	70,7 (Sd)	23,8 (Gr)
Spielmöglichkeiten für Kinder	73,0	73,3	88,8 (Stl)	56,1 (Ba)	72,7	75,0 (Sd)	61,5 (Ki)
Grund- und Hauptschulen	61,0	61,0	80,6 (Ra)	40,2 (Eb)	60,9	70,5 (Ko)	33,3 (Gr)
weiterführende Schulen	26,5	30,2	53,2 (Sh)	0 (Ra)	20,4	31,7 (Sd)	0(Gr,Ko)
Einrichtungen für ältere Menschen	44,1	37,4	50,9 (Ba)	22,2 (Ra)	54,7	62,8 (Ko)	38,1 (Gr)
Treffs für Gleichgesinnte	47,7	43,0	68,6 (Ra)	29,9 (Eb)	55,4	73,1 (Ki)	52,4 (Sd)
kulturelle Einrichtungen (Kino, Theater, Museum)	11,7	9,0	16,2 (Eb)	0 (Ba)	15,9	20,7 (Sd)	0 (Ki)
Bibliothek, Stadtbücherei	39,9	40,7	57,4 (Sh)	16,7 (Ra)	37,0	76,9 (Ki)	23,8 (Gr)
Weiterbildungsangebote	42,3	49,2	75,5 (Sh)	22,2 (Eb)	31,1	57,7 (Ki)	4,8 (Gr)
Einrichtungen für Jugendliche	30,8	27,3	61,1 (Ra)	7,0 (Ba)	36,3	61,9 (Gr)	23,1 (Ko)
Gaststätten, Kneipen, Cafes	77,6	75,8	91,3(StL)	54,7 (Eb)	80,6	100 (Gr)	72,0 (Sd)
Schwimmbad/Sportanlage	53,4	49,6	68,8(StL)	24,8 (Eb)	59,5	83,3 (Ko)	34,6 (Ki)
Nähe zu Wald, Feld, Wiese, Park, Grünanlage	88,7	87,3	94,7 (Ba)	86,1 (Ra)	91,0	100 (Gr)	84,6 (Ki)

gesamt-Spalten = Summe Anteil derer, die dieses Infrastrukturelement als „sehr wichtig" oder „wichtig" betrachten
max./min Spalten = Gemeinde, in der die höchste/niedrigste Nennung im jeweiligen Kreis lag

RNK= Rhein-Neckar-Kreis
(Ba=Bammental, Eb=Eberbach, Ep=Eppelheim, Ra=Rauenberg, Sh=Schriesheim, StL=St. Leon-Rot)
RMK= Rems-Murr-Kreis
(Gr=Großerlach, Ki=Kirchberg, Ko=Korb, Sd=Schorndorf)
Quelle: eigene Erhebung

Für zwei Drittel der befragten Frauen sind Ärzte/Praxen in 10 Minuten erreichbar. Eine sehr gute ärztliche Versorgung im Wohnumfeld besitzen Schriesheim und Kirchberg. Eher schlecht zu Fuß erreichbar (nur für ein Drittel) sind Ärzte in Großerlach und in Eberbach, wobei es in Großerlach tatsächlich nur wenige Ärzte gibt, in Eberbach dagegen diese schlechte Erreichbarkeit durch die Streulage der Wohngebiete zustande kommt. In Eberbach wurde allerdings gleichzeitig auch die medizinische Versorgung als wichtige Infrastruktureinrichtung genannt.[51]

Kindergärten/-tagesstätten, Grund- und Hauptschulen und vor allem Spielmöglichkeiten für Kinder sind in ca. zwei Drittel aller Fälle in weniger als 10 Minuten erreichbar. Kindergärten und Grundschulen sind in Rauenberg - einer der kleinsten Gemeinden im Rhein-Neckar-Kreis - am besten (hier wurde auch bei der Wichtigkeit ein sehr hoher Wert erreicht), in der größten Befragungs-Gemeinde Eberbach am schlechtesten erreichbar. Umgekehrt sind im Rems-Murr-Kreis in Schorndorf - der größten Gemeinde - Kindergärten und Grund- und Hauptschulen am besten, in Großerlach - der kleinsten Gemeinde - am schlechtesten erreichbar. Bei weiterführenden Schulen geht die Schere logischerweise noch weiter auseinander, da Gemeinden, wie Rauenberg und Großerlach, keine weiterführende Schule besitzen, wobei die Erreichbarkeit von weiterführenden Schulen in Rauenberg als weniger wichtig, in Großerlach jedoch als außerordentlich wichtig erachtet wird. Ebensowenig sind dort Einrichtungen für ältere Menschen erreichbar, was jedoch auch von der Mehrheit der Befragten in genau diesen Orten als weniger wichtig betrachtet wurde (der Altersdurchschnitt liegt in beiden Gemeinden auch unter dem jeweiligen Mittelwert im Kreis).

Kulturelle Einrichtungen sind nur in den beiden größten Gemeinden, Eberbach und Schorndorf überhaupt, und dann auch nur für 15-20% der Befragten zu Fuß in 10 Minuten erreichbar. Es ist einer der Nachteile von dem sog. „Wohnen im Grünen", daß diese Einrichtungen nur mit größerem Zeitaufwand erreichbar sind. Jedoch kann auch eine kleine Gemeinde - wie Kirchberg - offensichtlich ein Angebot einer Bibliothek/Stadtbücherei für drei Viertel der befragten Frauen leisten, mehr noch als Schriesheim, wo immerhin auch für mehr als die Hälfte eine solche Einrichtung in kurzer Zeit erreichbar ist. Ebenso sind Weiterbildungsangebote (wie z.B. eine Volkshochschule) in diesen beiden Gemeinden am besten erreichbar. Im Mittel sind für mehr als 40% im Rhein-Neckar-Kreis, in Schriesheim für 76%, in Kirchberg für 58% Weiterbildungsangebote leicht erreichbar, wobei der Rems-Murr-Kreis deutlich hinter dem Rhein-Neckar-Kreis zurückliegt.

Um Jugendliche ist es dagegen in beiden Kreisen schlecht bestellt: Nur in knapp einem Drittel aller Fälle waren Einrichtungen für Jugendliche in 10 Minuten zu Fuß erreichbar, im Rems-Murr-Kreis noch etwas besser als im Rhein-Neckar-Kreis, obwohl hier mehr Jugendliche in den befragten Haushalten leben. Sie hatten zum Befragungszeitpunkt in Bammental am wenigsten Möglichkeiten (ein Jugendzentrum wurde inzwischen realisiert), und auch in Korb ist das Angebot für Jugendliche gering. In Rauenberg dagegen (eine ebenso kleine Gemeinde wie Bammental) und in Großerlach (der kleinsten Gemeinde) kennen knapp zwei Drittel der befragten Frauen Einrichtungen für Jugendliche in der Nähe. Anscheinend ist in den kleinen Gemeinden zumindest z.T. ein Angebot vorhanden.

Eine regelrechte „Überversorgung" besteht bezüglich der Gastronomie: Nur für gut 50% ist sie wichtig, aber zu 78% vorhanden. Dieses Infrastruktur-Element, das sich besonders in kleinen Gemeinden als ein eindeutig „männlich besetzter Aufenthaltsort in der Freizeit" beschreiben läßt, ist als eines der wenigen Elemente für Frauen häufiger in der Nähe als benötigt. An diesem Element zeigt sich besonders deutlich, daß es einige

---

[51] In Kapitel 7 wurde bei der Analyse der Wegeketten, die Frauen absolvieren, in Eberbach besonders häufig der Arztbesuch als ein Teil einer solchen Wegekette genannt, d.h. dieser aufwendige Weg wird mit weiteren Aktivitäten kombiniert.

Einrichtungen gibt, die stark geschlechtsspezifisch besetzt und genutzt sind, und daß die Bedürfnisse und Anforderungen an das Wohnumfeld durch das Merkmal Geschlecht geprägt werden. So zählen im allgemeinen die Sportplätze zu den Einrichtungen, die von Männern oder von Kindern (vor allem von Jungen) genutzt werden. Frauen nennen als wichtige „echte" Infrastrukturelemente eher Einrichtungen, die für die Betreuung von Kindern zuständig sind.

6.3   Zufriedenheit mit Einrichtungen zur Kinderbetreuung

Die Zufriedenheit mit den öffentlichen Angeboten zur Kinderbetreuung in der Gemeinde unterliegt großen Schwankungen zwischen den einzelnen Gemeinden. Im großen und ganzen sind mehr Frauen (ein Drittel) mit den Einrichtungen sehr/eher zufrieden als unzufrieden (18,1%). Im allgemeinen scheinen mehr befragte Frauen im Rhein-Neckar-Kreis mit den Einrichtungen der Gemeinden unzufrieden zu sein als im Rems-Murr-Kreis, was u.a. auch daran liegen kann, daß der Anteil älterer Frauen im Rems-Murr-Kreis höher und der Anteil von Frauen mit kleinen Kindern niedriger ist. Eine Äußerung zur Zufriedenheit ist nur dann möglich, wenn die Befragten die Einrichtungen kennen, so daß durch die Altersstruktur der Befragten im Rhein-Neckar-Kreis mehr „feed-back" stattfand.

Graphik 6.1: Zufriedenheit der befragten Frauen mit den öffenlichen Einrichtungen zur Kinderbetreuung in der Gemeinde in %

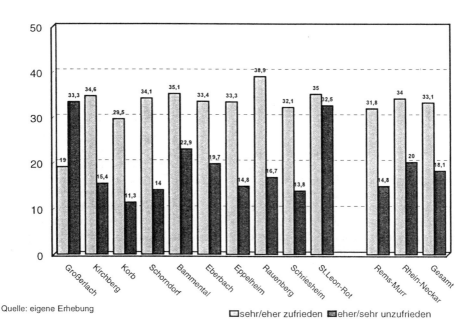

Quelle: eigene Erhebung

□ sehr/eher zufrieden ■ eher/sehr unzufrieden

Die größte Unzufriedenheit mit den öffentlichen Einrichtungen zur Kinderbetreuung besteht in Großerlach und in St. Leon-Rot, zwei kleinen Gemeinden im ländlichen Raum bzw. in der Randzone des Verdichtungsraumes, wo nahezu ein Drittel der befragten Frauen mit den Einrichtungen unzufrieden ist. In diesen Gemeinden sind auch die meisten Haushalte mit Kindern unter 18 Jahren unter den Befragten, so daß hier die Betroffenen deutlich ihren Unmut kund tun. In einer nachfolgenden Frage wurde eine Liste von Kritikpunkten zu Einrichtungen zur Kinderbetreuung genannt, so daß diejenigen, die unzufrieden waren, ihre Kritik präzisieren konnten.

Die größte Unzufriedenheit bestand mit den Öffnungszeiten, die als zu kurz bezeichnet wurden bzw. nicht mit einer Berufstätigkeit vereinbar seien. Weiterhin waren zahlreiche Frauen mit dem (nicht vorhandenen) Angebot für eine Kinderbetreuung der Kinder unter 3 Jahren nicht zufrieden. Knapp 62% der Frauen benannten die Nicht-Vereinbarkeit von Berufstätigkeit und Kinderbetreuung als das größte Problem, im Rhein-Neckar-Kreis waren es sogar 67%. Im Rems-Murr-Kreis erreicht auch dieser Kritikpunkt die höchsten Werte, liegt aber „nur" bei 51,2%. Dies kann daran liegen, daß entweder die Öffnungszeiten gut sind oder weniger Frauen eine Erwerbstätigkeit anstreben als im Rhein-Neckar-Kreis. Die Antworten zu dem Problem absolute Öffnungszeiten scheint darauf hinzudeuten, daß tatsächlich die Öffnungszeiten im Rems-Murr-Kreis seltener als zu kurz empfunden werden (44,2%) als dies im Rhein-Neckar-Kreis der Fall ist (60,2%). Auch das Angebot an Betreuungsmöglichkeiten für kleine Kinder unter 3 Jahren wird im Rhein-Neckar-Kreis als deutlich schlechter (10 bis 15 Prozentpunkte Differenz) empfunden als im Rems-Murr-Kreis. Ähnlich ist es mit den Gruppengrößen in den Kindergärten, während 38,7% der Frauen diese im Rhein-Neckar-Kreis als zu groß betrachten, stellt dies nur für 20,9% der Frauen im Rems-Murr-Kreis ein Problem dar. Demzufolge ist der Punkt „zu wenig Personal in den Kinderbetreuungsstätten" auch im Rems-Murr-Kreis wesentlich unwichtiger als im Rhein-Neckar-Kreis.

Größere Probleme sehen die Frauen im Rems-Murr-Kreis mit der Distanz zu den Kinderbetreuungsstätten: mehr als doppelt soviele als im Rhein-Neckar-Kreis sehen darin ein Problem. Auch die finanzielle Belastung durch die Kosten der Kindergärten wird im Rems-Murr-Kreis deutlich größer empfunden als dies im Rhein-Neckar-Kreis der Fall ist, mehr als 44% der Frauen üben daran im Rems-Murr-Kreis Kritik, während dies nur 32,3% der Frauen im Rhein-Neckar-Kreis tun.

Die Unterschiede zwischen den Gemeinden sind immens und bedürfen einer gesonderten Betrachtung (hier wäre auch noch von Interesse, welche Kritik auf welchen Kindergarten vor Ort bezogen ist, dies erlaubt jedoch unsere Stichprobengröße nicht). In Rauenberg, wo auch die Zufriedenheit mit den Kinderbetreuungseinrichtungen am höchsten war, ist nur ein Kritikpunkt sehr deutlich: die Öffnungszeiten scheinen hier mit großem Abstand das größte Problem darzustellen, denn bei allen anderen Kritikpunkten erreicht Rauenberg niedrige Werte. In St. Leon-Rot sind es die Öffnungszeiten, die sich nicht mit dem Beruf vereinbaren lassen, und die Angebote für Kinder unter drei Jahren, die die größten Probleme bereiten, d.h. hier wollen wahrscheinlich zahlreiche Mütter wieder erwerbstätig werden, was ihnen so versagt bleibt. Ähnlich ist es in Kirchberg, wo das Angebot für kleine Kinder bemängelt wird, während in Großerlach die Öffnungszeiten offensichtlich kein Problem darstellen, dagegen nicht genügend Plätze in den Kindergärten vorhanden sind.

Tabelle 6.3: Gründe für die Unzufriedenheit mit den öffentlichen Angeboten zur Kinderbetreuung
(Frauen, die mit den öffentlichen Angeboten zur Kinderbetreuung eher oder sehr unzufrieden waren)

ausschlaggebend für die eigene Unzufriedenheit ist:	absolut	in %	Anteil der jeweiligen Nennungen an der Summe der befragten Frauen, die eher oder sehr unzufrieden waren					
			RNK gesamt	RNK max	RNK min	RMK gesamt	RMK max	RMK min
			in %	in %	in %	in %	in %	in %
Angebot an Krabbelgruppen für Kinder unter 3 Jahren ist nicht ausreichend	77	56,6%	64,5	80,8 (St.L)	33,3 (Ra)	39,5	75,0 (Ki)	28,6 (Gr)
Angebot an Kindergartenplätzen ist nicht ausreichend	65	47,8%	49,5	66,7 (Ep)	33,8 (Ra)	44,2	85,7 (Gr)	25,0 (Ki)
Angebot an Kinderhortplätzen ist nicht ausreichend	74	54,4%	57,0	76,9 (Sh,St.L)	0 (Ra)	48,8	75,0 (Ki)	39,1 (Sd)
Kosten der Kinderbe-treuungsstätten sind zu hoch	49	36,0%	32,3	58,3 (Ep)	13,0 (Eb)	44,2	66,7 (Ko)	14,3 (Gr)
Entfernung von unserer Wohnung zu den Kinderbetreuungsstätten ist zu groß	12	8,8%	4,3	8,3 (Ep)	0 (Ra,St.L)	18,6	33,3 (Ko)	13,0 (Sd)
Kindergruppen sind zu groß	45	33,1%	38,7	53,8 (Ba)	16,7 (Ra)	20,9	30,4 (Sd)	0 (Ki)
Zu wenig Personal in den Kinderbetreuungsstätten	47	34,6%	41,9	53,8 (Ba)	16,7 (Ra)	18,6	25,0 (Ki)	11,1 (Sd)
Öffnungszeiten sind zu kurz	75	55,1%	60,2	83,3 (Ra)	38,5 (Ba)	44,2	55,6 (Ko)	28,6 (Gr)
Öffnungszeiten lassen sich nur schwer oder nicht mit meiner Berufstätigkeit vereinbaren	84	61,8%	66,7	88,5 (St.L)	53,8 (Ba)	51,2	57,1 (Ko)	33,0 (Gr)

gesamt-Spalten = Summe Anteil derer, die dieses Infrastrukturelement als „sehr wichtig" oder „wichtig" betrachten
max./min Spalten = Gemeinde, in der die höchste/niedrigste Nennung im jeweiligen Kreis lag

RNK= Rhein-Neckar-Kreis
(Ba=Bammental, Eb=Eberbach, Ep=Eppelheim, Ra=Rauenberg, Sh=Schriesheim, StL=St. Leon-Rot)
RMK= Rems-Murr-Kreis
(Gr=Großerlach, Ki=Kirchberg, Ko=Korb, Sd=Schorndorf)
Quelle: eigene Erhebung

Die Kinderbetreuung - von den meisten immer noch als Aufgabe der Frauen betrachtet - stellt eine Schlüsselfunktion im Leben der Frauen dar. Mit der Verfügbarkeit von Einrichtungen, in denen Kinder betreut werden können, steht und fällt die Möglichkeit der Frau, (wieder) erwerbstätig zu werden, ihre finanzielle Unabhängigkeit zu wahren und sich nach ihren Qualifikationen auch beruflich zu entfalten. Diese Einrichtungen, ihre Öffnungszeiten, ihre räumliche Nähe entscheiden somit in wesentlichem Maße über zentrale Bedürfnisse der Frauen. Deshalb sollte den Verantwortlichen in den Gemeinden

- oder auch den Kirchen - deutlich gemacht werden, von welcher Bedeutung die Versorgung mit Einrichtungen der Kinderbetreuung ist.

6.4   Wohnung und Wohnumfeld

Das Zugehörigkeitsgefühl zu bzw. die regionale Identität mit einer Region, einem Kreis oder einer Gemeinde zählen zu den „weichen" Faktoren einer Regionalanalyse, die allerdings nachweislich einen großen Einfluß auf das subjektive Wohlbefinden, das „Sich-Wohlfühlen" in der Umgebung, das Engagement für Belange der Region uvm. haben können. In dem wissenschaftlichen Grenzgebiet zwischen den Disziplinen Geographie, Psychologie und Soziologie gibt es mittlerweile zahlreiche Arbeiten zu regionaler Identität, die jedoch an dieser Stelle nicht in aller Ausführlichkeit berücksichtigt werden können. Die Bedeutung der „Lebenswelt" (erstmals Husserl 1913/50 hierzu Fliedner 1993: 187ff.) sowohl für die Sozialisation des einzelnen auch als „sozialer Ort der kommunikativen und interaktiven Sinnfindungs- und Handlungsprozesse" - nicht zuletzt auch des Wissenschaftlers oder Wissenschaftlerin - (Lippitz 1980: 1; zitiert nach Fliedner 1993: 188) ist jedoch unumstritten. In den vergangenen Jahren ist dieses Thema, das sich auch mit Begriffen wie „Heimatbewußtsein", „Lokalismus", „Stadtteilbewußtsein" umschreiben läßt, wieder zunehmend in den Vordergrund gerückt. Häufig manifestiert sich dieses eher diffuse Bewußtsein dann, wenn Planungseingriffe in die Region, den Ort, den Stadtteil erfolgen, die es zu beeinflussen gilt (z.B. Zusammenlegung von Gemeinden, Bau von Straßen, Anlage einer Mülldeponie usw.). In einigen Arbeiten (z.B. Zang 1986; Haindl 1986) wurde besonders auf die jüngeren Entwicklungen im ländlichen Raum hingewiesen, in denen auf die Probleme von Sanierung und Überfremdung aufmerksam gemacht wurde. Zugleich wurde im Zusammenhang mit einem zunehmenden Lokalismus auch ein stärkerer Wunsch nach Mitbestimmung und Umsetzung des politischen Willens festgestellt. Es soll jedoch hier im Vordergrund stehen, wie die Frauen der Gemeinden in den beiden untersuchten Kreisen ihre unmittelbare Lebensumwelt empfinden, aus welchen Gründen sie ihren Wohnort gewählt haben, und wie zufrieden sie damit sind.

6.4.1   Wohndauer in der Gemeinde

Wie bereits in Kap. 2 im Zusammenhang mit der Auswahl der Gemeinden und der Kreise erwähnt, handelt es sich um zwei Kreise, die in den vergangenen Jahrzehnten einen starken Bevölkerungszuwachs (vor allem durch Zuwanderung) erfahren haben. Beide Kreise gehören dem Kreistyp „hochverdichtet" innerhalb eines Agglomerationsraumes an und haben eine starke Suburbanisierung erfahren, d.h. der Bau des „Häuschens im Grünen" wurde und wird in den Gemeinden dieser Kreise häufig verwirklicht.

Betrachtet man nun die Wohndauer der Befragten am Wohnort so zeigt sich, daß knapp die Hälfte, nämlich 48,2% der befragten Frauen (47,2% Rhein-Neckar-Kreis, 50,2% Rems-Murr-Kreis) seit mehr als 20 Jahren in derselben Gemeinde wohnen. Knapp 30% leben erst seit höchstens 10 Jahren in der Gemeinde. Es ist anzunehmen, daß dies vor allem Frauen in der „Familienphase" sind, die mit den kleinen Kindern den Umzug bzw. den Eigenheimerwerb und damit einen Umzug vollzogen haben. Die Unterschiede zwischen den Gemeinden bezüglich der Wohndauer in der jeweiligen Gemeinde sind deutlich. Hier zeigen sich die Gemeinden mit relativ umfassender, später Suburbanisierung, wie z.B. Bammental, wo nur 28,1% der befragten Frauen seit mehr als 20 Jahren leben, dagegen 38,6% erst in den vergangenen 10 Jahren zugezogen sind. Die Gemeinde mit den am längsten am Ort lebenden Frauen im Rhein-Neckar-Kreis ist St. Leon-Rot; 62,5% der Frauen leben bereits mehr als 20 Jahre in dieser Gemeinde und nur 13,8% sind in den vergangenen 10 Jahren zugezogen. Im Rems-Murr-Kreis ist es die Gemeinde Großerlach, in der mit 52,4% die meisten Frauen schon mehr als 20 Jahre leben, umgekehrt sind aber auch 33,3% der Frauen erst in den vergangenen 10 Jahren zugezogen. Die Gemeinde Kirchberg weist mit 42,3% die geringste Zahl an Frauen aus, die mehr als 20 Jahre dort leben, gleichzeitig aber auch mit 14,2% den geringsten Anteil derjenigen, die weniger als 10 Jahre dort leben. Es ist wahrscheinlich, daß sich in solchen Verteilungen auch Phasen von Neubaugebietsgründungen niederschlagen, die sehr plötzlich eine Verschiebung der Alters- und Familienstrukturen einer Gemeinde bewirken können, da meist die Altersgruppe der 25-40 Jährigen mit kleinen Kindern die Bewohner eines Neubaugebietes stellt.

Tabelle 6.4: Wohndauer der befragten Frauen in der jeweiligen Gemeinde

Wohndauer in der Gemeinde von ... bis unter ...	Stichprobe					
	Gesamt		Rhein-Neckar-Kreis		Rems-Murr-Kreis	
	absolut	in %	absolut	in %	absolut	in %
< 5 Jahre	109	14,4%	70	15,0%	39	13,5%
5 - 10 Jahre	110	14,6%	65	13,9%	45	15,6%
10 - 20 Jahre	169	22,4%	111	23,8%	58	20,1%
> 20 Jahre	364	48,2%	219	47,0%	145	50,2%
keine Angabe	3	0,4%	1	0,2%	2	0,7%
Summe (der Frauen)	755	100,0%	471	100,0%	289	100,0%

Quelle: eigene Erhebung

Zu der Wohndauer, die einen wesentlichen Anteil an der Entwicklung oder Entstehung einer regionalen Identität einer Person besitzt, kommt ein Einfluß dadurch, ob man in dieser Region geboren ist. Um diesen regionalen Bezug zu erfahren, wurde danach gefragt, ob die Person in dem jeweiligen Kreis, bzw. einer unmittelbar angrenzenden Stadt geboren wurde. Die Erweiterung um die unmittelbar angrenzende Stadt wurde vor allem aus dem Grund vorgenommen, daß sich in den umliegenden kreisfreien Städten (Heidelberg und Mannheim im Rhein-Neckar-Kreis und Stuttgart im Rems-Murr-Kreis) zahlreiche Krankenhäuser befinden und somit die Geburtsorte von im Kreis lebenden Menschen häufig die Städte der Umgebung sind. Dabei teilen sich die Befragten nahezu gleich auf: 48,1% der befragten Frauen sind auch in der Region geboren (ebenso die Männer), im Rems-Murr-Kreis sind es mit 45,1% etwas weniger, im Rhein-Neckar-Kreis mit genau 50% etwas mehr Frauen, die auch in der jeweiligen Region geboren wurden. Um die Gruppe derjenigen zu umreißen, von denen anzunehmen ist, daß sie die größte regionale Identität besitzen müßten, wurde ausgezählt, wie hoch der Anteil unter denjenigen ist, die seit mehr als 20 Jahren in der Gemeinde leben und gleichzeitig in der Region geboren sind. Dabei nimmt erneut die Gemeinde St. Leon-Rot den höchsten

Wert an: 84% der Frauen, die mehr als 20 Jahre in dem Ort leben, sind auch in der Region geboren, gefolgt von Korb, wo dies auf 73,7% der Frauen zutrifft und am Ende der Skala lag erneut Bammental, wo „nur" 43,8% der Frauen, die seit mehr als 20 Jahren dort leben, auch in der Region geboren sind.

6.4.2 Wohnung und Wohnumfeld

Während knapp 30% in den vergangenen 10 Jahren in die jeweilige Wohngemeinde gekommen sind, so leben allerdings etwas mehr als 50% der befragten Frauen erst weniger als 10 Jahre in der aktuellen Wohnung (51,6% im Rhein-Neckar-Kreis und 52,2% im Rems-Murr-Kreis). Dies läßt auf eine relative große Mobilität innerhalb der Region bzw. der Gemeinde schließen. Knapp 30% der befragten Frauen (32% Rhein-Neckar-Kreis und 23,3% Rems-Murr-Kreis) leben seit 10-20 Jahren in der Wohnung und knapp 20% der Frauen leben seit mehr als 20 Jahren in der jetzigen Wohnung (51,1% Rhein-Neckar-Kreis und 48,9% Rems-Murr-Kreis).

Tabelle 6.5: Wohndauer der befragten Frauen in der jeweiligen Wohnung

Wohndauer in der Wohnung von ... bis unter ...	Stichprobe					
	Gesamt		Rhein-Neckar-Kreis		Rems-Murr-Kreis	
	absolut	in %	absolut	in %	absolut	in %
< 1Jahr	66	8,7%	45	9,6%	21	7,3%
1- 2 Jahre	45	5,9%	22	4,7%	23	8,0%
2- 5 Jahre	116	15,3%	68	14,4%	48	16,6%
5 - 10 Jahre	125	16,4%	78	16,6%	47	16,3%
10 - 20 Jahre	194	25,5%	132	28,0%	62	21,5%
> 20 Jahre	133	17,5%	68	14,4%	65	22,5%
keine Angabe	0	0,0%	0	0,0%	0	0,0%
Summe (der Frauen)	760	100,0%	471	100,0%	289	100,0%

Quelle: eigene Erhebung

Unterscheidet man weiter nach den einzelnen Gemeinden, so leben in Eppelheim die meisten „frisch" Um-/Zugezogenen (18% weniger als 2 Jahre), in Eberbach erreichen diejenigen, die seit mehr als 20 Jahren in der Wohnung leben, mit 20% die höchsten Anteile. Im Rems-Murr-Kreis ist Schorndorf mit 19% „frisch" Um-/Zugezogenen die Gemeinde mit der höchsten Mobilität, gleichzeitig aber auch die mit den höchsten Anteilen „Seßhafter" (27%). Es sollte jedoch berücksichtigt werden, daß der Wohnungswechsel (im Gegensatz zum Wohnortwechsel) ein Wechsel ist, der in stärkerem Maße mit den Wohnbedingungen der Wohnung als denen des Wohnortes und seiner Infrastruktur zusammenhängt.

Die Frage nach der Zufriedenheit mit der derzeitigen Wohnung ergab, daß die deutliche Mehrheit der Frauen, nämlich 60,8% aller befragten Frauen mit ihrer derzeitigen Wohnung sehr zufrieden, 33,6% eher zufrieden, nur 4,6% eher unzufrieden und 0,9%

sehr unzufrieden sind, wobei zwischen den Befragten im Rems-Murr-Kreis und dem Rhein-Neckar-Kreis keine Unterschiede auszumachen sind. Die Zufriedenheit mit dem derzeitigen Wohnumfeld ist etwas geringer, aber immer noch eine deutliche Mehrheit von 52,5% der befragten Frauen ist mit dem Wohnumfeld sehr, 35,9% eher zufrieden, 10,1% eher unzufrieden und nur 1,5% sehr unzufrieden. Auch hier gab es keine nennenswerten Unterschiede zwischen den Kreisen. Innerhalb der Gemeinden sind die höchsten Zufriedenheiten mit der Wohnung selbst in Kirchberg und St. Leon-Rot, wo mehr als 70% angeben, mit ihrer Wohnung sehr zufrieden zu sein. Dagegen geben auch mit 19,2% am meisten Personen in Kirchberg an, mit dem Wohnumfeld eher unzufrieden zu sein. Im Rhein-Neckar-Kreis sind es auch die großen bzw. stadtnahen Gemeinden, nämlich Eberbach und Eppelheim, in denen mit 16,3% bzw. 14,6% die - zwar immer noch niedrigen aber dennoch im Vergleich - höchsten Anteile der mit ihrem Wohnumfeld unzufriedenen Frauen wohnen.

Graphik 6.2: Zufriedenheit der befragten Frauen mit der Wohnung nach Art des Hauses und nach Eigentumsverhältnis in %

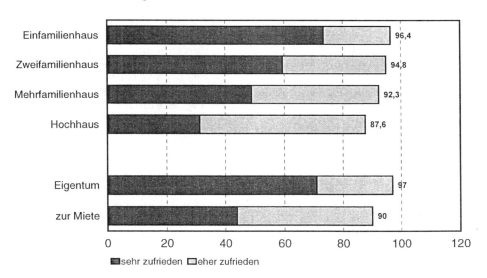

Es stellt sich die Frage, ob die jeweilige Wohnsituation dadurch unterschiedlich bewertet wird, ob die Person im Wohneigentum oder zur Miete wohnt, bzw. im Einfamilienhaus oder in anderen Wohnformen. Die Gründe für eine unterschiedliche Bewertung könnten darin liegen, daß es im Wohneigentum eher gelingt, die Ansprüche an das Umfeld zu verwirklichen, bzw. das Wohnumfeld nach den eigenen Ansprüchen auszusuchen, oder auch darin, daß die Einschätzung des Umfeldes schon allein dadurch günstiger erfolgt, daß man im eigenen „Häusle" lebt, d.h. dieser Traum verwirklicht werden konnte. Vergleicht man nun die Zufriedenheit der befragten Frauen danach, in welcher Art von Haus sie wohnen, so zeigt sich ein statistisch signifikanter Unterschied. Am zufriedensten sind mit Abstand die Frauen, die im Einfamilienhaus leben, nahezu drei Viertel von ihnen geben an, mit ihrer Wohnung sehr zufrieden zu sein und nur 3,6% der Frauen sind mit ihrer Wohnung sehr/eher unzufrieden. Es gilt allerdings zu berücksichtigen, daß diese Zufriedenheit in engem Zusammenhang mit den Eigentumsverhältnissen steht (vgl. Graphik 6.2).

Auch im Zweifamilienhaus ist die Zufriedenheit insgesamt noch sehr hoch, knapp 60% sind mit ihrer Wohnung sehr zufrieden. Der Anteil der sehr Zufriedenen mit der Wohnung sinkt im Mehrfamilienhaus auf knapp die Hälfte und im Hochhaus auf knapp ein Drittel. Dort ist auch der Anteil der eher Unzufriedenen mit 12,5% am höchsten, wobei zu bemerken ist, daß hier die Fallzahlen auch extrem klein werden. Hier schlägt sich nieder, daß die Befragung in zwei Landkreisen stattgefunden hat, in denen die typische Wohnform das Einfamilienhaus darstellt. Unter den einzelnen Gemeinden sind die höchsten Zufriedenheiten (mit über über 70% sehr zufrieden) in St. Leon-Rot und in Kirchberg festzustellen. In Rauenberg, Großerlach und Eppelheim leben mit 14% bis 8,5% am meisten mit ihrer Wohnung unzufriedene Frauen.

Die Zufriedenheit mit dem Wohnumfeld zeigt sehr ähnliche Ergebnisse, nur mit dem Unterschied, daß etwas seltener die Kategorie „sehr zufrieden" gewählt wird (Gesamt: 52,5% sehr zufrieden, 35,9% eher zufrieden, 10,1% eher unzufrieden und 1,5% sehr unzufrieden). Die größte Unzufriedenheit mit dem Wohnumfeld wird in Kirchberg mit knapp 20% und in Eberbach mit 16% eher Unzufriedenen erreicht. Damit liegen die Werte etwas günstiger als der Bundesdurchschnitt (83% sehr/eher zufrieden), aber in der Aufgliederung der Zufriedenheit nach Art und Größe des Wohnortes liegen sie in der Nähe der Zufriedenheiten, die im Bundesdurchschnitt in ländlichen Kleinstädten oder Dörfern (91%-93% Zufriedener) geäußert werden (vgl. Statistisches Bundesamt 1994: 505ff).

Eng mit der Wohnform bzw. der Art des Hauses hängt die Tatsache zusammen, ob es sich um Wohneigentum oder Wohnen zur Miete handelt, da Wohneigentum gerade in diesen suburbanisierten Kreisen bedeutet, ein „Häuschen im Grünen" zu erwerben. Der Anteil der Frauen, die in Wohneigentum wohnen, ist mit 61,2% (61,3% Rhein-Neckar-Kreis, 60,9% Rems-Murr-Kreis) deutlich höher als der Bundesdurchschnitt (West 1993: 47% Eigentümer und Ost 1993: 29% Eigentümer (vgl. Statistisches Bundesamt 1994: 110ff)), was an der Struktur der beiden Landkreise und deren Suburbanisierung liegt. Graphik 6.3 zeigt die Verteilung innerhalb der einzelnen Gemeinden, die verdeutlicht, daß die sehr ländlichen Gemeinden die Möglichkeit zum Eigenheimbau oder -erwerb in stärkerem Maße bieten als die eher stadtnahen Gemeinden, in denen, wie z.B. in Eppelheim, sogar die Mehrheit der befragten Frauen zur Miete wohnt. Die höchsten Eigenheimanteile befinden sich in den beiden kleinsten Gemeinden St. Leon-Rot und Großerlach, wo über 80% der befragten Frauen im Wohneigentum leben.

Betrachtet man die Zufriedenheit mit der Wohnung nach der Wohnform (Eigentum-Miete), so liegt auch im Bundesdurchschnitt die Zufriedenheit der Eigentümer/-innen deutlich über der der Mieter/-innen (eher/sehr zufrieden 95% West-Eigentümer/-innen, eher/sehr zufrieden 81% der West-Mieter/-innen (vgl. Statistisches Bundesamt 1994: 502)). Auch in der vorliegenden Studie zeigte sich ein Unterschied: 90% der Mieterinnen sind eher/sehr zufrieden und 97% der Eigentümerinnen sind eher/sehr zufrieden. Betrachtet man nur die sehr Zufriedenen, so wird der Unterschied deutlicher: nur 44% der Mieterinnen gegenüber 71% der Eigentümerinnen sind sehr zufrieden mit ihrer Wohnung.

Graphik 6.3: Anteil der Frauen, die im Wohneigentum leben in %

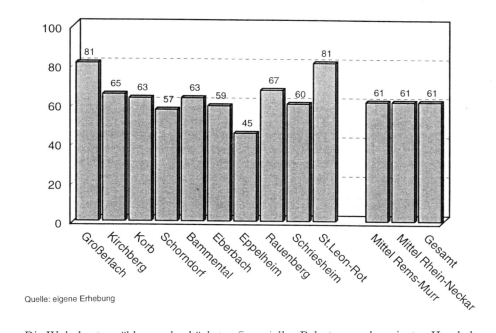

Quelle: eigene Erhebung

Die Wohnkosten zählen zu den höchsten finanziellen Belastungen der privaten Haushalte. Mit Anteilen zwischen 28% und 20% (je nach Haushaltstyp und je geringer die absolute Höhe des Einkommens umso höher der Anteil der Wohnkosten) nehmen sie einen großen Teil der Einkünfte in Anspruch und sind daher von enormer Wichtigkeit (vgl. Statistisches Bundesamt 1994: 110ff). Die durchschnittliche Höhe der Mieten lag 1992 in Westdeutschland zwischen DM 548 und DM 1124 (je nach Haushaltstyp). Bei den Befragten dieser Untersuchung liegt die durchschnittliche Miethöhe bei DM 1106, also im oberen Bereich der bundesdeutschen Vergleichsgruppe. Allerdings sind die Familien mit Frauen zwischen 25 und 35 Jahren, die in dieser Erhebung überrepräsentiert sind, auch die, die in den relativ gut situierten Haushaltstyp fallen und damit war zu erwarten, daß sich deren Mietaufwand Aufwand zum Abbezahlen des Wohneigentums in der höheren Klasse bewegt.

Tabelle 6.6 zeigt die Verteilung der Belastung für das Wohnen, wobei auffällt, daß immerhin 15% mehr als DM 2000 monatlichen Aufwand für Miete/Abzahlung des Wohneigentums zu leisten haben. Genauso hoch ist der Anteil derer, die unter DM 500 Miete leisten müssen, die Mehrzahl der befragten Frauen liegen jedoch unter der DM-1000-Grenze, was den Aufwand für Wohnen angeht. Die Verteilung nach Gemeinden zeigt, daß in den Orten, in denen mehr Familien und diese wiederum im Wohneigentum leben, die Aufwendungen für Wohnen höher sind, wie z.B. in Bammental oder Rauenberg (relativ viele Neubaugebiete).

Tabelle 6.6: Durchschnittliche monatliche Belastung durch Wohnkosten[1] der befragten Frauen im jeweiligen Kreis

Monatliche Belastung von ... bis unter ...	Stichprobe					
	Gesamt		Rhein-Neckar-Kreis		Rems-Murr-Kreis	
	absolut	in %	absolut	in %	absolut	in %
< 250 DM	58	8,5%	43	9,8%	15	6,1%
250-500 DM	75	10,9%	54	12,3%	21	8,5%
500-750 DM	130	19,0%	85	19,4%	45	18,3%
750-1000 DM	84	12,3%	56	12,8%	28	11,4%
1000-1250 DM	112	6,1%	61	6,6%	51	5,3%
1250-1500 DM	42	6,1%	29	6,6%	13	5,3%
1500-2000 DM	82	12,0%	55	12,5%	27	11,0%
> 2000 DM	102	14,9%	56	12,8%	46	18,7%
Summe (ohne Verweigerungen)	685	100,0%	439	100,0%	246	100,0%
Verweigerungen	75	9,9%	32	6,8%	43	14,9%
arithmetisches Mittel (DM)	1106,25		1035,04		1234,53	
Median (DM)	950		900		1000	
Maximum (DM)	7500		6000		7500	

[1]Wohnkosten (= Miete incl. Nebenkosten oder sonstige Wohnkosten)
Quelle: eigene Erhebung

6.4.3 Motive für den Wohnungswechsel

Im Rahmen der Frage nach der Wohndauer in der Wohnung wurde auch nach den Motiven für den letzten Umzug gefragt, um die These zu verfolgen, inwieweit tatsächlich die vermutete Anziehungskraft dieser Kreise und ihrer Gemeinden für den „Häuslebau" die Menschen bewegt hat, ihren Wohnort dorthin zu verlagern.

Es wurden zahlreiche Gründe für einen Wohnortwechsel angeboten, die auch mehrfach angekreuzt werden konnten (vgl. Tab. 6.7). Bei der Analyse der Umzugsgründe zeigt sich, daß knapp ein Drittel der befragten Frauen durch „push-Faktoren" für den Umzug motiviert waren, d.h. sie wollten die vorhergehende Wohnung verlassen, weil sie mit der Wohnsituation unzufrieden waren. Die anderen genannten Gründe sind allesamt „pull-Faktoren" des derzeitigen Wohnortes, und an erster Stelle steht der „Erwerb von Wohneigentum", den über 40% der befragten Frauen als Grund für den letzten Umzug nennen. Unter den „pull-Faktoren" rangiert an zweiter Stelle das Argument „Wohnen mit Kind(ern) ist hier (am derzeitigen Wohnort) besser" mit 22%, dicht gefolgt von „ruhigere Wohnlage hier (am derzeitigen Wohnort)" mit 18% und „der Wunsch, ins „Grüne" zu ziehen" mit 15%. Nimmt man die eben genannten Argumente zusammen, so stimmen immerhin 56% der befragten Frauen in beiden Kreisen mindestens einem der vier „Häuschen im Grünen"-Gründe zu (in Tabelle 6.7 fett gedruckt), wobei die Argumente des ruhigen Wohnens und des Wohnens im Grünen im Rhein-Neckar-Kreis etwas häufiger genannt werden als im Rems-Murr-Kreis.

Mit jeweils ca. 10%-Zustimmung folgen dann Gründe wie Heirat/Zusammenziehen mit dem Partner oder Familiengründung. Unterscheidet man nach dem Alter der Befragten, so wird deutlich, daß sich in bestimmten Lebensphasen, in denen üblicherweise die Familienphase stattfindet, auch diese Ereignisse als Umzugsmotiv wiederfinden lassen. Vor allem in der Altersgruppe der 20-30jährigen Frauen ist Heirat/Zusammenziehen mit dem Partner ein wichtiges Umzugsmotiv, bei 30-40jährigen Frauen ist die Geburt eines (weiteren) Kindes von größerer Bedeutung, der Erwerb von Wohneigentum wurde von mehr als der Hälfte der 40-50, 50-60 und 60-70 Jährigen als Grund für den letzten Umzug genannt, wobei anzunehmen ist, daß dieser letzte Umzug bei dieser Gruppe auch schon einige Jahre (Jahrzehnte) zurückliegen kann. Der eigene berufliche Wechsel und die Nähe zum eigenen Arbeitsplatz ist nahezu ausschließlich für die befragten Frauen unter 30 Jahren ein Motiv für den Umzug gewesen, ansonsten spielen diese Gründe keine Rolle. Während für diese Altersgruppe die Nähe zu Freunden und Bekannten auch zu 12% als wichtiges Motiv genannt wird, ist dieser Grund für die anderen Altersgruppen weniger wichtig. Mit ebenso 12% nennen Frauen ab 70 Jahren deutlich häufiger als die anderen Altersgruppen die Nähe zu Verwandten als wichtigen Umzugsgrund. Dies könnte darauf hindeuten, daß für ältere Frauen die verwandtschaftlichen Beziehungen (wahrscheinlich zu den Kindern) von großer Bedeutung für ihr soziales Leben sind, während für jüngere Frauen - vielleicht ja auch (noch) ohne eigene Familie - der Freundeskreis ein weiteres Motiv für einen Umzug darstellt.

Tabelle 6.7: Umzugsgründe (Gesamt)

Die Gründe für meinen/unseren letzten Umzug waren...   Anteil der Zustimmung

(1)	Heirat oder, um mit dem Partner/der Partnerin zusammenzuziehen	11,3%
(2)	die Geburt eines (weiteren) Kindes	10,3%
(3)	**der Erwerb von Wohneigentum**	**41,6%**
(4)	der berufliche Wechsel des Partners/der Partnerin	4,0%
(5)	mein beruflicher Wechsel	5,4%
(6)	die Trennung vom Partner/der Partnerin	2,4%
(7)	Tod des Partners/der Partnerin	2,0%
(8)	Unzufriedenheit mit der damaligen Wohnsituation	31,2%
(9)	**ruhigere Wohnlage hier**	**18,3%**
(10)	**Wohnen mit Kind(ern) ist hier besser**	**21,6%**
(11)	**der Wunsch ins "Grüne" zu ziehen**	**15,3%**
(12)	Nähe zu meinem Arbeitsplatz	9,4%
(13)	Nähe zum Arbeitsplatz meines Partners/meiner Partnerin	6,4%
(14)	guter Anschluß an den öffentlichen Personennahverkehr	7,3%
(15)	guter Anschluß an das Straßennetz (z.B. Autobahn)	3,6%
(16)	Nähe zu Freunden und Bekannten	8,2%
(17)	Nähe zu Verwandten (z.B. wegen deren Pflege)	5,5%
(18)	Nähe zu Verwandten (wegen der Betreuung meines(r) Kindes(r)	3,8%

Quelle: eigene Erhebung

Unterscheidet man die Zuzugsgründe nach den jeweiligen Gemeinden, so wird vor allem in Großerlach (67%), St. Leon-Rot (56%) und Rauenberg (50%) das Argument „Erwerb von Wohneigentum" als Umzugsgrund genannt. Die ruhige Wohnlage zieht besonders viele Befragte in Bammental (33%) und in St. Leon-Rot (21%) an, das angenehmere Wohnen mit Kindern ist vor allem für die Frauen in Bammental (42%) und in

Kirchberg (35%) ein Umzugsmotiv gewesen. Ebenso erreicht in Bammental der Grund Wohnen im Grünen mit 32% hohe Werte, gefolgt von Großerlach, wo immerhin noch 24% der befragten Frauen dies als Umzugsmotiv nennen. Die Nähe zum eigenen Arbeitsplatz ist vor allem in Rauenberg (Autobahnanschluß) und den stadtnahen Gemeinden Eppelheim und Schriesheim mit knapp 20% ein recht häufig genanntes Argument im Vergleich zum Durchschnitt von knapp 10%.

Es konnte also die These bestätigt werden, daß Hauptgründe für den Umzug in die suburbanen Gemeinden der Agglomerationsräume die des Eigenheimerwerbs und des Wunsches (mit Kindern) im Grünen und in einer ruhigen Wohnlage leben zu wollen. Bei der Beurteilung der vorhandenen Infrastruktur wurde die Relevanz diese Motive für die Wohnortwahl bereits durch die hohe genannte Wichtigkeit von Nähe zum Grünen, ruhiger Wohnlage und Sauberkeit der Luft bestätigt.

6.5   Zusammenfassung

Zusammenfassend ist bezüglich der Infrastruktur am Wohnort folgendes festzuhalten: Die höchste Wichtigkeit erreichen all die Eigenschaften eines Ortes, die sich mit „Wohnen im Grünen" umschreiben lassen. Es sind dies auch die zentralen Motive der Befragten für den Zuzug in diese Gemeinden. Daraus muß für Planungsvorhaben geschlossen werden, daß alle Maßnahmen, die diesen Standortvorteil des „ruhigen Wohnens" beeinträchtigen, auf Widerstand stoßen werden. Was allen befragten Frauen weiterhin sehr wichtig ist, ist die Nähe von Einkaufsmöglichkeiten für den täglichen Bedarf, die zwar derzeit in befriedigendem Umfang vorhanden sind, jedoch keiner weiteren Streichung zum Opfer fallen sollten. Die Anbindung an den ÖPNV ist vor allem dort wichtig, wo sie gut funktioniert (Eppelheim, Schriesheim). Dort, wo die Anbindung eher schlecht ist, ist sie bereits als Option aus der Wahrnehmung gefallen. In diesen Gemeinden muß besonders viel Einsatz gezeigt werden, um die Bewohner/-innen wieder für den ÖPNV zurückzugewinnen. Stark abhängig sind die Wichtigkeiten der verschiedenen Infrastrukturelemente vom Alter und der Familiensituation: Je jünger die Frauen sind, umso größer ist ihr Interesse an Einrichtungen zur Kinderbetreuung - je älter die Frauen sind, umso wichtiger sind Einrichtungen wie Altenheime oder Krankenhäuser.

Besonders auffällig ist, daß in Gemeinden, die an sich gut ausgestattet sind, wie z.B. in Eberbach, durch eine Erweiterung von Neubaugebieten oder Eingemeindungen für zahlreiche Frauen eine schlechtere Erreichbarkeit einzelner Infrastrukturelemente entsteht als dies in kleinen peripheren Gemeinden der Fall ist. Auch fällt auf, daß die Infrastruktur, die am Ort ist, wie z.B. kulturelle Einrichtungen in Schorndorf und Eberbach, als ausgesprochen wichtig erachtet wird, also ein Erhalt von großer Bedeutung ist.

Die Analyse der Zufriedenheit mit Einrichtungen zur Kinderbetreuung zeigt, daß die Probleme in diesem „Schlüsselbereich" für Frauen in der Familienphase in den Untersuchungsgemeinden sehr unterschiedlich gelagert sind und in jeder Gemeinde eine spezifische Problemlösung verlangen. Die Kinderbetreuung eröffnet Frauen den Wiedereinstieg in das Erwerbsleben oder verhindert ihn über relativ lange Zeit. Eine Frau, die zwei Kinder im Abstand von zwei bis drei Jahren bekommt, muß ca. 3-4 Jahre aus dem Berufsleben ausscheiden oder 6-8 Jahre, je nachdem, ob es Möglichkeiten zur Kinderbetreuung vor Ort gibt oder nicht[52] (und im Zuge der zunehmenden Mobilität ist auch die Wahrscheinlichkeit immer geringer, daß Verwandte/Großmütter die Betreuung übernehmen können). Während 3-4 Jahre noch zu überbrücken sind, ist bei einem Berufsausstieg von 6-8 Jahren die Wahrscheinlichkeit sehr gering, daß die Frau noch in ihren Beruf auf gleichem Niveau einsteigen kann. Dann tritt meist der Fall ein, daß die Frauen deutlich unter ihrer Qualifikation oder gar nicht mehr beschäftigt werden können. Insofern ist diesem einzelnen Infrastrukturelement eine "Schlüsselfunktion" für die Vereinbarkeit von Beruf und Familie zuzuschreiben. Der Handlungsbedarf ist klar zu formulieren: Flexiblere Öffnungszeiten Angebote für Kinder unter drei Jahren, aber auch Angebote für Schulkinder und Jugendlichen (wie z.B. Kernzeitbetreuung).

Ebenso wie die Zufriedenheiten mit der Wohnsituation lassen sich auch die Umzugsmotive immer wieder darauf zuspitzen, daß die befragten Frauen in den beiden Kreisen das Eigenheim im Grünen gesucht und größtenteils auch gefunden haben. Wenn dies der Fall ist, dann sind auch die persönlichen Zufriedenheiten mit dem Wohnumfeld und der Wohnung hoch. Die Wohndauer am Ort geht in starkem Maße damit einher, ob in der jüngeren Zeit Wohngebiete in der jeweiligen Gemeinde ausgewiesen wurden, dann erhöht sich der Anteil der „frisch" Zugezogenen erheblich (z.B. Bammental). Die Eingebundenheit in das soziale Leben am Ort[53] hängt in starkem Maße davon ab, ob die Person schon länger am Ort lebt - oder sogar dort geboren wurde - oder ob sie (kleine) Kinder hat. Letzteres scheint für viele die Möglichkeit zu sein, schnell an einem neuen Wohnort Kontakte zu schließen. Insgesamt ist die Beurteilung der sozialen Gemeinschaft eher als ambivalent zu bezeichnen - eine rundum „heile" Dorfgemeinschaft herrscht offensichtlich in den Befragungsgemeinden nicht (mehr). Um auf den Anfang dieses Kapitels zurück zu kommen, so erwarten keineswegs die befragten Frauen eine Erfüllung des „Ideals" nach Tucholsky. Ihre Anforderungen an die Infrastruktur ihrer Wohngemeinde bewegen sich in einem durchaus erfüllbaren Rahmen.

---

[52] Sofern ihr Mann nicht bereit ist, die Familienarbeit zu übernehmen - dann ergeben sich jedoch für ihn dieselben Probleme.

[53] Auch dazu wurde eine umfangreiche Frage gestellt, die jedoch an dieser Stelle nicht näher betrachtet werden kann.

7. Mobilität

Seit ca. 15 Jahren wird vorwiegend unter dem Aspekt „Verkehrs- und Stadtplanung" auch das Thema Frauen und Mobilität diskutiert. Allgemeine Erkenntnisse des gegenwärtigen Forschungsstandes zu diesem Thema sind, daß 1. sich das Verkehrsverhalten und die Verkehrsmittelwahl in erheblichem Maße geschlechtsspezifisch unterscheiden; 2. sowohl der Mobilitätsbedarf als auch die Mobilitätschancen von Frauen und Männern unterschiedlich sind und 3. Verkehrs- und Stadt- bzw. Regionalplanung bislang weitgehend die Bedürfnisse oder Alltagserfahrungen von Frauen und deren Lebenszusammenhänge nicht bzw. nur unzureichend berücksichtigt haben. Hinzu kommt, daß sich bisher die Mehrzahl der Verkehrserhebungen und -gutachten zu geschlechtsspezifischer Mobilität mit städtischen Räumen beschäftigte und die ländlichen Regionen weitgehend außer acht gelassen wurden. Aus diesem Grund ist der Bereich Mobilität in der vorliegenden Studie einer der thematischen Schwerpunkte.

Umfassende Gegenüberstellungen des Verkehrsverhaltens von Frauen und Männern auf der Grundlage der Daten der Kontinuierlichen Verkehrserhebung KONTIV (1976, 1982, 1989 durchgeführt) finden sich in den Arbeiten von Buschkühl (1984), Hautzinger/Tassaux (1989), Brög (1985), Flade (1991), Körntgen/Krause (1994) und Bauhardt (1994, 1995, 1996). Das übereinstimmende Ergebnis all dieser Arbeiten ist, daß Frauen in deutlich stärkerem Maße (verteilt über alle Altersklassen) die Verkehrsmittel des Umweltverbundes[54] nutzen als Männer.

Zahlen aus der kontinuierlichen Verkehrserhebung (KONTIV 1989) zeigen folgendes: von den erwerbstätigen Männern legen 72% ihre Wege mit dem PKW, 15% mit dem öffentlichen Personennahverkehr (ÖPNV) und nur 13% mit dem Fahrrad oder zu Fuß zurück. Dagegen benutzen nur 50% der erwerbstätigen Frauen und nur 35% der Hausfrauen den PKW für ihre Wege. Immerhin 25% der erwerbstätigen Frauen und 16,5% der Hausfrauen benutzen dafür den ÖPNV. Ebenfalls 25% der erwerbstätigen Frauen und sogar 48,5% der Hausfrauen benutzen für ihre Wege laut KONTIV das Fahrrad oder gehen zu Fuß.

Was die Verfügbarkeit von Verkehrsmitteln angeht, so kamen zahlreiche Studien zu dem Ergebnis, daß Frauen seltener über einen eigenen PKW verfügen und ihn auch weniger häufig benutzen. Die mit KONTIV erhobenen Werte zeigen dies deutlich (die folgenden Zahlen beziehen sich auf das Jahr 1989, alte Bundesländer): 38% der erwachsenen Bevölkerung verfügen jederzeit über einen PKW. Nach Geschlechtern differenziert zeigt sich jedoch ein anderes Bild: eine permanente Verfügbarkeit eines PKWs trifft auf ca. 70% der Männer, jedoch nur auf ca. 30% der Frauen zu. Frauen in der Altersgruppe zwischen 18 und 45 Jahren können laut KONTIV am häufigsten, nämlich zu ca. 45%, ständig über einen PKW verfügen, die Männer derselben Altersklasse dagegen zu ca. 61%.

Auch ein Vergleich mit anderen Ländern ergibt, daß Frauen nach dortigen Untersuchungen eher zu den „captive riders" des ÖPNVs gehören, die wegen fehlender Alternativen auf öffentliche Verkehrsmittel oder das Fahrrad bzw. das Gehen angewiesen sind. Sie stehen damit im Gegensatz zu Männern, die zu den „choice riders" zählen, d.h.

---

[54] In dem Begriff Umweltverbund werden die Fortbewegungsarten Gehen, Radfahren und die Nutzung öffentlicher Verkehrsmittel zusammengefaßt.

daß sie zwischen den verschiedenen Verkehrsmitteln wählen können (Flade 1991, S. 19/20). Eine besondere Problemgruppe stellen die älteren Frauen dar. Frauen über 65 Jahren besitzen z.b. nur zu 12% überhaupt einen Führerschein, was die Bedeutung des ÖPNVs für diese Gruppe noch einmal verstärkt (vgl. Flade 1991: 108).

Abgesehen von der Häufigkeit der Nutzung bestimmter Verkehrsmittel, unterscheidet sich auch der Mobilitätsbedarf von Frauen im tageszeitlichen Verlauf deutlich von dem der meisten - erwerbstätigen - Männer. Natürlich sind auch Frauen keine homogene Gruppe und ihre jeweilige Lebenssituation bestimmt ebenfalls ihren individuellen Mobilitätsbedarf. Dennoch zeigen die Ergebnisse bisheriger Studien zum geschlechtsspezifischen Mobilitätsbedarf folgende Trends: Während Männer meist nur den Weg zum Arbeitsplatz und wieder zurück zu bewältigen haben, sind die Wege von Frauen vielfältiger. Nach dem gegenwärtig noch immer überwiegendem Rollenverständnis sind Frauen für die Haus- und Familienarbeit zuständig. Aus dieser Aufgabenzuweisung ergeben sich Wege z.b. zum Einkaufen, Wege zu Behörden, Wege in Begleitung von Kindern oder zu betreuten Familienangehörigen (sog. Begleitmobilität: z.b. Kindergarten, Schule, Arztbesuche usw.). Bereits die „Nur-Hausfrau" hat so einen vielfältigen und komplexen Mobilitätsbedarf und muß ihre Wege zu Wegeketten kombinieren und koordinieren (vgl. Körntgen 1994). Diese Problematik verstärkt sich um einen weiteren Faktor, wenn noch Erwerbstätigkeit in die ohnehin komplexeren Mobilitätsabläufe integriert werden soll. Vor allem die teilzeit erwersbtätigen Frauen, die wenig Entlastung von der Reproduktionsarbeit und den damit verbundenen Wegen erhalten, müssen ein hohes Maß an Koordinationsfähigkeiten beweisen, um ihren Alltag zu bewältigen.[55]

Graphik 7.1: Frauen- und Männerwege

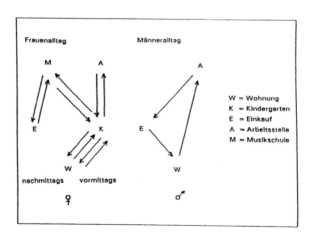

aus: Körntgen (1994)

---

[55] Am Ende dieses Kapitels werden Wegeketten der Befragten analysiert.

Der erhöhte Mobilitätsbedarf von Frauen aufgrund ihrer Rollenzuschreibung hat sich durch städtebauliche Entwicklungen noch verstärkt. Diese zeichnen sich in den letzten Jahrzehnten durch eine zunehmende Trennung zwischen Wohn- und Gewerbegebieten und eine Zentralisierung wichtiger Versorgungs- und Dienstleistungseinrichtungen aus. Von dieser Entwicklung sind insbesondere Frauen betroffen. Ihre Wege werden durch die räumliche Trennung der Bereiche Wohnen, Arbeiten, Einkauf (z.B. auf der „grünen Wiese") komplexer und länger. Auch die zunehmende Erwerbstätigkeit von Frauen hat an ihrer Zuständigkeit für Familie und Haushalt nahezu nichts verändert. Sind sie selbst erwerbstätig, so wird die Vereinbarkeit von Berufstätigkeit und der oben beschriebenen familiären Verpflichtungen einschließlich der dazu notwendigen Wege zu einem logistischen und verkehrstechnisch schwierigen Problem. Besonders der Wunsch nach Erwerbstätigkeit stellt Frauen im ländlichen Raum vor das Problem, entweder einen wohnortnahen - aber vielleicht nicht der Qualifikation entsprechenden - Arbeitsplatz zu finden oder lange Wege und einen hohen Koordinationsaufwand in Kauf nehmen zu müssen. Der Zusammenhang zwischen Mobilität und Infrastruktur wird an diesem Konflikt besonders deutlich: Siedlungsstrukturen, die in der Konsequenz „Schlafstädte" im suburbanen Raum und autofreundliche Supermärkte auf der grünen Wiese zur Folge haben, üben einen Mobilitätszwang aus, dem mit einer zunehmenden Motorisierung geantwortet wird. Auf die weiblichen Lebenssituationen mit ihren spezifischen Bedürfnissen und Anforderungen an Mobilität und dabei z.B. auch an den ÖPNV, hat die Verkehrsplanung weitgehend noch nicht reagiert.

In der jüngsten Zeit rückt die steigende Motorisierung der Frauen - wie sie auch in dieser Studie beobachtet werden konnte - unter dem Stichwort „nachholende Motorisierung" (Spitzner, 1993: 2) zunehmend in den Vordergrund. Wie jedoch Spitzner (1993) feststellt, sind „ Appelle an umweltbewußte und vernunftgeleitete Autoabstinenz ... weder sinnvoll noch legitim" (ebd.: 2). Die zunehmende Motorisierung entspringt häufig eher einem Motorisierungszwang als einem Motorisierungswunsch. Es ist bei der derzeitigen Struktur der ÖPNV-Angebote in den suburbanen und in den ländlichen Gemeinden zwar möglich, den „männlichen" Alltag (d.h. morgens zur Arbeit in das nächste Mittel- oder Oberzentrum und abends wieder zurück) ohne PKW zu bewältigen, jedoch ausgeschlossen, Wege für Einkauf, Kinderbegleitung zu Schule oder Freizeit und gar noch Erwerbstätigkeit nur mit Verkehrsmitteln des Umweltverbundes zurückzulegen.

In den Arbeiten von Bauhardt (1995, 1996) wird der Mobilitätsbegriff unter einer feministischen Perspektive differenziert betrachtet. Sie unterscheidet zwischen quantitativer Mobilität, d.h. der Mobilität, die der möglichst schnellen Überwindung möglichst großer Distanzen dient, und qualitativer Mobilität, die die Bedürfnisse menschlicher Existenz in den Vordergrund stellt und deren Leitlinien Entschleunigung und Ortsbezug sind (nach Bauhardt, 1995: 89). Dabei wird hervorgehoben, daß die „Motorisierungsentwicklung zur Steigerung der Lebensqualität Weniger und zur Minderung der Lebensqualität Vieler" (Bauhardt, 1995: 156) beigetragen hat. Es wird als ein wesentlicher Kritikpunkt an den bisherigen Mobilitätsstudien vermerkt, daß das reduktionistische Verständnis von Mobilität nur den Zuwachs an Verkehrsleistung als Indikator für gesteigerte Mobilität betrachtet (nach Bauhardt, 1995: 157f)

Im Zusammenhang mit Mobilität - und speziell mit Mobilität von Frauen - muß auch auf die Aspekte der Sicherheit eingegangen werden. Sicherheit kann verstanden werden als Verkehrssicherheit, d.h. als Vermeidung von Unfall- und Verletzungsrisiken, die besonders für sehr junge und für ältere Verkehrsteilnehmerinnen bestehen. Dabei geht es um sichere Straßenübergänge, sicheren Zugang/Einstieg zum ÖPNV, aber auch um die sogenannte „Begleitmobilität", die - in erster Linie von Frauen - geleistet wird, um Kinder sicher zum Kindergarten, zur Schule usw. zu bringen. Ein anderer Aspekt ist die persönliche Sicherheit von Frauen im Sinne von Sicherheit vor sexueller Gewalt im öffentlichen Raum. Zahlreiche Studien zu Angsträumen haben gezeigt, daß besonders Verkehrsknotenpunkte, Unterführungen, Parkhäuser und Haltestellen des ÖPNVs zu den Orten zählen, an denen sich Frauen nicht sicher fühlen (vgl. Kramer/Mischau 1994, 1994a, 1996). Dieser Aspekt muß bei Mobilitätsstudien ebenfalls Berücksichtigung finden.

Eine weitere Dimension von Mobilität sollte auch in die Interpretation der vorliegenden Ergebnisse einbezogen werden: nämlich der psychologische Aspekt von Mobilität, der mit dem Begriff „Freiheit" verbunden ist. Es zeigte sich in zahlreichen Gesprächen am Rande der Interviews, daß für einige Frauen im ländlichen Raum das Auto die letzte Bastion der Freiheit darstellt - selbst dann, wenn sie es nur selten benutzen. Die Tatsache, daß es zur Verfügung stünde, wenn sie es bräuchten, stellt für sie einen wesentlichen potentiellen Freiraum dar, auf den sie nur ungern verzichten würden - auch wenn das Angebot des ÖPNVs ausreichend wäre (was es jedoch im ländlichen Raum nicht ist).

7.1   Verfügbarkeit von Verkehrsmitteln

Wie in den KONTIV-Studien (s.o.) bereits festgestellt wurde, verfügen auch in der vorliegenden Studie mehr Männer über einen PKW als Frauen, jedoch auf einem deutlich höheren Niveau als dort : in beiden Kreisen verfügen im Durchschnitt 75% der Männer ständig über einen PKW (KONTIV 70%), es sind jedoch bereits ebenfalls knapp 70% der Frauen, die jederzeit über ein Auto verfügen können (KONTIV 30%). Dieses Ergebnis weicht deutlich von dem ab, was bisher in der Literatur zum Motorisierungsgrad der Frauen berichtet wird. Die „nachholende Motorisierung" scheint in den suburbanen Kreisen, die hier untersucht wurden, bereits vollzogen zu sein.[56]

Bei einer Unterscheidung nach Gemeinden zeigen sich beträchtliche Schwankungen: über 80% PKW-Verfügbarkeit werden in St. Leon-Rot und in Kirchberg erreicht; zwei Gemeinden, die zu dem Gemeindetyp „Randzone im Verdichtungsraum" zählen, also noch nicht einmal zu dem „ländlichen Raum" i.e.S., und die beide schlecht an den ÖPNV angeschlossen sind. Es folgen die beiden Gemeinden im ländlichen Raum, Eberbach und Großerlach, wo ca. 75% der befragten Frauen über einen PKW verfügen können (vgl. Graphik 7.2).

Die hohe PKW-Verfügbarkeit kann nun mehrere Ursachen besitzen und verschiedene Auswirkungen haben. Sie stellt sicherlich eine Reaktion auf eine schlechte ÖPNV-Versorgung dar und ist aus diesem Grunde nicht immer als eine „freiwillige" Motorisierung zu verstehen. Zudem stellt sie eine finanzielle Belastung dar, die sogar manchmal eine zusätzliche Erwerbstätigkeit erst notwendig macht. Zum anderen wird die PKW-Verfügbarkeit als ein Zeichen von größerer individueller Freiheit und Unabhängigkeit ver-

---

[56] Zum Thema „Mobilität" wurde eine Diplomarbeit von *Schönemann* (1997) verfaßt mit dem Titel: Mobilität von Frauen im öffentlichen Personennahverkehr untersucht anhand sechs ausgewählter Städte und Gemeinden im Rhein-Neckar-Kreis. Diplomarbeit am Geographischen Institut der Universität Heidelberg.

standen. Es können jedoch aus der PKW-Verfügbarkeit wiederum Verpflichtungen entstehen, wenn dadurch Erwartungen an „Fahrdienste" für Kinder oder andere Personen entstehen.

Graphik 7.2: Anteil der Frauen, denen ständig ein PKW zur Verfügung steht in %

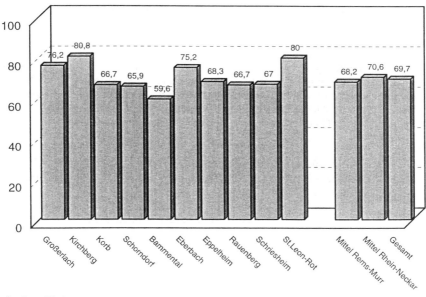

Quelle: eigene Erhebung

Betrachtet man die Anzahl der im Haushalt zur Verfügung stehenden PKWs, so läßt sich erkennen, ob der PKW, der den Frauen zur Verfügung steht, der einzige im Haushalt ist (und die Männer den ÖPNV zur Arbeit benutzen) oder ob beide Partner oder auch Kinder weitere PKWs benutzen. Es wird deutlich daß in immerhin knapp 40% aller Haushalte mindestens zwei PKWs zur Verfügung stehen, d.h. aber auch, daß in ca. 30% der Haushalte der PKW, der den (70%) Frauen zur Verfügung steht, der einzige im Haushalt ist (Single-Haushalte eingeschlossen). Gleichzeitig werden die Gemeinden sichtbar, in denen die Anbindung an den ÖPNV am schlechtesten ist, nämlich die, in denen in mehr als der Hälfte aller Fälle im Haushalt mindestens zwei PKWs vorhanden sind: St. Leon-Rot, Rauenberg und Großerlach. Dies sind die Gemeinden, in denen nur zu einem Mittelzentrum - wenn überhaupt -, nicht aber zu einem Oberzentrum eine gute Nahverkehrsverbindung besteht.

In den Gemeinden, in denen eine gute Verbindung zum nächsten Zentrum besteht, bzw. die selbst eine gute Infrastruktur besitzen (siehe nachfolgendes Kapitel), sinkt der Anteil der Haushalte mit mindestens zwei PKWs deutlich ab, wie dies bei Schorndorf und Eppelheim zu sehen ist. Diese beiden Gemeinden zählen zu den Gemeinden des Verdichtungsraumes, Schorndorf selbst besitzt als Große Kreisstadt eine gute eigene Infrastruktur, und Eppelheim ist vor allem an Heidelberg durch eine Straßenbahn sehr gut (20 Min. zum Zentrum) und an Mannheim über die Eisenbahn zumutbar (40 Min. zum Zentrum) angebunden. Auffallend ist der hohe Motorisierungsgrad der Befragten in der Kreisstadt Eberbach. Dort ist zwar im Kernbereich der Stadt eine gute Infrastrukturausstattung vorhanden und auch die nächsten Mittel- und Oberzentren sind mit der Bahn gut erreichbar. Dennoch machen die Topographie und die Entfernung der außerhalb gelegenen Ortsteile und der neuen Baugebiete einen zusätzlichen PKW notwendig.

Vergleicht man die beiden Kreise, so zeigt sich, daß im Rems-Murr-Kreis in deutlich weniger Haushalten zwei und mehr PKWs zu Verfügung stehen als dies im Rhein-Neckar-Kreis der Fall ist, gleichzeitig aber auch weniger Haushalte über gar keinen PKW verfügen (vgl. Graphik 7.3). Im Rhein-Neckar-Kreis fällt auf, daß in Eppelheim nicht nur der Anteil der Haushalte mit zwei PKWs am niedrigsten, sondern auch der Anteil der Haushalte ohne PKW mit 22% mit Abstand am höchsten ist. Berücksichtigt man die bereits erwähnte außergewöhnlich gute ÖPNV-Anbindung dieser Gemeinde an das Oberzentrum, so scheint die Anschaffung eines (zweiten) PKWs im Haushalt nicht unwesentlich mit der Qualität des ÖPNV-Angebotes zusammenzuhängen.

Graphik 7.3: Anteil der Frauen, in deren Haushalt kein PKW zur Verfügung steht, gegenüber denen, in deren Hauhalt mindestens 2 PKWs zur Verfügung stehen in %

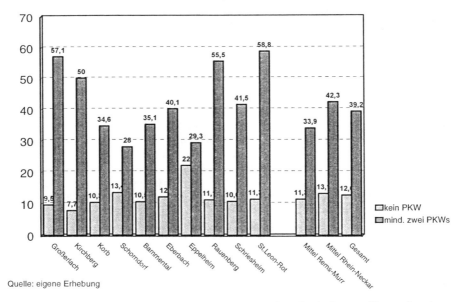

Quelle: eigene Erhebung

Wesentlich ist die PKW-Verfügbarkeit auch vom Alter der befragten Frauen bestimmt. Der Verlauf einer Kurve für den Anteil der Frauen ohne PKW ist U-förmig: die jungen Frauen haben entweder (noch) keinen Führerschein oder (noch) kein eigenes Auto, spätestens in der Familienphase - und mit dem Umzug aufs Land - verfügen die befragten Frauen über einen PKW. Die älteren Frauen dagegen besaßen nie einen Führerschein, bzw. können sich auch allein kein eigenes Auto leisten. Diese Gruppe der Frauen ohne PKW ist von einem schlechten ÖPNV-Anschluß in besonderem Maße betroffen, da sich diese Frauen ohne ÖPNV kaum mehr in der Region bewegen können. Die Ansprüche an den ÖPNV gestalten sich jedoch unterschiedlich: für ältere Frauen sind die Verbindungen tagsüber wichtiger, während von jüngeren Frauen vorwiegend am Abend Verbindungen zum/vom nächsten Zentrum benötigt werden.

Unterscheidet man die PKW-Verfügbarkeit danach, ob die befragten Frauen erwerbstätig sind oder nicht, so werden ebenfalls Unterschiede deutlich: die voll erwerbstätigen Frauen verfügen zu 80,1%, die teilzeit erwerbstätigen Frauen zu 78,6%, die geringfügig beschäftigten Frauen zu 67,6% und die nicht erwerbstätigen Frauen immerhin noch zu 60,1% über einen PKW. Wenn man besonders die Mütter mit Kindern unter 18 Jahren im Haushalt betrachtet, dann fällt auf, daß sie, auch wenn sie nicht erwerbstätig sind, deutlich häufiger, nämlich zu 73,1% über einen PKW verfügen. Es ist erneut sichtbar, daß der Mobilitätsbedarf mit dem Grad der Erwerbstätigkeit ansteigt, da die räumliche Trennung von Wohnen und Arbeiten einen erhöhten Aufwand erfordert. Hinzu kommt, daß auch die räumliche Trennung von Wohnen und Einrichtungen, die Kinder aufsuchen, wie z.B. Schule, Sport usw. den Mobilitätsbedarf erhöht. In der Summe bleibt für Frauen, solange sie mehrere Aufgaben, wie Kinderbetreuung, Haushaltsversorgung und eigene Erwerbstätigkeit, erfüllen, ein erhöhter und komplexer Mobilitätsbedarf, der mit der derzeitigen ÖPNV-Struktur nicht zu bewältigen ist.

Graphik 7.4: Anteil der Frauen, denen ständig ein Fahrrad zur Verfügung steht in %

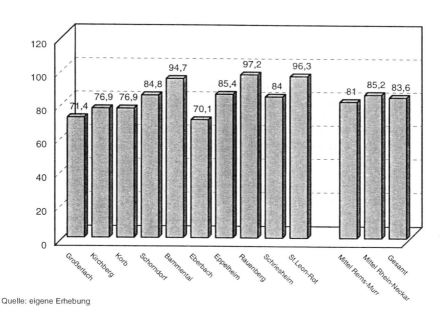

Quelle: eigene Erhebung

Das Fahrrad ist neben dem Auto das Verkehrsmittel, das (nach dem Zufußgehen) eine individuelle Fortbewegung ermöglicht. Seine Nutzung ist allerdings dadurch eingeschränkt, daß eine gewisse körperliche Leistungsfähigkeit notwendig ist, die ältere Frauen z.T. nicht mehr besitzen. Außerdem sind die Beförderungsmöglichkeiten von Kind(ern) oder Gepäck eingeschränkt und es besteht eine Abhängigkeit von Witterung und Topographie. Inwieweit den Frauen dieses umweltfreundliche Verkehrsmittel zu Verfügung steht, wurde auch erhoben und in Graphik 7.4 dargestellt. Dabei fällt auf, daß zwar im Mittel deutlich mehr Frauen (83,6%) über ein Fahrrad als über ein Auto (69%) ständig verfügen können, jedoch in einigen Gemeinden der Anteil derjenigen ohne Fahrrad überraschend gering ist. Dies sind im Rems-Murr-Kreis Großerlach und Kirchberg und im Rhein-Neckar-Kreis Eberbach. Es handelt sich dabei um Gemeinden, in denen die Topographie, d.h. eine hügelige Umgebung, die Lage des Ortes in einem Flußtal und am Hang (Neckar oder Murr) das Fahrradfahren zu einer Fortbewegungsart machen, die nur für sportliche Menschen geeignet ist. Gerade in diesen Gemeinden ist dann der ÖPNV besonders wichtig, da sonst besonders ältere Menschen ohne PKW nicht mobil sein können. Die Gemeinden in „flacheren Gebieten", d.h. Rauenberg und St. Leon-Rot (am Rande des Oberrheingrabens) sind die, in denen die meisten Frauen über ein Fahrrad verfügen. Inwieweit sie es auch nutzen, wird in nachfolgendem Abschnitt näher behandelt.

7.2 Nutzung von Verkehrsmitteln

Betrachtet man zunächst, welche Verkehrsmittel von den befragten Frauen am häufigsten genutzt werden - unabhängig von Alter und Erwerbstätigkeit-, so zeigt sich, daß der PKW *das* Verkehrsmittel in beiden Kreisen darstellt (Graphik 7.5). Nahezu die Hälfte der Frauen nutzt einen PKW täglich, wobei im Rhein-Neckar-Kreis dieser Anteil etwas höher liegt als im Rems-Murr-Kreis. Im Rems-Murr-Kreis müssen als häufige PKW-Nutzerinnen noch die 24,6% dazu gerechnet werden, die den PKW mindestens 3mal pro Woche benutzen, dieser Anteil liegt im Rhein-Neckar-Kreis mit 17,6% niedriger, so daß in der Summe in beiden Kreisen ca. 70% der Frauen den PKW mindestens 3mal pro Woche, wenn nicht sogar täglich, benutzen. Somit ist die PKW-Verfügbarkeit, wie sie im vorhergehenden Abschnitt analysiert wurde, nicht nur eine potentielle Verfügbarkeit eines Autos von ca. 70%, sondern geht auch mit einer ebenso hohen tatsächlichen Nutzung einher.

Unterscheidet man nach den verschiedenen Graden der Erwerbstätigkeit, so benutzen vollzeit erwerbstätige Frauen am häufigsten, nämlich zu 70,2% den PKW täglich, teilzeit erwerbstätige Frauen zu 58,4% und auch nicht erwerbstätige Frauen nutzen noch zu 35,1% den PKW täglich, nimmt man die Nutzung „mindestens 3mal pro Woche" bei der letzten Gruppe dazu, so werden auch hier die 50% überschritten. Betrachtet man dagegen diejenigen, die nie den PKW benutzen, so zählen diese zu 72,7% zu den nicht erwerbstätigen Frauen. Unter ihnen sind nahezu alle Schülerinnen und ein hoher Anteil Rentnerinnen, die keinen PKW bzw. keinen Führerschein besitzen. Somit ist der PKW für die berufstätigen Frauen in hohem Maße das am häufigsten genutzte Verkehrsmittel.

Graphik 7.5: Häufigkeit der Nutzung des PKWs in %

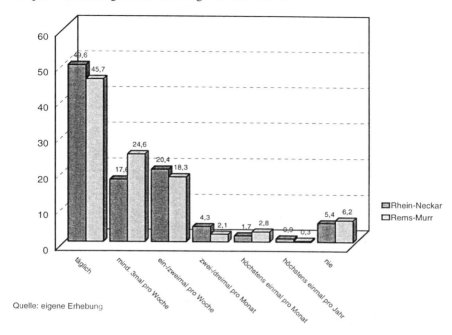

Quelle: eigene Erhebung

Jedoch nicht nur die Berufstätigkeit entscheidet über eine häufige PKW-Nutzung. Wie bereits erwähnt, spielt die sogenannte „Begleitmobilität" für Frauen mit Kindern eine nicht zu vernachlässigende Rolle. Bei der Analyse der täglichen Nutzung zeigt sich, daß Frauen mit Kindern unter 18 Jahren im Haushalt zu über 50% täglich ein Auto nutzen, Frauen ohne Kinder unter 18 Jahren nur zu 46%. Bei der letztgenannten Gruppe handelt es sich um überdurchschnittlich viele erwerbstätige Frauen, die den Anteil der täglichen Nutzerinnen erhöhen. In einer Zeitbudgetanalyse, die bisher noch nicht vollständig vorgestellt werden kann, wurde nach dem durchschnittlichen täglichen Zeitaufwand gefragt, der durch Fahrten/Wege mit den Kindern entsteht. In der Gruppe der Frauen, die Kinder unter 18 Jahren haben, verteilt sich der Zeitaufwand wie in Graphik 7.6 dargestellt.

In Haushalten mit Kindern unter 18 Jahren werden von knapp 42% der Frauen Fahrten/Wege für/mit den Kindern in ihrem Alltag erledigt. Diese Fahrten/Wege nehmen einen nicht zu unterschätzenden Zeitraum in Anspruch, wie Graphik 7.5 zeigt. In nahezu zwei Drittel aller Fälle (n=82), in denen solche Fahrten/Wege anfallen, nehmen diese mehr als eine halbe Stunde pro Tag in Anspruch, in einem Viertel der Fälle (n=37) ist es sogar mindestens eine Stunde pro Tag, die eine Mutter für/mit ihren Kindern unterwegs ist. Dies sind die Fälle, in denen die vielgelobte „Freiheit" durch die PKW-Verfügbarkeit eher als Pflicht oder Notwendigkeit von Fahrdiensten aufgefaßt werden muß.

Ähnlich wie die PKW-Verfügbarkeit, so zeigt auch die häufige PKW-Nutzung ein Altersprofil, das die Frauen in der erwerbstätigen Phase und in der Familienphase als die stärksten Nutzerinnen des PKWs identifiziert. Die Hälfte aller befragten Frauen zwischen 20 und 60 Jahren benutzt täglich einen PKW, Frauen zwischen 40 und 50 Jahren, d.h. gegen Ende der Familienphase und im Wiedereinstieg in den Beruf, sind sogar zu knapp 60% täglich auf einen PKW angewiesen. Für sie ist durch eine „Noch"-Zuständigkeit für Kinder und Familie und eine „Wieder"-Erwerbstätigkeit das Zeitfenster für ihre alltägliche Mobilität so klein, daß der Tagesablauf nur mit einem PKW zu bewältigen ist.

Graphik 7.6: Frauen mit Kindern unter 18 Jahren im Haushalt (Gesamt) -
Anteil der Frauen, die für ihre Kinder Fahrten/Wege unternehmen -
unter diesen Frauen: Dauer der Fahrten für /mit Kinder/n in %

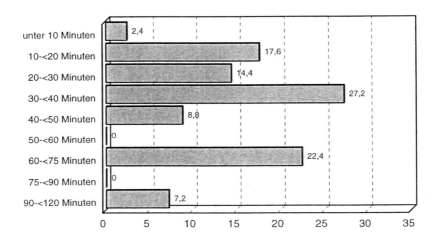

Quelle: eigene Erhebung

Die Gemeinden, in denen besonders häufig der PKW täglich genutzt wird, sind im Rhein-Neckar-Kreis Rauenberg (66,7%), St. Leon-Rot (58,8%) und Eberbach (58,2%). Im Rems-Murr-Kreis werden Werte über 50% in Großerlach (52,4%), Korb (51,3%) und Kirchberg (50%) erreicht. Bis auf Eberbach sind dies auch die Gemeinden, in denen den meisten Frauen ein PKW zur Verfügung steht. In diesen Gemeinden ist der Zweitwagen für die Frau bzw. die Verfügbarkeit eines PKWs weder Statussymbol noch Zeichen der Unabhängigkeit, sondern Notwendigkeit für die alltäglich zu bewältigenden Wege.

Das Fahrrad stellt im Rhein-Neckar-Kreis in immerhin fast 30% aller Fälle ein täglich genutztes Verkehrsmittel dar, im Rems-Murr-Kreis liegt dieser Wert mit 12,1% deutlich darunter (Graphik 7.7). Allerdings befinden sich im Rhein-Neckar-Kreis auch die meisten Frauen, die nie ein Fahrrad benutzen, nämlich etwas mehr als 20%, wohingegen nur knapp 12% der Frauen im Rems-Murr-Kreis nie ein Fahrrad benutzen. Im Rems-Murr-Kreis insgesamt scheint das Fahrrad eher ein Verkehrsmittel zu sein, das als Ausweichmöglichkeit oder zu Freizeitzwecken genutzt wird, wohingegen es in den genannten Gemeinden im Rhein-Neckar-Kreis stärker im Alltag Verwendung findet.

Graphik 7.7: Häufigkeit der Nutzung des Fahrrads in %

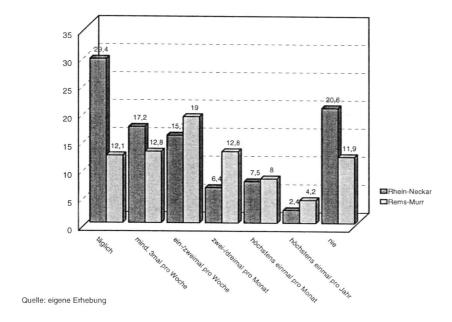

Quelle: eigene Erhebung

Die Unterschiede in der Nutzung sind bei diesem Verkehrsmittel zwischen den Gemeinden enorm und erklären z.T. auch die Unterschiede zwischen den Kreisen. Keine Frau in Großerlach, keine in Kirchberg, nur 5,1% in Korb und nur 7,7% in Eberbach nutzen täglich ein Fahrrad - dagegen sind 46% in St. Leon-Rot, 39% in Eppelheim und 36% in Schriesheim täglich mit dem Fahrrad unterwegs. Die topographische Lage mit einerseits relativ flachem Umland im Oberrheingraben und andererseits die hügelige Umgebung am Neckar und an der Murr stellen hier eine entscheidende Vorbedingung für die Nutzungsmöglichkeiten eines Fahrrads dar. Besonders gering ist die Nutzung des Fahrrades in Gemeinden, in denen ganze Ortsteile weg vom Gemeindezentrum auf der anderen Talseite oder im Hügelland liegen. In Gemeinden, in denen eine überschaubare und flache Topographie der Fahrradmobilität entgegenkommt, können auch weniger sportliche und ältere Frauen noch mit dem Fahrrad mobil sein. Auch für die Fahrradnutzung ergibt sich ein klarer Trend, wenn man nach dem Alter der Befragten differenziert. Betrachtet man besonders den Anteil der Frauen, die nie ein Fahrrad nutzen, so zeigt sich folgendes: die Anteile steigen kontinuierlich mit dem Alter von 13,6% der unter 20 Jährigen über 17,5% der 30-40jährigen bis hin zu 39% der 60-70jährigen und knapp 60% der über 70jährigen Frauen. Es stellt somit für jüngere Frauen das Fahrrad eine Alternative zu dem (noch) nicht verfügbaren PKW dar. Sie können damit auch - zumindest auf den kurzen Wegen - die Defizite des ÖPNVs kompensieren, sofern dies in den Abendstunden unter Sicherheitsaspekten möglich ist. Jedoch den älteren Frauen steht besonders in Gemeinden in hügeligem Umland auch dieses Verkehrsmittel nicht zur Verfügung. Sie stellen die Gruppe dar, die im höchsten Maße auf den ÖPNV angewiesen ist.

Das Verkehrsmittel, das in beiden Kreisen die höchste Nennung in der Kategorie „nie genutzt" erhält, ist mit über einem Drittel aller Nennungen der ÖPNV (Graphik 7.8). Unterscheidet man nach Erwerbstätigkeit, so zeigt sich, daß die vollzeit erwerbstätigen Frauen ebenso wie die nicht erwerbstätigen Frauen zu ca. 35% den ÖPNV nie benutzen, die teilzeit erwerbstätigen Frauen geben sogar zu 42,5% an, den ÖPNV nie zu nutzen - ihr Zeitplan ist wahrscheinlich im Alltag so gedrängt, daß sie am wenigsten mit dem derzeitigen ÖPNV-Angebot ihre Alltags-Mobilität bewältigen können.

Graphik 7.8: Häufigkeit der Nutzung von Bussen und Straßenbahnen in %

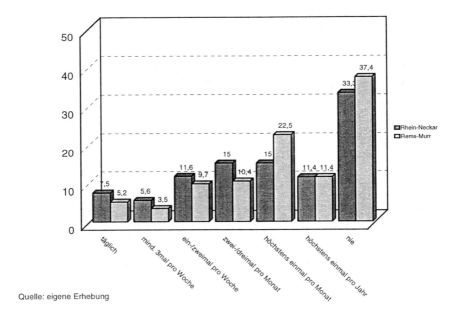

Quelle: eigene Erhebung

Die Altersgruppe, die noch am häufigsten mit Bussen und Bahnen unterwegs ist, sind die jungen Frauen unter 20 Jahren, die entweder noch keinen Führerschein haben oder noch nicht über einen PKW verfügen können. Für die anderen Altersgruppen ist der ÖPNV kein Verkehrsmittel für den Alltag, sondern wird - wenn überhaupt - höchstens einmal pro Monat genutzt. Auch wenn man diejenigen, die mindestens einmal pro Woche mit Bussen und Bahnen unterwegs sind, zu den regelmäßigen Nutzerinnen rechnet, so zählen zu dieser Gruppe nur knapp ein Viertel der Frauen im Rhein-Neckar-Kreis und knapp ein Fünftel im Rems-Murr-Kreis. Dagegen benutzt nahezu die Hälfte der Befragten höchstens einmal im Jahr den ÖPNV. Diese Gruppe zieht offensichtlich den ÖPNV bei der Wahl des Verkehrsmittels im Alltag nicht (mehr) in Betracht. Die Anstrengungen in der Planung weg vom PKW hin zum ÖPNV sollten sich aus diesem Grund auch in starkem Maße an Frauen richten, die offensichtlich einen wesentlich höheren Mobilitätsbedarf besitzen als bisher vermutet und ihn derzeit nur zu einem kleinen Teil im ÖPNV gedeckt finden.

134

Die Unterschiede in der Nutzung - vor allem aber in der Nicht-Nutzung - des ÖPNVs sind zwischen den Gemeinden erheblich. Die beiden Gemeinden, in denen für deutlich mehr als die Hälfte aller befragten Frauen der ÖPNV nie ein von ihnen benutztes Verkehrsmittel darstellt, sind die peripheren, kleinen Gemeinden St. Leon-Rot und Großerlach. Sie stehen ganz im Gegensatz zu den beiden Gemeinden Eppelheim und Schriesheim, in denen zwar der Anteil der häufigen ÖPNV-Nutzerinnen nicht wesentlich höher ist, jedoch nur 6% bzw. 16% der befragten Frauen den ÖPNV nie nutzen. Die beiden Orte zeichnen sich durch einen guten, regelmäßigen Anschluß mit einer Straßenbahn an die nächsten zentralen Orte aus, was offensichtlich dieses Verkehrsmittel deutlich attraktiver macht als in anderen Gemeinden.

Graphik 7.9: Anteil der Frauen, die täglich den ÖPNV benutzen in %
gegenüber denen, die nie den ÖPNV benutzen in %

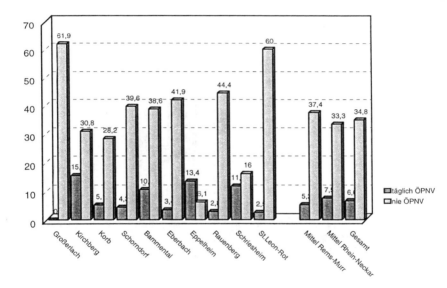

Quelle: eigene Erhebung

Die Eisenbahn, also der Schienenfernverkehr, zählt zu den Verkehrsmitteln, die - wenn überhaupt - offensichtlich nur für größere Reisen oder Fernreisen genutzt werden (Graphik 7.10). Der Anteil derer, die die Eisenbahn nie benutzen, ist jedoch geringer als der Anteil derjenigen, die ÖPNV nie benutzen. In Schorndorf, Schriesheim, Eberbach und Bammental liegt der Anteil der Nicht-Nutzerinnen unter 30%, was zum einen daran liegen mag, daß für diese Orte das nächste Oberzentrum vorrangig mit der Bahn zu erreichen ist, zum anderen daran, daß die Orte über eine relativ gute Anbindung an das Bahnnetz verfügen. Mehr als die Hälfte der Frauen (im Rhein-Neckar-Kreis sogar fast ein Drittel) nutzt die Bahn höchstens einmal pro Jahr.

Es sind besonders die ganz jungen Frauen, die die Bahn nutzen, v.a. auf dem Weg zur Schule oder zum Ausbildungsplatz. Der Anteil der Nicht-Nutzerinnen nimmt mit zunehmendem Alter deutlich zu. Gerade für ältere Frauen ist die Eisenbahn ein Verkehrsmittel, das zahlreiche Schwierigkeiten mit sich bringt. Besonders die Nahverkehrszüge sind oft nicht bequem und älteren Baujahrs, so daß es bei diesen Zügen hohe Stufen gibt, die das Ein- und Aussteigen erschweren. Auch mehrfaches Umsteigen - gar mit Gepäck - stellt für ältere Frauen eine beängstigende Situation dar, der sie sich nur aussetzen, wenn es unbedingt notwendig ist.

Der Rückzug der Bahn aus der Fläche wird von den Nutzerinnen mit einem Rückzug von der Bahn beantwortet. Wie im vorhergehenden Kapitel bereits erläutert, ist der Ersatz der Bahn durch Busse und Nahverkehrsbahnen auch nicht gelungen, so daß die Mehrzahl der befragten Frauen auf den PKW umgestiegen ist, soweit sie dazu in der Lage ist.

Graphik 7.10: Häufigkeit der Nutzung der Eisenbahn in %

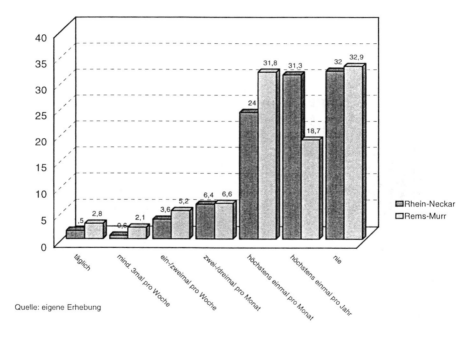

Quelle: eigene Erhebung

7.3   Gründe für die Nicht-Nutzung von Öffentlichem Personennahverkehr und Eisenbahnen im Fernverkehr sowie Verbesserungsvorschläge

Gründe für eine Nutzung oder eine Nicht-Nutzung des ÖPNVs können in der Erreichbarkeit der Haltestellen (von der Wohnung aus) liegen. Eine Frage beschäftigte sich damit, wie weit (zu Fuß) die Haltestellen von den Wohnungen der befragten Frauen entfernt sind. Dabei zeigt sich (vgl. Graphik 7.11), daß der raumplanerische Standard von „10 Minuten zu Fuß" in 90% aller Fälle erreicht ist.

Die Unterschiede zwischen den beiden Kreisen sind gering, jedoch zwischen den Gemeinden nicht unerheblich. In Rauenberg und Eberbach sind für 95% der befragten Frauen Haltestellen in weniger als 10 Minuten, in Eberbach für 65% sogar in weniger als 5 Minuten erreichbar. Diese gute Erreichbarkeit in den genannten Gemeinden hat jedoch keinerlei Auswirkungen auf die Häufigkeit der Nutzung, es sind nicht dieselben Orte, in denen Busse und Bahnen auch häufig genutzt werden. Es zeigt sich, daß eine - auf dem Stadtplan oder Netzplan sichtbare - verortete Infrastruktur allein noch nicht aussagekräftig ist, sondern die Möglichkeit einer Koordination von Wegen und die Fahrfrequenzen die entscheidenden Kriterien für die Nutzung darstellen. Es müssen für die präzise Analyse von Nutzungs- oder Nicht-Nutzungsgründen zusätzliche Informationen herangezogen werden, da die alleinige infrastrukturelle Versorgung mit Haltestellen die Unterschiede in der Nutzung des ÖPNVs nicht erklären kann.

Graphik 7.11: Nähe der Haltestellen des ÖPNVs in %

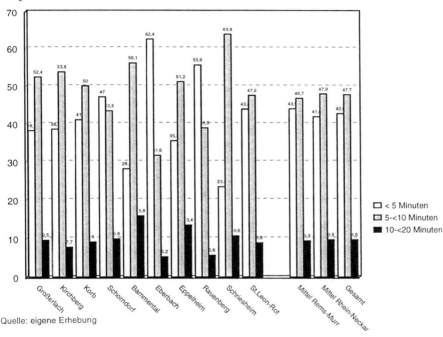

Quelle: eigene Erhebung

Aus diesem Grund wurde in einer weiteren Frage all denjenigen, die angegeben hatten, den ÖPNV höchstens ein- bis zweimal im Monat zu nutzen, die Möglichkeit gegeben, ihre Gründe für die seltene Nutzung zu präzisieren (vgl. Tabelle 7.1).

Der Grund, der am häufigsten für eine geringe Nutzung des ÖPNVs genannt wird, ist der zu hohe Zeitaufwand, um mit Bussen und Bahnen an das Ziel zu kommen, gefolgt von einem ungünstigen Zeittakt, der Nicht-Erreichbarkeit von Zielen, Problemen im Transport von Gepäck und der eingeschränkten Möglichkeit der Koordination von Wegen. Relativ unwichtig ist der reine Bequemlichkeits-, aber auch der Sicherheitsaspekt, daran scheint die Nutzung des ÖPNVs zumindest nicht zu scheitern. Im Rhein-Neckar-

Kreis wurden die mangelnden Fahrten zu den benötigten Zeiten und der Zeittakt häufiger bemängelt als im Rems-Murr-Kreis. Umgekehrt wurden im Rems-Murr-Kreis die Preise und die Probleme mit dem Gepäck häufiger genannt als im Rhein-Neckar-Kreis. Koordinationsprobleme werden vor allem von Frauen zwischen 30 und 50 Jahren genannt, die auch gleichzeitig am häufigsten Erwerbstätigkeit mit der Versorgung von Kindern kombinieren müssen - die also die „klassischen Kettenwege-Kandidatinnen" darstellen. Die etwas jüngeren Frauen bemängeln in erster Linie die niedrigen Frequenzen (abends).

Tabelle 7.1: Gründe für eine geringe Nutzung des ÖPNVs
(Frauen insgesamt, Mehrfachnennungen möglich)

Anteil der Zustimmung in %

Busse und Bahnen im Nahverkehr werden von mir selten oder nie genutzt, weil...

(1)	zu teuer	23,3
(2)	ich nicht bereit bin, mich auf feste Zeiten einzustellen	16,8
(3)	mit Kindern zu unbequem	12,3
(4)	mit Gepäck/Einkaufstaschen zu schwierig	32,0
(5)	die Koordination von verschiedenen Wegen nicht möglich ist	31,3
(6)	der Zeittakt ungünstig ist (fahren nicht oft genug)	33,2
(7)	sie nicht zu den benötigten Zeiten fahren (z.B. abends, mittags)	29,0
(8)	ich damit nicht an die Orte gelangen kann, an die ich möchte	32,8
(9)	ich mich darin nicht sicher fühle	4,9
(10)	ich damit zuviel Zeit brauche, um an mein Ziel zu kommen	39,7

Quelle: eigene Erhebung

In den einzelnen Gemeinden werden ebenfalls unterschiedliche Mängel hervorgehoben, die auf Unterschiede in der Infrastruktur schließen lassen. In Rauenberg ist der Zeittakt zu 53% das größte Problem (in Eppelheim nur zu 10%), in Kirchberg und Rauenberg nennen mehr als 50% der Frauen, daß sie überhaupt nicht zu den Orten gelangen können, an die sie möchten, und der zu hohe Zeitaufwand schreckt vor allem die Frauen in Großerlach, Kirchberg, Rauenberg und St. Leon-Rot von der Nutzung des ÖPNVs ab. In einer Bewertung der ÖPNV-Struktur, die von Schönemann (1997) im Rhein-Neckar-Kreis durchgeführt wurde,[57] erhielten aufgrund der mit „ausreichend" (Rauenberg) und „ungenügend" (St. Leon-Rot) bewerteten ÖPNV-Strukturen auch diese beiden Gemeinden die schlechtesten Gesamtnoten unter den Untersuchungsgemeinden. Das Urteil der befragten Frauen stimmt hier mit dem Ergebnis der wissenschaftlichen Bewertung exakt überein, so daß man davon ausgehen kann, daß auch die „Nicht-Fachfrauen" in der Lage sind, das ÖPNV-Angebot realistisch zu beurteilen.

Die Gründe für eine geringe Nutzung der Eisenbahn im Fernverkehr gestalten sich anders als die, die für den ÖPNV genannt werden. Häufigster Grund für die geringe Nutzung der Eisenbahn ist, daß die Frauen (vorwiegend ältere Frauen) angeben, nur selten zu verreisen. Danach werden - im Gegensatz zum ÖPNV - die Kosten als wichti-

---

[57] vgl. *Schönemann* 1997

ges Argument gegen die Nutzung von Bahnen genannt. Auch die Nicht-Erreichbarkeit von angestrebten Reisezielen und die Schwierigkeit, Gepäck zu befördern, werden relativ häufig genannt. Dagegen sind die Taktfrequenzen und die Zeiten, zu denen die Bahn fährt, deutlich weniger häufig ein Kritikpunkt, als dies im ÖPNV der Fall ist. In den Gemeinden Eberbach und Rauenberg wird der Zeittakt besonders häufig als ungünstig genannt, was vor allem in Eberbach ein sehr ernstzunehmendes Argument ist, denn dort wird die Eisenbahn auch als Nahverkehrsverbindung häufig genutzt. In Kirchberg und Bammental ist dagegen der Kritikpunkt „fahren nicht zu den benötigten Zeiten" ein häufig genannter Grund für die Nicht-Nutzung der Bahn. In Kirchberg und in Rauenberg wird besonders die Nicht-Erreichbarkeit von Orten genannt.

Tabelle 7.2: Gründe für eine geringe Nutzung der Eisenbahn
(Frauen insgesamt, Mehrfachnennungen möglich)

Anteil der Zustimmung in %

Die Eisenbahn im Fernverkehr wird von mir selten oder nie genutzt, weil...

(1)	zu teuer	37,0
(2)	ich nicht bereit bin, mich auf feste Zeiten einzustellen	9,3
(3)	mit Kindern zu unbequem	10,0
(4)	mit Gepäck zu schwierig	26,2
(5)	der Zeittakt ungünstig ist (fahren nicht oft genug)	14,0
(6)	sie nicht zu den benötigten Zeiten fahren	12,6
(7)	ich damit nicht an die Orte gelangen kann, an die ich möchte	27,1
(8)	ich mich darin nicht sicher fühle	2,9
(9)	ich damit zuviel Zeit brauche, um an mein Ziel zu kommen	25,9
(10)	ich nur selten verreise	43,5

Quelle: eigene Erhebung

Es wird deutlich, daß die Gründe für die Nicht-Nutzung von ÖPNV und Eisenbahnen im Fernverkehr sich klar unterscheiden und eine Ankurbelung dieser umweltfreundlichen Verkehrsmittel ganz verschiedene Anforderungen ihrer Nutzerinnen beachten muß. Zudem geht aus den Analysen hervor, daß in den Gemeinden sehr unterschiedliche Bedürfnisse und auch Bedingungen herrschen, so daß eine differenzierte Planung vonnöten ist. Frauen im Rhein-Neckar-Kreis bemängeln deutlich häufiger als Frauen im Rems-Murr-Kreis, daß der Zeittakt zu ungünstig sei und die Bahnen nicht zu den benötigten Zeiten fahren - sie sind auch die häufigeren Nutzerinnen von Eisenbahnen, denen solch ein Mangel eher auffällt.

Um die Verbesserungsmöglichkeiten nicht nur der planerischen Phantasie zu überlassen, wurden in dieser Untersuchung auch verschiedene Verbesserungsmaßnahmen vorgelegt und ihre Akzeptanz bei den Frauen erfragt. Es zeigt sich - abweichend von den zentralen Kritikpunkten am ÖPNV -, daß offensichtlich doch günstigere Tarife einen Anreiz darstellen könnten. Dies gilt vor allem für jüngere Frauen. Der Wunsch nach günstigeren Tarifen wurde besonders häufig in Eppelheim genannt, der Gemeinde, in der in dieser Befragung der ÖPNV noch am stärksten genutzt wird. Gleichzeitig müßte aber auch das Angebot der Verbindungen tagsüber und vor allem abends (auch dies ein

Wunsch von 90% der Frauen unter 20 Jahren) deutlich verbessert werden. Ein besonderer Mangel an Verbindungen tagsüber scheint in Rauenberg und Kirchberg zu bestehen, wo über 80% bzw. über 70% aller befragten Frauen diesen Wunsch äußerten. In Bammental wurde mit über 70% eine bessere Anbindung abends gefordert.

Tabelle 7.3: Verbesserungsvorschläge für den ÖPNV
(Frauen insgesamt, Mehrfachnennungen möglich)

Anteil der Zustimmung in %

Wünschen Sie sich...

(1)	billigere Tarife	58,9
(2)	Vergünstigungen für Familien/Kinder	38,8
(3)	mehr Verbindungen tagsüber	42,5
(4)	mehr Verbindungen abends	56,5
(5)	besseren Komfort	6,2
(6)	ein weiteres Netz als bisher	28,8
(7)	geringere Wartezeiten beim Umsteigen	30,7
(8)	Park and ride - Möglichkeiten	21,0

Quelle: eigene Erhebung

Eine bessere Koordination der Linien und ein weiteres Netz sind ebenfalls häufig genannte Verbesserungsvorschläge. Was für die befragten Frauen kein Anreiz ist, ist, den Komfort der Verkehrsmittel (klimatisierte Busse, neue technische Errungenschaften) zu erhöhen, obwohl dies immer wieder zu den Maßnahmen zählt, mit denen der ÖPNV auf sich aufmerksam macht. Die technischen Verfeinerungen der Fahrzeuge zählen eher zu den prestigeträchtigen Maßnahmen, die die weiblichen Fahrgäste offensichtlich wenig beeindrucken.

7.4 Bereitschaft, auf den PKW zu verzichten

Um das Potential von Frauen abzuschätzen, das bereit wäre, auf den PKW zu verzichten, wurde eine Frage formuliert, in der für verschiedene Wege die Bereitschaft erfragt wurde, auf den PKW zu verzichten. Es zeigt sich, daß für die meisten befragten Frauen beim Großeinkauf und beim Urlaub das Auto am wenigsten entbehrlich wäre. Über 40% der Frauen gaben an, bei diesen Tätigkeiten auf das Auto auf gar keinen Fall verzichten zu wollen, insgesamt knapp 70% sind es, wenn man die Kategorie „eher nicht verzichten" hinzu nimmt. Für die Frauen, die erwerbstätig sind, ist auch zu über 30% ein Auto unverzichtbar, da dies jedoch auf 35,4% nicht zutrifft, erscheint in der Tabelle eine niedrigere Prozentzahl. Verzichtbar ist ein Auto am ehesten für die Einkäufe des täglichen Bedarfs, was durch die relativ gute Versorgung (vgl. Kapitel 6) an den Wohnorten erklärt werden kann. Dennoch sind fast 20% der befragten Frauen der Ansicht, daß sie auch bei ihrem täglichen Einkauf nicht auf das Auto verzichten können. Es ist anzunehmen, daß dies vor allem Frauen sind, die entweder in Neubaugebieten am Stadtrand oder in entlegeneren Ortsteilen leben und denen damit die (gute) Infrastruktur am Ort nicht problemlos zur Verfügung steht.

Tabelle 7.4: Bereitschaft, auf den PKW zu verzichten (Frauen insgesamt in %)

„Bitte stellen Sie sich einmal vor, Sie müßten soviel wie möglich auf das Auto verzichten. Ich nenne Ihnen nun verschiedene Wege. Bitte sagen Sie jeweils, wie schwer bzw. leicht es Ihnen fallen würde, dabei auf das Auto zu verzichten."

Diese Frage trifft auf mich nicht zu, denn ich verfüge nicht über ein Auto:
13,8 (gesamt), 15,1 (RNK) 11,8 (RMK)

von denen, die über ein Auto verfügen, könnten:	problem-los verzichten	unter Umständen verzichten	eher nicht verzichten	auf keinen Fall verzichten	trifft nicht zu
(1) Wege zur Arbeitsstelle	25,2	10,8	8,9	19,7	35,4
(2) Wege zum Ausbildungsplatz	6,0	2,4	1,1	4,0	86,0
(3) Wege zur Versorgung/Betreuung von Kindern	16,0	10,2	5,0	6,3	62,4
(4) Wege zur Versorgung/Betreuung von anderen Familienangehörigen	9,8	7,5	6,1	11,0	65,5
(5) Wege für den täglichen Einkauf	47,9	30,0	9,0	9,5	3,7
(6) Wege für den Großeinkauf	4,9	11,0	28,5	49,9	5,6
(7) Wege zum Arzt/zu Behörden	38,8	31,0	13,6	15,7	0,9
(8) Wege zum Besuch von Freunden, Bekannten	18,3	27,1	26,8	26,5	1,4
(9) Wege zu Freizeitaktivitäten (z.B. Sport, Konzert)	18,5	28,2	22,4	24,9	6,0
(10) Wege zum Ausgehen (Besuch von Gaststätten oder Cafés)	27,6	31,0	16,2	20,6	4,6
(11) Urlaubsreisen	16,9	20,9	16,8	40,6	4,7

Quelle: eigene Erhebung

Betrachtet man die Fahrten, die für den Besuch von Freunden, Bekannten und Freizeitaktivitäten unternommen werden, so ist eine knappe Mehrheit der Befragten der Ansicht, einen PKW hierfür nicht entbehren zu können. Der Anteil derjenigen, die dafür unbedingt ein Auto brauchen, liegt immerhin bei einem Viertel der befragten Frauen. Das Wohnen im suburbanen Raum erschwert die unkomplizierten sozialen Kontakte, da man nicht davon ausgehen kann, daß sich der Freundeskreis in der Nachbarschaft befindet. Solch „kurze Wege" sind im dicht besiedelten städtischen Umfeld deutlich wahrscheinlicher und leichter in den Alltag einzubauen. Damit ist die PKW-Verfügbarkeit nicht nur eine zusätzliche Freiheit, sondern eine schlichte Notwendigkeit für mehr als die Hälfte der Frauen, um die Kontakte zu Freunden und Bekannten zu erhalten. Ein Grund dafür, daß der PKW im Bereich Freizeit und soziale Kontakte so unverzichtbar erscheint, könnte darin liegen, daß zum einen diese Wege nicht zwangsläufig mit den Verbindungen zu den zentralen Orten, so wie sie in der ÖPNV-Struktur existieren, übereinstimmen. Zum anderen ist anzunehmen, daß sowohl der Besuch von Freunden und Bekannten als auch die Freizeitaktivitäten am Abend und am Wochenende stattfinden, und bekanntlich sind dies genau die Zeiten, zu denen der ÖPNV-Takt entweder stark abnimmt oder in den Abendstunden gänzlich erlischt.

Auffallend ist, daß die befragten Frauen bei der sogenannten Begleitmobilität der Kinder zu insgesamt einem Viertel das Auto für verzichtbar halten. Betrachtet man nur die Frauen, die solche Wege erledigen, so steigt der Anteil derer, die auf das Auto verzichten könnten, sogar auf knapp 70%. Es bleibt die Frage offen, ob die Wege dann mit anderen Verkehrsmitteln oder gar nicht mehr zurückgelegt werden, aber es scheint durchaus die Bereitschaft vorhanden zu sein, wieder von der hohen PKW-Mobilität abzukehren. Auch die medizinische Versorgung und die Erreichbarkeit von Behörden ist offensichtlich ohne PKW für knapp 70% der befragten Frauen zu leisten. Diese Wege zählen zu der Art von Wegen, die selten und wenn, dann in den nächsten zentralen Ort zu Geschäftszeiten zu leisten sind. Zu diesen Zeiten bietet der ÖPNV ein Angebot, das den Befragten offensichtlich ausreicht.

Die Analyse der Wege, für die ein Auto verzichtbar oder auch unverzichtbar wäre, hat erneut die Schwachstellen der derzeitigen ÖPNV-Struktur aufgewiesen. Die „männlichen" Mobilitätsbedürfnisse, d.h. einmal morgens in das Zentrum und am Abend aus dem Zentrum zurück in die „Schlafstadt", sind im ÖPNV zu erfüllen. Dies zeigte sich u.a. in der Verzichtbarkeit des PKWs für den Arbeitsweg, aber auch für Arztbesuche und Behördengänge, d.h. für Wege, die dem Zentralitätsgefälle entsprechen. Die Großeinkäufe, die Pflege der sozialen Kontakte, die Versorgung von Angehörigen - alles Wege, die nicht zwangsläufig zum nächsten zentralen Ort gehen - sind ohne den PKW nur schwer zu leisten.

7.5 Spezifisch „weibliche Mobilitätsformen": Wegeketten

Eine typische Form der Mobilität, die nahezu nur für die weiblichen Verkehrsteilnehmerinnen zutrifft, sind die sogenannten Kettenwege oder Wegeketten, d.h. die Aneinanderreihung von verschiedenen Wegen und Zwecken zu einer Strecke. Diese Wegeketten werden derzeit in den gängigen Verkehrserhebungen nicht transparent, da ein Weg einer (Haupt-)Aktivität zugeordnet werden muß, so daß diese Mobilitätsform in den meisten Verkehrsstatistiken nicht vorhanden ist. In der vorliegenden Befragung wurden auch typische Wegeketten eines durchschnittlichen Wochentages erhoben, so daß es möglich ist, diese Mobilitätsform näher zu beschreiben.[58]

Mehr als 80% aller Frauen konnten für ihre Alltagsmobilität Wegeketten benennen. Zwischen den Gemeinden im Rhein-Neckar-Kreis schwanken diese Anteile zwischen 97% (Rauenberg) und 80% (Schriesheim). Hierbei fällt erneut auf, daß Schriesheim - wie bereits in Kapitel 6 erläutert -, über eine relativ gut ausgebaute Infrastruktur verfügt, so daß es möglich ist, sich ohne großen organisatorischen Aufwand - mit kurzen Wegen - zu versorgen. Dagegen verbinden 58% der Frauen in Rauenberg zwei und 39% drei Wege miteinander. In St. Leon-Rot nannten sogar 60% der Frauen mindestens drei Aktivitäten, die sie üblicherweise auf einem Weg erledigen.[59] Diese Wegeketten beinhalten in zwei Drittel aller Fälle die Aktivität Einkaufen, besonders häufig wird sie bei voll erwerbstätigen Frauen nach der Arbeit angehängt, bei teilzeit erwerbstätigen Frauen

---

[58] Diese Berechnungen, die derzeit nur über den Rhein-Neckar-Kreis vorliegen, stammen aus der Diplomarbeit von *Schönemann* 1997.

[59] nach *Schönemann* 1997: 89f.

wird z.T. auch schon vor der Arbeit eingekauft. Insgesamt beinhaltet ein Drittel aller Wegeketten diese beiden Aktivitäten. In knapp einem Drittel der Wegeketten werden soziale Kontakte, wie Besuche bei Verwandten oder Freunden, in Wegeketten integriert, in einem Viertel sind es Arztbesuche, die in Wegeketten eingebaut werden. Besonders häufig ist diese Nennung dann, wenn der Weg zum Arzt den - aufwendigen - Weg ins Zentrum der Gemeinde zur Folge hat, wie dies z.B. in Eberbach der Fall ist. Eine besonders häufig genannte Koppelung von Aktivitäten ist die, Kinder zu ihrer Freizeitgestaltung zu fahren bzw. sie von dort abzuholen, und dazwischen Einkäufe zu erledigen. Diese Art von Mobilität bedarf eines hohen Koordinationsaufwandes und stellt von daher auch hohe Anforderungen an das/die Verkehrsmittel und deren Verfügbarkeit. Bei einem Ein-Stunden-Takt der ÖPNV-Linie in den nächsten zentralen Ort sind diese Wegeketten nicht lösbar. Hier sind zusätzlich zu den üblichen sternförmigen Verbindung zu zentralen Orten die Querverbindungen im Netz von enormer Bedeutung.

7.6 Zusammenfassung

Zusammenfassend zeigt sich, daß die Frauen in den beiden hier untersuchten Kreisen in weitaus größerem Maße zu den „choice riders" zählen, als dies in den bisherigen Studien zur geschlechtsspezifischen Mobilität dargestellt wurde. Ca. 70% aller befragten Frauen können jederzeit über einen PKW verfügen - in einzelnen Gemeinden, die eine extrem schlechte ÖPNV-Anbindung besitzen, sind es sogar über 80%. Die in ihrer Mobilität eingeschränkte Gruppe der „captive riders" sind in erster Linie junge Frauen unter 20 Jahren und ältere Frauen ab 60 Jahren.

Die Nutzung des PKWs ist - der Verfügbarkeit entsprechend - hoch: ca. 70% der Frauen zwischen 20 und 60 Jahren nutzen täglich ihr Auto. Den ÖPNV nutzen vorwiegend die jungen Frauen, die sich (noch) kein eigenes Auto leisten können. Für erwerbstätige Frauen und Frauen mit Kindern stellt der ÖPNV - laut dieser Befragung - kein adäquates Verkehrsmittel dar. Die Untersuchung der Gründe für die geringe Nutzung des ÖPNVs ergab, daß der Zeitaufwand zu groß erscheint, um mit Bussen und Bahnen an das gewünschte Ziel zu gelangen. Bei der Nutzung der Eisenbahn für Fernreisen ist es dagegen eher der Preis, der die Frauen von diesem Verkehrsmittel abhält. Die Verbesserungsvorschläge zielen dann auch im wesentlichen in diese Richtungen: dort, wo bereits eine gute Anbindung besteht, werden günstigere Tarife gewünscht, dort, wo die Verbindungen schlecht sind, stünde es an, in einem besseren Zeittakt Busse und Bahnen zur Verfügung zu stellen.

Die Infrastruktur, die die Wohnorte ihren Bürgerinnen bieten, reicht zwar aus, um das vordergründig „Lebensnotwendige" zu gewährleisten aber, um den Urlaub, den Großeinkauf und die sozialen Kontakte sowie die Freizeit befriedigend zu gestalten, ist für mehr als die Hälfte der befragten Frauen ein Auto unverzichtbar.

Der Forderungskatalog der feministischen Verkehrspolitik (nach Bauhardt, 1995:96f) schlägt allgemein folgende Verbesserungen vor: eine bessere Erreichbarkeit durch Raumerschließung („Stadt/Region der kurzen Wege"), d.h. Nutzungsmischung im Städtebau und hinsichtlich des ÖPNVs: höhere Benutzungsfreundlichkeit, Bedarfsangemessenheit und Verläßlichkeit. Im Vordergrund sollte nicht nur die Steigerung der quantitativen Mobilität, d.h. die Motorisierungsentwicklung stehen, sondern die Steigerung der Lebensqualität. Diese Vorschläge gehen einher mit einer Kritik der derzeitigen

Verkehrspolitik, die nur die Steigerung der quantitativen Mobilität, schnelle Überwindung großer Entfernungen in den Vordergrund stellt. Beispiele dafür sind der Ausbau der Hochgeschwindigkeitszüge (ICE) auf Kosten des Streckennetzes in der Fläche sowie der Ausbau des BAB-Netzes (von 1960-1990 um 250%, vgl. Stete, 1995:37), dem der Ausbau des ÖPNVs nicht folgen kann. Eine Vormachtstellung des Individualverkehrs in der verkehrspolitischen Planung der vergangenen Jahrzehnte sollte in der zukünftigen Planung der Favorisierung der Verkehrsmittel des Umweltverbundes Platz machen.

Die langfristigen Forderungen müssen daher lauten (nach Spitzner, 1993:9f): Funktionsmischung von Wohnen und Arbeiten, die den einzigen Weg zu einer Verkehrsreduzierung/ -vermeidung darstellen. Es sollte auch berücksichtigt werden, daß eine Entwicklung in diese Richtung Möglichkeiten zur Vereinbarkeit von Erwerbsarbeit und Reproduktionsarbeit eröffnet, die sich nicht nur für Frauen, sondern auch für Männer anbieten. Die Möglichkeiten der autofreien Erreichbarkeit von Infrastruktur, die die Versorgung mit Gütern des täglichen Bedarfs gewährleistet, die Verbindung von Dienstleistungseinrichtungen mit Wohnorten und Arbeitsstätten sowie die Sicherung autarker Mobilität von Kindern, d.h. die Reduzierung der Begleitmobilität, dies sind die langfristigen Forderungen an die Planung. Hier ließ sich in dem Teil der vorliegenden Befragung, in dem die Verzichtbarkeit des PKWs behandelt wurde, bereits eine Bereitschaft zum Wandel erkennen.

Die Anforderungen an den ÖPNV im besonderen lassen sich ebenfalls in einem Maßnahmenkatalog zusammenfassen: Erhöhung der Sicherheit, auch Sicherheit bei Langsamkeit sowie sichere Querungsmöglichkeiten im Straßenraum. Sicherheit entsteht durch Belebtheit, Übersichtlichkeit, Helligkeit uvm.. Es sollte eine deutliche Privilegierung des ÖPNVs erkennbar werden. Weiterhin könnten Komfort und Tarifangebote (z.B. für Kurzstrecken), Kleinbusse, Dorfshuttle, Bügerbus, Anruf-Sammel-Taxi (AST), Linien-Sammel-Taxi in Zeiten mit wenig Gästen, Discobus für Jugendliche am Abend die Attraktivität deutlich erhöhen.

Ein umfangreicher Kriterienkatalog für eine Bewertung des ÖPNV-Angebotes aus Frauensicht wurde von Spitzner (1993) in Form einer Scheibe zusammengestellt (vgl. Graphik 7.12). Wesentliche Gliederungspunkte sind darin: Erreichbarkeit (räumlich und zeitlich), Gebrauchsfähigkeit (sozial und technisch) und Sicherheit (vor Unfällen und vor physischer und psychischer Gewalt). Weiterhin werden unter diesen Stichworten zahlreiche Anforderungen an den ÖPNV genannt, die sich im Alltag gut überpüfen lassen und deren Verbesserung bzw. Einhaltung damit den Verantwortlichen vermittelt werden kann. Ein wesentliches Problem für Verbesserungsmaßnahmen stellen die unterschiedlichen Zuständigkeiten für Elemente des ÖPNVs dar. So sind allein für die Gestaltung der Haltestelle und des Warteplatzes folgende Institutionen zuständig: die Begrünung/d.h. meist das Reduzieren der Begrünung, wenn außerhalb des Ortes: der Kreis, wenn innerhalb des Ortes: die Gemeinde; das Häuschen: die Gemeinde; die Beleuchtung des Häuschens: die Gemeinde; das Haltestellenschild: der Betreiber; der Verkehrsübergang: der Kreis; die Lage der Haltestelle: Betreiber, Kreis und Gemeinde usw. Zudem sind bei den üblichen Planungsverfahren betroffene Bürgerinnen und Bürger nur selten einbezogen.

Graphik 7.12: Kriterien für eine Bewertung des ÖPNV-Angebotes aus Frauensicht

Quelle: Niedersächsiches Frauenministerium 1997: 51

145

Die Verfahren, mit Hilfe derer Frauen in die Verkehrsplanung einbezogen werden könnten, reichen von einer institutionellen Vertretung von Frauen in der Verkehrsplanung, die häufig mit dem Stichwort „weg von der Windschutzscheibenperspektive" bezeichnet wird (bisher sind 1,2% aller leitenden Verkehrsplanenden Frauen (Spitzner, 1993: 3) bis zur Verfahren, die Rückkoppelungen mit den Betroffenen vorsehen, d.h. Aktivitäten, die Bürgerinnenbeteiligung und Expertinnenbeteiligung bei Workshops, Befragungen, Beobachtungsbögen, Hearings oder „Runden Tischen" einplanen. Außerdem sollte die entsprechende Statistik das Erfassen von Wegeketten, von mehreren Verkehrszwecken, -mitteln möglich machen, was derzeit bei den KONTIV-Untersuchungen noch nicht in vollem Umfang geschieht. Die seit 1.1.1996 in Kraft getretenen gesetzlichen Rahmenbedingungen für den ÖPNV verpflichten Kreise und Kommunen zu langfristigen Planungen, in die Frauen deutlich besser integriert werden könnten, als dies bisher geschehen ist.

Abschließend bleibt auch bei diesem Thema hervorzuheben, daß diese Frauenfrage auch eine Männerfrage ist. „Schluß mit den feministischen Benachteiligungs- und Behinderungsanalysen", so heißt es in einer Arbeit von Rodenstein, „Umsetzung darf nicht wieder an die patriarchale Politik abgegeben werden - eine gesamtstädtische, gesamtgesellschaftliche Perspektive ist notwendig", sonst ähnelt diese Forschung eher der planerischen Sozialarbeit (nach Rodenstein (1990), zitiert nach Bauhardt (1995: 44). Diese Forderung kann bei einer langfristigen Planung für eine qualitative Verbesserung der Mobilität nur unterstrichen werden.

8. Freizeit

Wie bereits im ersten Kapitel dieser Studie erläutert, ist die Variable „Geschlecht" in der Freizeitforschung für folgende Bereiche erklärend eingesetzt worden: a) was die Erklärung des Umfangs an Zeit anbelangt (Stichwort: geschlechtsspezifisches Zeit- und damit Freizeitbudget); b) was die Nutzung der Freizeit angeht (Stichwort: geschlechtsspezifisches Freizeitverhalten); c) was die Erklärung geschlechtsspezifisch unterschiedlicher Freizeitbedeutungen und d) was geschlechtsspezifische Möglichkeiten der Freizeitgestaltung, aber auch die Einschränkungen (constraints-Ansatz), (Stichwort: Freizeitbenachteiligung von Frauen z.B. aufgrund von Haushaltsverpflichtungen, Mobilität, Belästigung, Angst) angeht. In diesem Abschnitt stehen die geschlechtsspezifischen Unterschiede im Umfang der freien Zeit im Vordergrund. Vor allem werden die zusätzlichen „modifizierenden" Variablen, wie die Tatsache, ob Kinder unter 18 Jahren im Haushalt leben oder der Umfang der Erwerbsarbeit und ihr Einfluß auf das Freizeitbudget betrachtet.

Auch in diesem Bereich gibt es Ansätze, in denen deutlich eine „Männerperspektive" zu erkennen ist. So gibt es „gängige" Definitionen von Freizeit, die Freizeit als die Restzeit ansehen, die übrig bleibt, wenn man die Erwerbsarbeit abzieht. Mitterauer (1992) stellt fest, daß dies für einen Männeralltag zutreffen mag, jedoch für einen Frauenalltag nicht gilt, da der Komplex der Hausarbeit dadurch völlig ausgeklammert wird. Daß in der Folge Hausarbeit zur „Freizeitbeschäftigung" der Frauen gezählt wird, ist eine Konsequenz dieser Definition. Noch in den sechziger Jahren, so Mitterauer, waren immerhin 11% der Befragten der Ansicht, daß „Hausarbeit ... zur Gänze der Freizeit zuzurechnen (wäre) und 15% entschieden sich für ein teils/teils..." (Mitterauer 1992: 335). Mittlerweile ist jedoch die Ansicht weiter verbreitet, daß es sich bei der Hausarbeit um eine Form von Arbeit handelt, deren Wert nur schwer zu schätzen, die jedoch auch dann, wenn sie - wie in den meisten Fällen - unbezahlt ist, als „Arbeit" anzusehen ist.

Die Zeitbudget-Studie, die vom Statistischen Bundesamt[60] durchgeführt wurde, hat ebenfalls als einen der Schwerpunkte die „Sichtbarmachung" der Reproduktionsarbeit, d.h. der unbezahlten Arbeit der privaten Haushalte, benannt. Damit geht einher, daß mit dem Vorurteil, Frauen, die „den ganzen Tag zuhause sind, haben viel Freizeit", durch das Auflisten der Dauer der Reproduktionsarbeit und der tatsächlichen Berechnung des „Rests an Freizeit" aufgeräumt werden konnte. Eine Analyse des Umfanges an freier Zeit nach Geschlecht (Personen ab 12 Jahren) ergab, daß Frauen mit 4 Stunden, 59 Minuten bereits im Durchschnitt ca. 20 Minuten weniger freie Zeit haben als Männer mit 5 Stunden, 22 Minuten (Bundesministerium für Familie, Senioren, Frauen und Jugend (Hrsg.), 1996: 222ff). Nach dieser Erhebung haben voll erwerbstätige Frauen mit 4 Stunden, 5 Minuten am wenigsten, Renter und Rentnerinnen, Schüler und Schülerinnen, Studierende und Arbeitslose mit knapp sechs Stunden am meisten Freizeit. Die freie Zeit der Hausfrauen/-männer wird mit 4 Stunden, 53 Minuten angegeben, sie liegt damit nahe am Gesamtwert, aber nicht - wie nach gängigen Meinungen vielleicht zu erwarten war - über dem Gesamtdurchschnitt. Unterscheidet man die Befragten nach Haushalts- und Familientyp, so verfügen die Alleinerziehenden

---

[60] *Bundesministerium für Familie, Senioren, Frauen und Jugend*, 1996a

mit Kindern unter sechs Jahren mit 3 Stunden, 55 Minuten über die geringste und Einpersonenhaushalte über 56 Jahren mit 6 Stunden, 15 Minuten über die meiste freie Zeit. Interessant ist auch, daß der Umfang der Freizeit an Werktagen und Wochenendtagen zwischen Männern und Frauen deutlich differiert. Während Frauen an Werktagen im Mittel nur sieben Minuten weniger Freizeit als haben als Männer, so können an den Wochenendtagen Männer im Durchschnitt über eine Stunde mehr Freizeit verfügen als Frauen.

Lüdtke (1995a) konstatierte in seinen detaillierten Studien der Tagesabläufe von berufstätigen und nicht berufstätigen Frauen und Männern ebenfalls die „relative Konstanz des Geschlechterverhältnisses" (Lüdtke 1995a: 142). Er kam zu dem Ergebnis: „Die Männer sind am Werktag - trotz erheblicher Arbeitszeitreduktion - im Durchschnitt „Hausarbeitsmuffel" geblieben" (ebd: 142). Weiterhin stellte er die stärkste Entlastung von Hausarbeit bei den berufstätigen Frauen fest.

In dieser Studie können nun für Männer und Frauen bei der Frage nach dem Zeitbudget die Kriterien „Kinder im Haushalt" und die eigene Erwerbstätigkeit betrachtet werden. Vor allem ist es möglich, durch eine gesonderte Betrachtung der einzelnen Wochenendtage ein differenziertes Bild der ganzen Woche zu erhalten. Während die voll erwerbstätigen Männer häufig am Wochenende „frei" haben, ist für viele Frauen das Wochenende die Zeit, in der liegengebliebene Hausarbeiten erledigt werden, was bereits die Ergebnisse der Zeitbudget-Studie vermuten liessen. In diesem Bericht wird auf zwei Schwerpunkte innerhalb des Lebensbereichs Freizeit eingegangen: nämlich a) die tatsächliche freie Zeit der Befragten nach den Kriterien Geschlecht, Alter, Familienstand, Kinder im Haushalt unter 18 Jahren und Erwerbstätigkeit und danach, wieviel freie Zeit an einem Werktag, einem Samstag oder einem Sonntag bleibt und b) die subjektive Einschätzung des Umfangs der freien Zeit nach diesen Kriterien.

Mitterauer (1992) weist darauf hin, daß die gleiche Tätigkeit - besonders, was Haushaltsaktivitäten angeht, sowohl zu Arbeit als auch zu Freizeit gerechnet werden kann. „Im Familienbereich kann die gleiche Tätigkeit belastende Verpflichtung oder Entspannung als Freizeitbeschäftigung sein. Entscheidend ist die Perspektive der agierenden Person. ... Zur Freizeitbeschäftigung wird die Aktivität im Familienbereich bloß, wenn sie ihren täglich verpflichtenden Charakter verliert" (Mitterauer 1992: 336). Deshalb wurde im Fragentext „Freizeit" folgendermaßen definiert: „Stunden neben Ihren Verpflichtungen, in denen sie machen können, was Sie wollen". Mit dieser Umschreibung konnten die Befragten ihre Einschätzung selbst vornehmen, und entscheiden, ob z.B. Kochen zur Arbeit oder zur Freizeit zählt.

8.1   Umfang der freien Zeit

Nach o.g. Definition von Freizeit, im Sinne von frei verfügbarer Zeit, wurden die Befragten gebeten, die Anzahl der Stunden zu nennen, die tatsächlich als freie Zeit zur Verfügung stehen. Dabei wird nach Werktagen, Samstag und Sonntag unterschieden. Hier zeigen sich zwischen den Geschlechtern Unterschiede, die besonders bei der Betrachtung der Personen mit extrem viel oder extrem wenig freier Zeit deutlich werden. Ein Viertel der Männer gibt an, werktags mehr als fünf Stunden freie Zeit zu haben, während dies nur für 12% der Frauen gilt. Hier gibt es also besonders in der Gruppe derjenigen mit extrem viel Freizeit geschlechtsspezifische Unterschiede. Ansonsten sind zwischen den Geschlechtern am Werktag noch keine großen Differenzen festzustellen - ähnlich wie bei oben erwähnter Zeitbudget-Studie des Statistischen Bundesamtes.

Graphik 8.1: Durchschnittliche Stunden Freizeit

	< 1 Stunde	1-<2 Stunden	2-<5 Stunden	> 5 Stunden
Frauen (werktags)	17,9	27,1	42	12,2
Männer (werktags)	18,2	24,7	31,2	26
Frauen (samstags)	10,3	11,8	37,1	39,2
Männer (samstags)	3,9	9,1	35,1	49,4
Frauen (sonntags)	6,4	7,6	28,4	55,5
Männer (sonntags)	2,6	3,9	27,3	63,3

□< 1 Stunde □1-<2 Stunden ▨2-<5 Stunden ■> 5 Stunden

Quelle: eigene Erhebung

Jedoch an den Wochenendtagen geht die „Zeitschere" zwischen Männern und Frauen sichtbar auf. Es bleibt den Frauen deutlich weniger freie Zeit als den Männern: für nahezu ein Viertel der Frauen bleiben an einem Samstag weniger als zwei Stunden freie Zeit, das trifft nur auf 13% der Männer zu und auch sonntags haben nur 6% der Männer weniger als 2 Stunden freie Zeit, während dies immer noch 14% der Frauen angeben. Vergleicht man diese Ergebnisse wieder mit der Zeitbudget-Studie, so zeigt sich diese Tendenz auch dort. Sicherlich ist ein wesentlicher Grund für die geringere Freizeit der Frauen am Samstag, daß sie Hausarbeiten, die während der Woche liegen bleiben oder nur in einer größeren Zeiteinheit „am Stück" zu leisten sind, wesentlich häufiger übernehmen als Männer. Am Samstag hat die Hälfte der Männer (40% der Frauen) mehr als fünf Stunden freie Zeit, und am Sonntag sind es zwei Drittel der Männer, die mehr als fünf Stunden Freizeit haben, während dies nur für gut die Hälfte der Frauen zutrifft. Männer scheinen ihre Wochenenden als Freizeit zu beanspruchen, während Frauen die Zuständigkeit für die Hausarbeit auch am Wochenende übernehmen (müssen). Auch hier ist anzunehmen, daß Hausarbeiten, und sei es „nur" das Zubereiten des „Sonntagsessens" von der Freizeit der Frauen abgezogen werden.

149

Graphik 8.2: Durchschnittliche Stunden Freizeit von Befragten ohne Kinder unter 18 Jahren im Haushalt

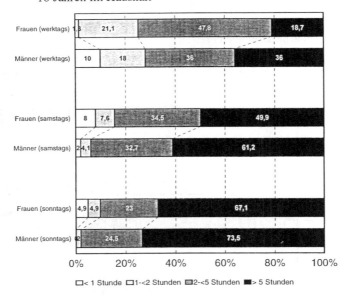

Quelle: eigene Erhebung

Graphik 8.3: Durchschnittliche Stunden Freizeit von Befragten mit Kindern unter 18 Jahren im Haushalt

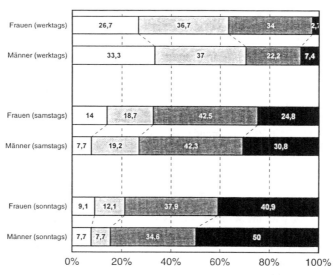

Quelle: eigene Erhebung

Unterscheidet man zwischen Befragten mit Kindern unter 18 Jahren im Haushalt und denen, in deren Haushalt keine Kinder unter 18 Jahren leben, so zeigt sich, daß eine weitere wesentliche Verkürzung der freien Zeit durch die Anwesenheit von Kindern im Haushalt stattfindet (Graphik 8.2 und 8.3). Werktags stehen zwei Drittel der befragten Frauen mit Kindern unter 18 Jahren weniger als zwei Stunden freie Zeit zur Verfügung, bei Männern ist der Anteil sogar noch etwas höher. Da sie in stärkerem Maße erwerbstätig sind als Frauen, schrumpft werktags ihre freie Zeit durch Kinder noch mehr - dies wird aber am Wochenende aufgeholt. Dagegen muß sich nur knapp ein Viertel der Personen ohne Kinder im Haushalt an einem Werktag mit weniger als zwei Stunden freier Zeit begnügen. Zu ihnen zählen allerdings auch alle jungen Befragten und all die Seniorinnen und Senioren, deren Kinder den gemeinsamen Haushalt bereits verlassen haben.

Besonders am Wochenende wird der Unterschied zwischen Personen mit und ohne Kinder sichtbar: die Hälfte der Frauen ohne Kinder im Haushalt und über 60% der Männer ohne Kinder haben an einem Samstag mehr als fünf Stunden Zeit zur eigenen Verfügung, dagegen trifft dies nur auf ein Viertel der Frauen und ein Drittel der Männer mit Kindern zu. Auch am Sonntag haben zwei Drittel der Frauen und sogar drei Viertel der Männer ohne Kinder mehr als fünf Stunden Freizeit, dagegen nur 41% der Frauen und die Hälfte der Männer. Die Unterschiede zwischen den Geschlechtern bleiben - auf unterschiedlichem Niveau zwischen den verschiedenen Tagen gleich - es sind immer ca. 10% weniger Frauen, die sich in die Gruppe mit der meisten freien Zeit einordnen - gleichgültig, ob Kinder im Haushalt sind oder nicht. Dies ist der Anteil der Hausarbeit, der - vergleicht man mit dem Kapitel 5 der innerfamilialen Arbeitsteilung - an den Frauen „hängen bleibt". Überlagert wird der Geschlechterunterschied von dem Unterschied, den Kinder im Haushalt unter 18 Jahren ausmachen: 20% weniger können sich in die Gruppe der Personen mit mehr als fünf Stunden einordnen, wenn in ihrem Haushalt Kinder leben.

Die drei Faktoren, die die frei verfügbare Zeit am Tag einschränken, sind - nach den bisherigen Ergebnissen - in erster Linie eine Erwerbstätigkeit und/oder die Anwesenheit von betreuungspflichtigen Kindern im Haushalt sowie - nicht zu vergessen: das Geschlecht. In den beiden Graphiken 8.4 und 8.5 wurden diese Faktoren kombiniert, so daß für werktags, samstags und sonntags zusammengestellt wurde, wieviel Freizeit Frauen mit oder ohne Kinder in welcher Form der Erwerbstätigkeit bleibt. Während sich bei den Frauen ohne Kinder werktags erwartungsgemäß die wesentlichen Unterschiede durch den Umfang der Erwerbstätigkeit ergeben, so ist dieses Merkmal schon samstags nicht mehr differenzierend: vollzeit erwerbstätige Frauen geben sogar an, zu 60% mehr als fünf Stunden Freizeit zu haben, während dies nur auf 35-37% der teilzeit oder geringfügig erwerbstätigen Frauen zutrifft und auch sonntags haben die voll erwerbstätigen Frauen ohne Kinder am meisten freie Zeit.

Ähnliche Tendenzen zeigen sich in Graphik 8.5, wo dieser Sachverhalt für Frauen mit Kindern unter 18 Jahren im Haushalt dargestellt wurde: werktags sind die voll erwerbstätigen Frauen diejenigen, die am wenigsten freie Zeit haben. Es sollte allerdings auch berücksichtigt werden, daß ein Drittel der „nur" teilzeit erwerbstätigen Frauen mit Kindern weniger als eine Stunde pro Werktag als Zeit für sich beanspruchen kann. Am Wochenende verschiebt sich dann diese Verteilung. Bereits samstags sind die nicht erwerbstätigen Frauen mit Kindern diejenigen, die am wenigsten freie Zeit haben: 17,5% der nicht erwerbstätigen und 38,5% der voll erwerbstätigen Frauen haben mehr als fünf Stunden Freizeit. Noch deutlicher wird der Abstand am Sonntag: während für drei

Viertel der voll erwerbstätigen Frauen am Sonntag mehr als fünf Stunden Freizeit zur Verfügung stehen, trifft dies nur auf ein Viertel der nicht erwerbstätigen Frauen zu.

Graphik 8.4: Durchschnittliche Stunden Freizeit von Frauen ohne Kinder unter 18 Jahren im Haushalt (nach Erwerbsbeteiligung)

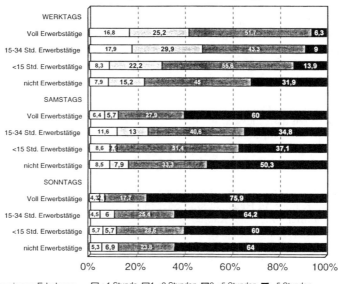

Quelle: eigene Erhebung   □< 1 Stunde □1-<2 Stunden ▨2-<5 Stunden ■> 5 Stunden

Graphik 8.5: Durchschnittliche Stunden Freizeit von Frauen mit Kindern unter 18 Jahren im Haushalt (nach Erwerbsbeteiligung)

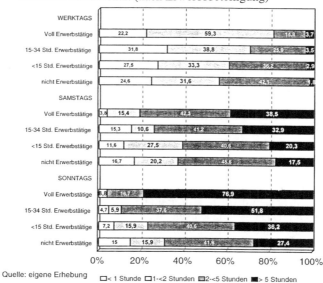

Quelle: eigene Erhebung   □< 1 Stunde □1-<2 Stunden ▨2-<5 Stunden ■> 5 Stunden

Es gilt hervorzuheben, daß am Werktag zwar die voll erwerbstätigen Frauen - und natürlich besonders diejenigen mit Kindern im Haushalt - am wenigsten freie Zeit haben (eine Einstufung, die auch in der Wahrnehmung des Umfangs der freien Zeit - im nachfolgenden Abschnitt - geteilt wird). Dieses Ergebnis entspricht dem Sachverhalt, der als die klassische „Doppelbelastung" durch Erwerbsarbeit und Familie bekannt ist.

An den Wochenendtagen jedoch kehrt sich die Verteilung der freien Zeit um, wenn Kinder unter 18 Jahren im Haushalt sind. Nicht erwerbstätige Frauen haben am wenigsten, voll erwerbstätige Frauen am meisten freie Zeit. Diese Diskrepanz ist am Samstag deutlich, am Sonntag sogar dramatisch sichtbar. Während die voll erwerbstätige Frau am Wochenende sich - ähnlich wie voll erwerbstätige Männer - von der Erwerbsarbeit erholen kann, endet die Arbeitswoche für nicht erwerbstätige Frauen nur dann am Freitag abend, wenn keine Kinder unter 18 Jahren im Haushalt leben. Je weniger die befragten Frauen einer bezahlten Erwerbsarbeit unter der Woche nachgehen, umso mehr reicht ihre Arbeitszeit in das Wochenende hinein. Dieses Phänomen konnte auch Lüdtke feststellen: „Die Hausfrauen unterliegen an beiden Tagen des Wochenendes ... der größten Belastung durch den Haushalt..." (Lüdtke 1995a: 142).

Es ist sicher auch für eine voll erwerbstätige Frau (und ihren Partner) eher denkbar und finanzierbar, daß bezahlte Dritte zumindest Teile der Hausarbeit übernehmen, so daß die voll erwerbstätige Frau nicht am Wochenende die liegen gebliebene Hausarbeit erledigen muß. Zudem wird der teilzeit- oder geringfügig erwerbstätigen Frau in den meisten Fällen zugemutet, die Hausarbeit nebenbei zu erledigen, da sie ja „nur" stundenweise arbeitet. Es ist weiterhin anzunehmen, daß nicht selten das zusätzliche Einkommen der Frauen im Haushalt benötigt wird, so daß es nicht möglich wäre, eine Hilfe im Haushalt zu bezahlen. Bei der Einschätzung, ob man selbst über viel oder wenig freie Zeit verfüge, nennen die befragten Frauen keine solchen Unterschiede im Umfang der Freizeit. Besonders die nicht erwerbstätigen Frauen schätzen ihre Freizeit umfangreicher ein als dies - nach der von ihnen genannten Stundenzahl - tatsächlich der Fall ist.

Ein weiterer Aspekt, der bei der Interpretation der freien Zeit und dessen, was die Personen darunter fassen, zu beachten ist, ist der, daß voll erwerbstätige Frauen möglicherweise Beschäftigungen am Wochenende, wie „Spielen mit den Kindern" oder auch „Essen zubereiten" als eine Abwechslung vom Alltag und damit als Freizeit definieren. Es ist durchaus möglich, daß somit ähnliche Tätigkeiten bei der voll und bei der nicht erwerbstätigen Frau einmal in der Rubrik „Freizeit" (die „Hobbyköchin") und einmal in der Rubrik „Arbeit" landen können. Dennoch ist für die Einschätzung, wieviele Stunden an einem Tag „selbstbestimmt" und wieviele „fremdbestimmt" gestaltet werden, entscheidend, ob die Betroffenen eine Tätigkeit als freie Zeit und damit ihrer Entspannung und Erholung zuträglich oder als Arbeit betrachten.

8.2 Bewertung des Umfangs der freien Zeit

Die Zeit, die man im Alltag zur freien Verfügung hat, hängt u.a. von dem Grad der Einbindung in das Erwerbsleben bzw. in die Reproduktionsarbeit ab, wie bereits im vorhergehenden Abschnitt festgestellt wurde. Weiterhin ist anzunehmen, daß auch die Einschätzung, ob man über viel oder wenig Freizeit verfügt, damit einhergeht. Besonders große Unterschiede zeigen sich im Umfang der freien Zeit zwischen Personen mit bzw. ohne Kinder unter 18 Jahren.

Unterscheidet man nun die subjektive Einschätzung der freien Zeit danach, ob Kinder unter 18 Jahren im Haushalt leben (Graphik 8.6), so sind es unter den Frauen mit Kindern unter 18 Jahren zwei Drittel der Befragten, die der Meinung sind, wenig oder sehr weng freie Zeit zu besitzen. Diese Gruppe Frauen ist wohl auch die, die sich im Alter zwischen 30 und 50 Jahren in Graphik 8 als die Gruppe mit der subjektiv geringsten freien Zeit betrachtet. Männer mit Kindern unter 18 Jahren im Haushalt empfinden jedoch den Umfang ihrer freien Zeit als noch geringer als dies Frauen tun: drei Viertel der Männer mit Kindern in diesem Alter sind der Meinung wenig/sehr wenig freie Zeit zu besitzen. Dagegen geben zwei Drittel der Männer ohne Kinder unter 18 Jahren im Haushalt an, über viel oder sogar sehr viel freie Zeit zu verfügen.

Graphik 8.6: Subjektive Einschätzung des Umfanges der freien Zeit
(mit/ohne Kinder unter 18 Jahren im Haushalt)

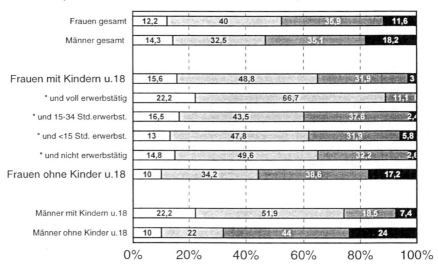

□sehr wenig Freizeit □wenig Freizeit ▨viel Freizeit ■sehr viel Freizeit

Quelle: eigene Erhebung

Die Differenz in der Wahrnehmung von viel oder wenig freier Zeit ist bei Männern in hohem Maße davon abhängig, ob sie mit oder ohne Kinder im Haushalt leben: sie liegt bei über 40%-Punkten. Sie besitzen - nach den Angaben im vorhergehenden Abschnitt - an Werktagen auch am wenigsten Freizeit, haben jedoch am Wochenende deutlich mehr freie Zeit als Frauen. Anscheinend ist jedoch bei der subjektiven Bewertung des Umfangs der freien Zeit für sie der Werktag mit seinem Zeitstreß als Maßstab verwendet worden.

Ob bei Frauen Kinder im Haushalt leben, schlägt sich immerhin auch mit 20%-Punkten Differenz in deren Einschätzung ihrer freien Zeit nieder. Den stärksten Zeitdruck empfinden die voll erwerbstätigen Frauen mit Kindern unter 18 Jahren im Haushalt: 90% gaben an, nur wenig bzw. sogar sehr wenig freie Zeit zu haben. Auch sie

154

scheinen - ähnlich wie die befragten Männer - den Werktag mit seinem dichten Zeitablauf bei der Bewertung des Umfangs der freien Zeit assoziert zu haben. In der eigenen Einschätzung der freien Zeit sind dann zwischen Müttern, die teilzeit, geringfügig oder nicht erwerbstätig sind, kaum noch Unterschiede zu erkennen: sie alle sind zu mehr als 60% der Meinung, wenig oder sehr wenig freie Zeit zu besitzen. Obwohl sie sowohl an den Werktagen als auch - noch mehr - an den Wochenendtagen über wesentlich weniger freie Zeit verfügen als voll erwerbstätige Frauen, scheinen sie dies in der Bewertung ihrer freien Zeit nicht in dem Maße wahrzunehmen. Es wäre allerdings auch denkbar, daß sie es sich erlauben, diese Belastung zu nennen, da sie glauben, als Frauen, die ja „nur" ein paar Stunden zuarbeiten, hätten sie nicht das Recht über zu wenig Zeit zu klagen, im Gegensatz zu den voll erwerbstätigen Frauen, die gemeinhin als die am meisten belasteten angesehen werden. Frauen und Männer ohne Kinder stellen die Gruppe dar, die nach ihrem eigenen Werturteil zu mehr als der Hälfte über viel oder sehr viel freie Zeit verfügt. Den Ergebnissen des vorhergehenden Kapitels zur Folge sind sie es auch, die am meisten Freizeit besitzen.

In Graphik 8.7 wird die subjektive Einschätzung der freien Zeit für Männer und Frauen und für Frauen der verschiedenen Altersgruppen dargestellt. Dabei zeigt sich erneut, daß etwas mehr als die Hälfte der befragten Frauen der Meinung sind, wenig oder sehr wenig freie Zeit zu haben, während etwas mehr als die Hälfte der befragten Männer zu dem Schluß kommt, viel oder sehr viel freie Zeit zu besitzen. Bei der Angabe „sehr viel freie Zeit" zeigen sich deutliche Unterschiede: über 18% der Männer geben an, sehr viel freie Zeit zu haben, während nur knapp 12% der befragten Frauen der Meinung sind, sie hätten sehr viel freie Zeit.

Graphik 8.7: Subjektive Einschätzung des Umfanges der freien Zeit (nach Alter)

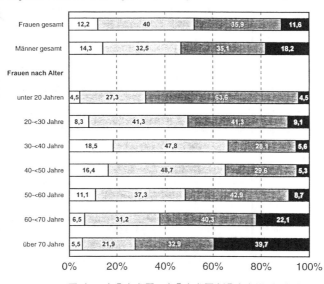

155

Erwartungsgemäß nimmt der Anteil derjenigen, die über viel freie Zeit verfügen, mit dem Alter, vor allem mit dem Ausscheiden aus der Erwerbstätigkeit und dem Ende der Versorgung von Kindern, deutlich zu. Zwei Drittel der Frauen zwischen 60 und 70 Jahren und drei Viertel der Frauen über 70 Jahre verfügen nach eigenen Angaben über viel bzw. sehr viel freie Zeit. Den stärksten Zeitdruck empfinden Frauen zwischen 30 und 50 Jahren: zwei Drittel sind der Meinung, wenig oder sogar sehr wenig freie Zeit zu besitzen (Graphik 8.7). Dies ist die Gruppe der „Familienfrauen", d.h. der Frauen, in deren Haushalt Kinder unter 18 Jahren leben und die vielleicht noch einer (Teilzeit-) Erwerbstätigkeit nachgehen. Das „Dasein für andere", wie es in den vorhergehenden Kapiteln bereits thematisiert wurde, geht in dieser Gruppe offensichtlich am stärksten auf Kosten der eigenen freien Zeit.

Unterscheidet man die subjektiv verfügbare freie Zeit nach dem Familienstand der befragten Frauen (Graphik 8.8), so haben die verwitweten (älteren) Frauen am meisten, die verheiratet, aber getrennt lebenden, Frauen am wenigsten freie Zeit. Sie zählen häufig zu den Alleinerziehenden, die - wie bereits in der Studie des Statistischen Bundesamtes erwähnt - über das knappste Freizeitbudget aller Haushaltstypen verfügen. Das Freizeitbudget der ledigen Frauen gleicht am ehesten dem der Männer (gleichgültig welcher Familienstand), während sich bei den Frauen mit einer Eheschließung offensichtlich ihre frei verfügbare Zeit verringert.

Graphik 8.8: Subjektive Einschätzung des Umfanges der freien Zeit
(nach Familienstand)

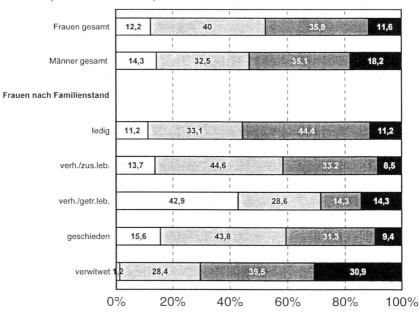

Quelle: eigene Erhebung

156

Wenn man dazu die Ergebnisse des Kapitels 5 zu Partnerschaft und innerfamilialer Arbeitsteilung betrachtet und die Ergebnisse von Lüdtke (1995a) heranzieht, wird deutlich, woran dies liegt. Die Hauptlast der Arbeit im Haushalt und der Kindererziehung liegt immer noch bei den Frauen und dies verringert ihre freie Zeit - auch in ihrer subjektiven Einschätzung.

8.3   Zusammenfassung

Die Gestaltung der Wochenendtage offenbart eine Aufteilung in zwei Gruppen von Personen: eine, die vielleicht am Werktag etwas mehr Spielraum besitzt, jedoch am Wochenende deutlich mehr arbeitet (vor allem nicht erwerbstätige Frauen) und eine andere Gruppe, in der die voll erwerbstätigen Frauen und Männer sind, die am Wochenende ein reichliches Maß an Freizeit genießen. Auch Lüdtke stellte fest, „Diese Gruppe (die der berufstätigen Frauen - Anm. d. Verf.) konnte sich am Wochenende offensichtlich am stärksten „emanzipieren", während die Hausfrauen am stärksten der traditionellen Geschlechtsrolle verbunden geblieben sind" (Lüdtke 1995a: 142).
    Innerhalb dieser Aufteilung ist die Anwesenheit von Kindern unter 18 Jahren das entscheidende Merkmal, das die Freizeit der Befragten bestimmt. Nur 28% der Männer und 22% der Frauen ohne Kinder im Haushalt haben werktags weniger als 2 Stunden Freizeit. Dagegen haben 70% der Männer und 63% der Frauen mit Kindern im Haushalt an einem Werktag weniger als 2 Stunden freie Zeit für sich zur Verfügung. Ein Unterschied von ca. 10%-Punkten zwischen Männern und Frauen bleibt in allen Untergruppen erhalten (d.h. es sind immer 10% mehr Männer, die sich in die Gruppe mit der meisten freien Zeit einordnen als Frauen). Diese Differenz läßt sich zu einem wesentlichen Teil dadurch erklären, daß Frauen immer noch in deutlich stärkerem Maße als Männer für die Hausarbeit zuständig sind (vgl. Kapitel 5).

In der Einschätzung, ob die zur Verfügung stehende Freizeit viel oder wenig ist, zeigt sich, daß Frauen die Einschränkung der freien Zeit durch Kinder offensichtlich nicht so drastisch wahrnehmen, wie dies Männer tun. Männer ohne Kinder geben zu 32% an, wenig Freizeit zu haben, Männer mit Kindern tun dies zu 74%. Dagegen geben Frauen ohne Kinder zu 44% an, wenig Freizeit zu haben, Frauen mit Kindern sind zu 64% dieser Meinung. Obwohl die Mütter deutlich mehr Zeit mit den Kindern verbringen, scheint die Einschränkung der freien Zeit durch Kinder von den Vätern wesentlich stärker wahrgenommen zu werden. Für andere, und besonders für Kinder „da zu sein", ist offensichtlich eine Aufgabe, die die befragten Frauen mit größerer Selbstverständlichkeit erfüllen als dies Männer tun. Sie erfüllen damit auch die Rollenerwartung, nach der der Anspruch auf Selbstverwirklichung - auch in der Freizeit - eher den Männern als den Frauen zusteht.

9. Politische und gesellschaftliche Partizipation von Frauen

Der aktuelle Modernisierungsprozeß, auf dessen Fahne Beck (1991) zufolge „Individualisierung" steht, - wobei noch geklärt werden muß, inwieweit wir es hier mit einer Piratenflagge zu tun haben - wirkt auf Männer und Frauen unterschiedlich. Weibliche Freisetzungsprozesse enden vorerst in einer „Freiheit von" der Eheversorgung, die nicht begleitet wird (vor allem unter den Bedingungen von Massenarbeitslosigkeit) von einer „Freiheit zu" eigenständiger Sicherung durch Erwerbsarbeit. Dies wird noch einmal verstärkt durch die „Rückbindung an Mutterschaft". In der Konsequenz unterliegen Frauen noch immer einer „doppelten Vergesellschaftung" (vgl. Becker-Schmidt 1991), die sie vor das Problem der Vereinbarkeit von Familie und Erwerbstätigkeit stellt. Immer noch viel zu häufig lösen Frauen dieses Problem auf Kosten der Erwerbstätigkeit und damit auch auf Kosten ihrer Karriere. Entsprechend sind Frauen auch in anderer Weise als Männer von einem relativ neuen Ungleichheitsfaktor betroffen, den Rerrich (1990) „relative Dispositionsfreiheit im Hinblick auf unabhängige Zeitplanung" nennt. Sie führt dazu aus: „Denn zunehmend knüpfen sich nicht nur die Realisierung von alltäglichen Handlungszielen, sondern auch die Realisierung von Lebenszielen an die Notwendigkeit zu planen und an die Möglichkeit, die eigene Planung in der Alltagszeit wie in der biographischen Zeitachse umzusetzen" (Rerrich 1990: 202).

Diese spezifischen Konstellationen führen nicht zuletzt dazu, daß Männer und Frauen in ungleichem Maße an Öffentlichkeit teilnehmen. Die Unterrepräsentation von Frauen in politischen Ämtern, der unser Hauptaugenmerk gilt, ist jedoch nicht nur ein individuelles Problem, sondern spiegelt sich in den Strukturen moderner Gesellschaft wider. So nennt Kreckel vier strategische Ressourcen, deren Verfügbarkeit Individuen die Möglichkeit gibt, ihre Handlungsoptionen zu vergrößern: materieller Reichtum, symbolisches Wissen, Positionen in hierarchischen Organisationen und selektive Assoziationen. „Grundsätzlich gilt jedes Gesellschaftsmitglied als gleichermaßen befähigt, die verfügbaren Ressourcen für sich zu nutzen und dadurch die eigenen Lebenschancen zu verwirklichen" (Kreckel 1992: 224). Faktisch findet sich jedoch eine geschlechtsspezifische Ungleichheit des Ressourcenzugangs, die wiederum durch die institutionalisierte Trennung von Reproduktions- und Produktionsarbeit bedingt ist. Frauen verfügen im Normalfall zwar über die Ressource symbolisches Wissen in einem den Männern vergleichbaren Ausmaße, was jedoch die drei anderen strategischen Ressourcen betrifft, so sind Männer hier deutlich im Vorteil. Frauen finden sich selten in Führungspositionen und haben damit auch weniger einflußreiche Netzwerke aufzuweisen und, Frauen verdienen weniger als Männer (vgl. auch Geißler 1996).

Die Modernisierung des weiblichen Lebenszusammenhanges findet hier erst einmal ein Ende, denn die gesteigerten Gleichheitserwartungen von Frauen, u.a. verursacht durch eine Angleichung des Bildungsniveaus, finden auf der strukturellen und auf der institutionellen Ebene der Gesellschaft keine Entsprechung. Beck erklärt dies wie folgt: „Die Gleichstellung von Männern und Frauen ist nicht in institutionellen Strukturen zu erreichen, die die Ungleichstellung von Männern und Frauen voraussetzen. Wir können nicht die neuen „runden" Menschen in die alten „eckigen" Schachteln der Vorgaben des Arbeitsmarktes, Beschäftigungssystems, Städtebaus, sozialen Sicherungssystems usw. zwängen" (Beck 1990: 43). Gleichzeitig verweist er darauf, daß die wirklichen neuen

„runden" Menschen die Frauen sind, während die Männer zwar einen Gleichheitsdiskurs führen, dem jedoch keine Taten folgen lassen. Des Weiteren gibt es einen geschickten Schachzug der Männer, den Metz-Göckel und Müller formulieren: „Die Frauenfrage zur Kinderfrage zu machen, das ist die stabilste Bastion gegen die Gleichstellung der Frauen" (Metz-Göckel/Müller 1985: 27).

Wie können Frauen unter diesen Bedingungen politisch aktiv werden? Wie unterscheiden sich politisch aktive Frauen von nicht politisch aktiven Frauen? Wie gehen sie damit um, daß auch sie dieser „doppelten Vergesellschaftung" unterliegen, daß somit Zeit auch für sie eine knappe Ressource ist und sie in besonderer Weise von selektiven Assoziationen abhängig sind? All diesen Fragen wird in den folgenden Ausführungen nachgegangen.

Im folgenden werden die Bedingungen der politischen Partizipation von Frauen genauer betrachtet. Dazu wird die Situation weiblicher politisch-administrativer Partizipation in Deutschland und im besonderen in Baden-Württemberg sowie in den beiden näher untersuchten Landkreisen beschrieben, um sodann einige Erklärungsansätze für die vorgefundene Unterrepräsentation von Frauen im politischen Feld vorzustellen. Die Frage, inwieweit diese Erklärungsansätze der Makroebene auf die Mikroebene , d.h. auf die Lebensumstände der befragten Frauen anwendbar sind, steht im Mittelpunkt des darauffolgenden Teils, in dem es um die Darstellung der sozialen Lage politisch aktiver Frauen in den beiden Landkreisen sowie um die Lebensumstände geht, unter denen Frauen politisch aktiv sind. Verglichen wird diese Gruppe sodann mit gewerkschaftlich und mit sozial-karitativen Frauen in den beiden Landkreisen. Das Kapitel endet mit einer kritischen Zusammenfassung.

9.1 Die Partizipation von Frauen im politisch-administrativen System Deutschlands

In den meisten europäischen Ländern waren Frauen bis Anfang, in einigen sogar bis Mitte dieses Jahrhunderts von jeglicher politischer Betätigung oder doch zumindest vom allgemeinen Wahlrecht ausgeschlossen. Dies gilt auch für Deutschland. Noch bis 1908 war es ihnen in den meisten Staaten des Deutschen Reiches ausdrücklich verboten, Mitglied eines politischen Vereins zu werden oder auch nur an politischen Versammlungen teilzunehmen. Erst 1918 erhielten die Frauen das allgemeine, d.h. das aktive und passive, Wahlrecht (vgl. Cornelissen 1993, Hoecker 1995). Die ungleichen Rollen von Frauen und Männern im politischen Leben Deutschlands, ihre unterschiedliche(n) Partizipation(schancen) im politischen System, können nicht losgelöst von diesem historischen Kontext betrachtet werden. Zunächst werden in einem Überblick die wichtigsten Merkmale der Repräsentation der Frauen im politisch-administrativen System Deutschlands zusammengefaßt.

9.1.1 Der allgemeine Blick: Merkmale der Partizipation von Frauen im politisch-administrativen System

1. Während man bezüglich der Inanspruchnahme des aktiven Wahlrechts, also der Wahlbeteiligung, inzwischen von einer relativen Angleichung zwischen den Geschlechtern sprechen kann (vgl. Eith 1991, Köcher 1994), gilt dies für die Inanspruchnahme des passiven Wahlrechts noch lange nicht. Obwohl seit dem Bestehen der Bundesrepublik Deutschland der Anteil der Frauen an den Abgeordneten insgesamt kontinu-

ierlich gestiegen ist, sind Frauen nach wie vor in allen politischen Gremien, d.h. im Bundestag wie in den Länderparlamenten, in den politischen Gremien der Stadt- und Landkreise wie in denen der Städte und Gemeinden, unterrepräsentiert. Der Anteil der Frauen an den MandatsträgerInnen der unterschiedlichen politischen Ebenen liegt noch immer „... hinter dem Anteil von Frauen unter den Parteimitgliedern zurück und ist weit davon entfernt, das reale Zahlenverhältnis zwischen Männern und Frauen in der Bevölkerung widerzuspiegeln" (Cornelissen 1993: 343).

2. Einige aktuelle Daten verdeutlichen die Unterrepräsentanz der Frauen auf allen politischen Ebenen sehr eindrücklich: Der Anteil der weiblichen Abgeordneten liegt heute im 13. Deutschen Bundestag bei 26%. Der Frauenanteil in den Länderparlamenten insgesamt lag 1994 bei etwas über 25% (vgl. Hoecker 1995). Allerdings bestehen zwischen den einzelnen Bundesländern erhebliche Differenzen. In Stadtstaaten liegt der Frauenanteil traditionell höher als in Flächenstaaten. Gleiches gilt für SPD oder Rot-Gün regierte Bundesländer versus konservativ, also CDU oder CSU bzw. mit der CDU in Koalition, regierte Länder. Lag z.B. der Anteil weiblicher Landtagsabgeordneter zwischen 1985 und 1988 in den Länderparlamenten insgesamt bei 16%, so gab es eine ganze Reihe von Bundesländern (z.B. Bremen, Hamburg, Schleswig-Holstein), in denen bereits zu diesem Zeitpunkt der Frauenanteil deutlich höher, z.T. über 20% lag. Andere Bundesländer (z.B. Bayern, Nordrhein-Westfalen, Saarland, Baden-Württemberg) hingegen hatten einen deutlich unter dem Durchschnitt liegenden Frauenanteil in ihren Länderparlamenten (vgl. Schnittger 1990). Dieser Trend setzt sich bis heute fort.

3. Lange Zeit wurde angenommen, daß der Anteil der Frauen in den Kommunalvertretungen im Vergleich zu ihrem Anteil im Bundestag und in den Länderparlamenten höher sei.[61] Die Annahme einer allgemein erhöhten Partizipation(schance) von Frauen in Stadt- oder Gemeinderäten, also der "untersten" politischen Ebene, im Vergleich zu anderen politischen Gremien muß jedoch relativiert werden. Die Anzahl der weiblichen Ratsmitglieder unterscheidet sich allerdings erheblich nach der jeweiligen Gemeindegröße. Frauen sind in den Kommunalvertretungen größerer Städte erheblich stärker vertreten als in denen kleinerer Gemeinden. Eine Auswertung des deutschen Städtetages aus dem Jahre 1995 über die Kommunalparlamente aller deutschen Städte zeigt, daß Städte ab 20.000 EinwohnerInnen einen durchschnittlichen Frauenanteil von 24% und Städte und Gemeinden mit 10.000 und mehr EinwohnerInnen einen durchschnittlichen Frauenanteil von 22% besitzen. In Gemeinden mit weniger als 10.000 EinwohnerInnen liegt der durschnittliche Frauenanteil z.T. erheblich niedriger (vgl. Picot/v. Rosenbladt 1995). Diese Zahlen zeigen, daß derzeit die Anteile der Frauen in den Kommunalparlamenten insgesamt unter ihren Anteilen in den Parlamenten anderer politischer Ebenen liegen.

---

[61] Eine mögliche Erklärung für die stärkere Repräsentanz von Frauen in den Kommunalparlamenten wird zum einen häufig darin gesehen, daß sich das Amt einer Gemeinde- oder Stadträtin eher noch mit der Reproduktionsarbeit verbinden liesse als ein Landtags- oder Bundestagsmandat (vgl. Randzio-Plath 1980). Zum anderen wird auch angenommen, daß die Kommunalpolitik mit ihrer spezifischen Themenstellung (z.B. Kindergärten, Schulen, Stadtplanung usw.) Frauen eher anspreche und damit zu einer Bewerbung oder Mandatsübernahme anrege, da sie weitaus stärker den weiblichen Lebenszusammenhang betreffe (vgl. Horstkötter 1990).

4. Für alle politischen Ebenen gilt, daß sich die Frauenanteile in den jeweiligen Fraktionen der Parteien oder Wählervereinigungen erheblich unterscheiden. Sowohl auf kommunaler Ebene, als auch in den Länderparlamenten oder im Deutschen Bundestag ist zu beobachten, daß die eher bürgerlich-konservativ geprägten Parteien oder Wählervereinigungen (z.b. CDU, CSU, aber auch FWV, FDP) durchweg die niedrigsten Frauenanteile in ihren Fraktionen besitzen. Deren Frauenanteile liegen oftmals deutlich unter den durchschnittlichen Frauenanteilen in den jeweiligen Parlamenten. Eher links anzusiedelnde Parteien, wie z.B. die SPD oder die PDS, haben demgegenüber durchwegs einen höheren Frauenanteil in ihren Fraktionen vorzuweisen. Auf allen politischen Ebenen jedoch schicken Bündnis90/Die Grünen die meisten Frauen in die Parlamente. Um nur ein Beispiel zu nennen: In der derzeitigen Bundestagsfraktion haben Bündnis90/Die Grünen einen Frauenanteil von 59%. Dieser ist damit fast doppelt so hoch wie der Frauenanteil im Deutschen Bundestag insgesamt. Dem gegenüber hat z.B. die Fraktion der CDU/CSU lediglich einen Anteil von 14% weiblicher Abgeordneter. Ihr Frauenanteil in der Bundestagsfraktion ist damit fast um die Hälfte geringer als der Frauenanteil im Deutschen Bundestag insgesamt (vgl. Cordes 1996). An den Frauenanteilen der einzelnen Fraktionen zeigt sich damit sehr deutlich die unterschiedliche Bereitschaft der Parteien, Frauen reale Chancen zur Partizipation einzuräumen.

5. Ebenfalls für alle politischen Ebenen gilt, daß nicht nur die Anzahl der weiblichen Abgeordneten, sondern auch die der Bewerberinnen für ein politisches Mandat zugenommen hat. Dies deutet, so Cornelissen (1993), „... darauf hin, daß das Interesse von Frauen, Macht und Einfluß zu gewinnen, deutlich gestiegen ist" (ebd.: 343). Trotz ihres gestiegenen Interesses an einer politischen Partizipation können sich jedoch Frauen auf allen politischen Ebenen bei weitem nicht mit gleichem Erfolg durchsetzen wie ihre männlichen Mitbewerber. Dies belegt ein Vergleich des Frauenanteils bei den KandidatInnen mit dem der gewählten MandatsträgerInnen. Da dieser Mißerfolg schwerlich einem etwaigen persönlichen Versagen von Frauen anzurechnen ist und zudem auch die Differenz zwischen der Erfolgsquote der Kandidaten und Kandidatinnen erheblich zwischen den Parteien schwankt, ist nach Cornelissen (1993) anzunehmen, daß „... der geringe Erfolg von Frauen vorwiegend das Ergebnis parteitaktischer Erwägungen war, die den Kandidatinnen überproportional häufig schlechte Listenplätze oder unsichere Wahlkreise bescherte" (ebd.:343). Auch Hoecker (1995) hält exemplarisch für die Ebene der Bundestagswahl fest, daß Frauen bei der Wahlkreisnominierung und insbesondere dann, wenn es sich um sichere Wahlkreise handelt, erheblich benachteiligt werden.

6. Darüber hinaus gilt für alle politischen Ebenen, daß trotz eines verstärkten Eindringens der Frauen in diese Ebenen politische Führungspositionen noch immer nahezu ausschließlich in Männerhand liegen. Ein Blick auf die Bundes- und Länderebene im Jahr 1996 soll dies kurz verdeutlichen. In der Bundesregierung sind von den 18 MinisterInnen zwei Frauen. Dies entspricht einem Anteil von 11%. Unter den 52 StaatssekretärInnen findet man drei Frauen, die damit einen Anteil von 6% inne haben. Unter den MinisterpräsidentInnen der Länder gibt es derzeit in Deutschland eine Frau (6%). Ein kleiner Lichtblick zeichnet sich derzeit auf Länderebene ab: immerhin sind von den 172 LandesministerInnen bereits 46 Frauen, d.h. 27%. Diese rekrutieren sich jedoch überwiegend aus den SPD bzw. Rot-Grün regierten Landesregierungen (vgl. Geißler 1996).

Nach diesem allgemeinen Überblick wird nun etwas detaillierter die Situation in Baden-Württemberg betrachtet, da unsere Untersuchung in zwei Kreisen dieses Bundeslandes stattgefunden hat.

9.1.2 Der spezielle Blick: Frauen im Landtag und in den Kommunalparlamenten von Baden-Württemberg

Seit Jahren bildet der Landtag von Baden-Württemberg hinsichtlich seines Anteils an weiblichen Abgeordneten das Schlußlicht unter den bundesdeutschen Ländern. 1994 wiesen die Parlamente der alten Bundesländer insgesamt einen Anteil von 23,6% weiblicher Landtagsabgeordneter auf, Baden-Württemberg hingegen hatte nur einen Anteil von 11% (vgl. Hoecker 1995).

Baden-Württemberg stellt deshalb, bezogen auf die politische Partizipation von Frauen, eine Ausnahmesituation dar. Für dieses Bundesland gelten beide bereits genannten Aspekte, die u.a. auch die Partizipationschancen von Frauen erschweren: Baden-Württemberg ist sowohl ein Flächenstaat wie auch ein in langer Tradition konservativ regiertes Bundesland. Ein weiterer Grund für den überaus geringen Anteil der Frauen im Landtag von Baden-Württemberg ist in dem sicherlich reformbedüftigen baden-württembergischen Wahlrecht zu suchen. Im Gegensatz zu den anderen Bundesländern erfolgt hier die Wahl des Landtages nicht über Wahllisten, sondern nur über DirektkandidatInnen der einzelnen Wahlkreise. Haben Frauen erfahrungsgemäß bei der Aufstellung von Listen zumindest theoretisch die Chance, einen aussichtsreichen Listenplatz zu bekommen, gelingt es ihnen kaum, von ihrer Partei als die (einzige) Kandidatin für einen Wahlkreis nominiert zu werden. Diese "Auszeichnung" bleibt offensichtlich noch immer nahezu ausschließlich den männlichen Parteimitgliedern vorbehalten.

Entgegen dem allgemeinen Trend ist der Frauenanteil in den Kommunalparlamenten Baden-Württembergs bis heute im Durchschnitt höher als im Landtag. Dies gilt bereits für die kreiskommunale Ebene, in stärkerem Maße jedoch für die Ebene der Stadt- oder Gemeindeparlamente. Bei den baden-württembergischen Kommunalwahlen 1994 lag der Frauenanteil auf Kreisebene bei 13%, auf Gemeindeebene bei fast 18% (vgl. Hoekker 1995, Picot/v. Rosenbladt 1995).

Auch für Baden-Württemberg gilt, daß politische Führungspositionen weitgehend in Männerhand liegen. In der derzeitigen Landesregierung hat nur eine Frau einen MinisterInnenposten inne. Unter den LandrätInnen, also den Spitzenpositionen der kreiskommunalen Ebene, findet man keine Frau. Von den neun Stadtkreisen in Baden-Württemberg steht lediglich einem eine Frau vor. Von den 1.110 Städten und Gemeinden wurden im Jahr 1995 lediglich 8 von einer Bürgermeisterin oder Oberbürgermeisterin regiert.

Ein letzter Blick gilt noch der politischen Präsenz der Frauen in den Kommunalparlamenten der hier untersuchten Landkreise, d.h. auf der politischen Ebene der Kreistage und auf der der Stadt- oder Gemeinderäte. Der Kreistag des Rhein-Neckar-Kreises hat seit der letzten Kommunalwahl 1994 einen Frauenanteil von 13,9% und liegt damit knapp über dem Landesdurchschnitt von 13,1%. Der Kreistag des Rems-Murr-Kreises zeigt hierzu im Vergleich einen höheren Frauenanteil von 17,6%, der damit nicht nur über dem des Rhein-Neckar-Kreises, sondern auch deutlich über dem Landesdurchschnitt liegt. Die folgenden Tabellen zeigen für beide Landkreise den Anteil der Frauen unter den MandatsträgerInnen in den Kreistagen. Dabei wird noch einmal der bereits für die Bundes- und Länderebene beschriebene Trend deutlich: die Anteile der Frauen unter den MandatsträgerInnen unterscheiden sich sehr deutlich bei den einzelnen Parteien oder WählerInnenvereinigungen. Dies kann man bereits auf der kreiskommunalen Ebene feststellen.

Tabelle 9.1: Frauen im Kreistag des Rhein-Neckar-Kreises nach Parteien
(Kreistagswahl 1994)

Partei / Wähler-Vereinigung	gültige Stimmen %	Sitze / KreisrätInnen		
		insgesamt abs.	davon Frauen abs.	%
CDU	33,6	38	4	10,5
SPD	29,3	31	4	12,9
FWV	15,6	17	2	11,7
Grüne	13,2	14	4	28,5
F.D.P.	5,6	6	1	16,6
NPD	1,1	1	0	0
REP	1,4	1	0	0
Summe		108	15	13,9

Quelle: Landratsamt RNK (Hg.): Informationsdienst Nr. 17, eigene Zusammenstellung

Tabelle 9.2: Frauen im Kreistag des Rems-Murr-Kreises nach Parteien
(Kreistagswahl 1994)

Partei / Wähler-Vereinigung	gültige Stimmen %	Sitze / KreisrätInnen		
		insgesamt abs.	davon Frauen abs.	%
CDU	33,5	31	5	16,1
SPD	25,7	24	5	20,8
F.D.P./FWV	20,0	20	2	10,0
Grüne	11,4	10	3	30,0
ÖDP	4,0	3	1	33,3
REP	4,5	3	0	0
Summe		91	16	17,6

Quelle: Landratsamt RMK: Liste der Kreistagsabgeordneten, eigene Aufbereitung

Ein ergänzender Blick auf die Ebene der Gemeindeparlamente zeigt für beide Landkreise, daß der Anteil der Frauen in den Stadt- oder Gemeinderäten der einzelnen Kommunen dieser Kreise höher ist als im Landesdurchschnitt. Der Rhein-Neckar-Kreis kann nach der letzten Kommunalwahl im Jahr 1994 einen Frauenanteil in den Gemeindeparlamenten von 20,0% vorweisen und liegt damit bereits über dem landesweiten Anteil von knapp 18%. Der Rems-Murr-Kreis hat mit 22,9% sogar einen noch höheren Frauenanteil in den Kommunalparlamenten.

Auch für die kommunale Ebene muß noch einmal hervorgehoben werden, daß die politischen Führungspositionen nach wie vor von Männern eingenommen werden. Wie im ganzen Bundesland stehen auch den beiden hier untersuchten Kreisen Landräte vor. Im Rhein-Neckar-Kreis sucht man vergebens nach einer Bürgermeisterin oder Oberbürgermeisterin. Die Funktion des Stadt- oder Gemeindeoberhauptes liegt in allen 54 Kreisgemeinden nach wie vor ausschließlich in Männerhand. Im Rems-Murr-Kreis hingegen wird von den 30 Gemeinden (bzw. Verwaltungseinheiten) derzeit immerhin eine von einer Bürgermeisterin geführt (vgl. Mischau/Blättel-Mink/Kramer 1997, Llanos/ Schlegel 1997).

Obwohl sowohl in den Kreis- wie in den Gemeindeparlamenten beider Landkreise der Frauenanteil insgesamt über dem Landesdurchschnitt liegt, sind in beiden Kreisen Frauen noch immer weit davon entfernt, entsprechend ihres Bevölkerungsanteils in den Kreistagen oder in den Stadt- bzw. Gemeinderäten vertreten zu sein. Darüber hinaus spiegeln sich in beiden Landkreisen sowohl auf der Kreis- wie auf der Gemeindeebene Trends wider, die bereits auf Bundes- und auf Länderebene zu beobachten waren: 1) die Frauenanteile unterscheiden sich in den jeweiligen in den Gremien vertretenen Fraktionen erheblich, entsprechend dem bereits genannten Muster; 2) es besteht ein zum Teil sehr deutliches Mißverhältnis zwischen dem Anteil der Frauen, die sich für ein kommunales politisches Mandat beworben haben und denen, die tatsächlich eines erwerben und einnehmen konnten. Dies gilt, von einigen Ausnahmegemeinden abgesehen, in denen sich Bewerberinnen überproportional durchsetzen konnten, gleichermaßen für die Kreis- und Gemeindeparlamente beider Landkreise (vgl. Picot/v. Rosenbladt 1995, Mischau/ Blättel-Mink/Kramer 1997).

Nach dieser kurzen Situationsbeschreibung wird nun der Blick auf einige Ansätze gelenkt, die versuchen, die anhaltende Unterrepräsentation von Frauen im politisch-administrativen System zu erklären.

9.2   Erklärungsansätze für die geringe Repräsentanz von Frauen im politisch-ad-
        ministrativen System

Der Frage, warum Frauen auf allen Ebenen des politisch-administrativen Systems unter-repräsentiert sind, widmen sich Sozial- und PolitikwissenschaftlerInnen seit einigen Jahren und haben dafür bislang eine ganze Reihe von Erklärungsansätzen fomuliert.

Ging man lange Zeit davon aus, daß Frauen eben offensichtlich nicht in dem Maße politisch interessiert sind wie Männer und daher auch weniger „Lust" auf eine politische Partizipation haben, so kann dieser Defizitansatz getrost zum „alten Eisen" gelegt werden. Einstellungsbefragungen kommen seit Jahren zu den Ergebnissen: a) daß Frauen schon lange mehrheitlich nicht mehr der Meinung sind, daß Politik Männersache ist; b) daß die Anzahl der Frauen, die angeben, sich für Politik zu interessieren, relativ hoch ist (vgl. Naßmacher 1991, Cornelissen 1993). Auf ein erstarktes Interesse der Frauen an einer Teilhabe am politisch-administrativen System verweist auch die seit Jahren steigende Anzahl von Bewerberinnen für ein politisches Mandat. Andere AutorInnen relativieren den Mythos von der „unpolitischen" Frau, indem sie darauf verweisen, daß bei Frauen generell nicht von einem geringeren Interesse an politischen Themen oder Aktivitäten gesprochen werden kann, sondern wohl eher von einer erhöhten Staats- und Parteienverdrossenheit. Dieser Schluß liegt deshalb nahe, da sich Frauen z.B. in Bürger-initiativen, sozialen Bewegungen, Selbsthilfegruppen, kirchlichen Gemeindevorständen oder Elternbeiräten usw., d.h. eher im unkonventionellen politischen Bereich oder im ehrenamtlichen Bereich überproportional engagieren (vgl. Ballhausen/Brandes u.a.1986, Meyer 1992, Gabriel u.a. o.J.).

Sucht man also die Gründe für die Unterrepräsentanz von Frauen im politisch-administrativen System nicht bei den Frauen selbst, so verbleiben ganz allgemein zwei Ebenen, auf die sich die Erklärungsansätze beziehen: die der Gesellschaft und die der Parteipolitik. Bindeglied zwischen der gesellschaftlichen und der parteipolitischen Ebene scheinen bis heute die Nachwirkungen des historischen Ausschlusses von Frauen aus der Politik zu sein. So konnte ein politisches System entstehen, das in seinen Werten und Milieus, seinen Regeln und Verfahren durch männliche Tradition geprägt ist und bleibt. Gleichzeitig erschwert diese Entwicklung bis heute Frauen nicht nur den Zugang zur, sondern auch das Verbleiben in der Politik (vgl. z.B. Schöler-Macher 1994, Schwarting 1995).

Im folgenden werden nun noch einige Faktoren benannt, die insbesondere die politische Partizipation von Frauen in Kommunalparlamenten beeinflussen. Als eine Ursache für die ungleiche Teilhabe an politischer Macht sind sicherlich die ungleichen Lebensbedingungen von Frauen und Männern zu nennen. Da das kommunale Wahlsystem überwiegend ein Personenwahlsystem ist, versuchen die Parteien im allgemeinen, die bekanntesten und prominentesten BürgerInnen einer Gemeinde für ihre Liste zu gewinnen. Die Personen jedoch, die über einen hohen lokalen Bekanntheitsgrad verfügen, sind wieder in erster Linie Männer, die z.B. über Vereine, als Geschäftsinhaber, als Mitglieder lokaler Interessengruppen eher im öffentlichen Leben stehen als Frauen und deshalb auch präsenter, d.h. bekannter, sind. Zudem begünstigt das Kriterium „Bekanntheitsgrad" die bisherigen Amtsträger - also ebenfalls mehrheitlich Männer -, die als oftmals langjährige Ratsherren hier gegenüber Frauen im Vorteil sind (vgl. Horstkötter 1990, Hoecker 1995).

Doch nicht nur das Kriterium „Popularität" beeinflußt in starkem Maße die KandidatInnenaufstellung und damit auch die wahrscheinliche spätere Zusammensetzung des Gremiums, sondern auch das individuelle Zeitbudget der KandidatInnen für die ehrenamtliche Ratsarbeit. Da die Rats- oder Ausschußsitzungen oftmals nachmittags oder abends stattfinden, diese zudem durch zusätzliche Fraktionstermine vorbereitet, Repräsentationstermine wahrgenommen werden müssen usw., muß für ein solches Ehrenamt die entsprechende Zeit bzw. Abkömmlichkeit vorhanden sein. Diese Tatsache bedingt nicht nur, daß bestimmte Berufsgruppen in den Räten über- bzw. unterrepräsentiert sind, sondern daß auch Frauen, aufgrund der noch immer bestehenden geschlechtsspezifischen Arbeitsteilung in unserer Gesellschaft, kaum oder nur in stark eingeschränktem Maße in der Lage sind, eine Ratstätigkeit mit ihrer sonstigen Lebenssituation zu vereinbaren. So verweist Schwarting (1995) darauf, daß die Abkömmlichkeit der männlichen Politiker oft erst durch die geschlechtsspezifische Arbeitsteilung ermöglicht wird, während im umgekehrten Falle die geschlechtsspezifische Arbeitsteilung eine Abkömmlichkeit der (potentiellen) weiblichen Politiker verhindert oder zumindest erschwert. Auch stellt Horstkötter (1990) in einer Untersuchung über weibliche Ratsmitglieder fest: „Die Vereinbarkeit von Familie, Beruf und Politik stellt auch auf kommunaler Ebene die größte Barriere für Frauen dar. Dieses gilt sowohl für die Bereitschaft, ein kommunales Amt zu übernehmen, wie auch für die Realität der Ratstätigkeit" (ebd.: 274).

Zahlreiche Arbeiten verweisen darauf, daß der Erfolg oder Mißerfolg von Frauen bei Kommunalwahlen auch durch die Gemeindegröße mitbestimmt wird (Horstkötter 1988, Schnittger 1990). „Die schlechtesten Chancen haben Kandidatinnen offenbar in kleineren Gemeinden. Es ist zu vermuten, daß dort, wo Politik am Stammtisch gemacht wird und jeder jeden kennt, vor allem das Netzwerk der Männer funktioniert. In den Großstädten, in denen sich die traditionelle Geschlechterrollenzuweisung eher auflöst, haben Frauen mehr Chancen" (Cornelissen 1993: 339). Sicherlich sind diese Aspekte noch immer wichtige Einflußfaktoren auf das Stadt-Land-Gefälle der Repräsentanz von Frauen in Kommunalvertretungen. Neuere Untersuchungen haben jedoch dem Erklärungsfaktor „Gemeindegröße" einen weiteren Aspekt hinzufügen können. So kommen Picot/v. Rosenbladt (1995) zu dem Ergebnis, daß sich in erster Linie die Bildungsstruktur einer Gemeinde auf den Frauenanteil im Gemeinderat auswirkt und erst an zweiter Stelle die Gemeindegröße. „Je größer der Bevölkerungsanteil mit höheren Bildungsabschlüssen, um so mehr Frauen sind der Tendenz nach im Gemeinderat vertreten. (...) Der zunehmende Frauenanteil, der sich bei wachsender Gemeindegröße verzeichnen läßt, ist demnach zu einem erheblichen Teil vermittelt über den Anteil von Personen mit höheren Schulabschlüssen, die in der Gemeinde leben" (Picot/v. Rosenbladt 1995: 69). Der Faktor Bildung wirkt sich demnach in zweierlei Hinsicht aus: zum einen ist in größeren Gemeinden der Anteil „hochgebildeter" Frauen höher und diese haben eine deutlich bessere Chance auf Wahllisten und sodann auch in den Gemeinderat zu kommen; zum anderen steigt offensichtlich mit dem Bildungsabschluß die Bereitschaft, Frauen das Feld Politik zuzugestehen und diese für ein Mandat zu wählen.

Darüber hinaus hängt der Wahlerfolg von Frauen bei Kommunalwahlen stark davon ab, bei welcher Partei oder Gruppierung sie antreten. Je nachdem, wie stark deren Intention zur Förderung von Frauen ist, welchem Stellenwert also innerparteilich der politischen Partizipation von Frauen zugemessen wird, werden Frauen z.B. über gute Listenplätze verstärkt Wahlchancen zugestanden oder eben nicht. Was bereits als hemmender bzw. fördernder Faktor für die Partizipation(schancen) von Frauen in politischen Gremien auf Bundes- und Länderebene genannt wurde, gilt ebenso auf der kommunalen Ebene. Parteiregeln und Parteistrukturen haben einen nicht unerheblichen Einfluß auf die Repräsentanz von Frauen in den Parlamenten. In den Parteien, die sich, wie z.B. die SPD oder Bündnis90/Die Grünen, aktiv für eine Quotenregelung ausgespochen und diese in den letzten Jahren auch konsequent umgesetzt haben, haben sich nicht nur die Anzahl der Bewerberinnen auf Wahllisten, sondern auch die Anteile der gewählten Frauen in politischen Ämtern erhöht. Politische Parteien wie z.B. die CDU, CSU oder FDP hingegen, die bis heute eine „echte" Quotenregelung ablehnen, konnten zwar in den letzten Jahren ebenfalls die Anzahl der Frauen auf den Wahllisten geringfügig steigern, „... die Vorrechte des jeweiligen Amtsinhabers verhindern jedoch eine reale Verbesserung des Frauenanteils, da Politikerinnen die Spitzenplätze auf der Liste meist verweigert werden" (Banaszak 1995: 133; vgl. auch Picot/v. Rosenbladt 1995).

Allein dieser Überblick zeigt, wie vielfältig die Einflußfaktoren auf den Erfolg oder den Mißerfolg von Frauen bei Kommunalwahlen sein können. Der Wunsch nach und der Wille zu politischer Partizipation haben allerlei Stolpersteine zu überwinden, bis sie zur Verwirklichung kommen. Diese sind für Frauen offensichtlich noch immer weitaus größer als für Männer. Bei genauerem Hinsehen zeigt sich, daß allen Erklärungsansätzen gemeinsam ist: eine Rückführung der ursächlichen Begründungen auf die noch immer währende geschlechtsspezifische Rollendifferenzierung und damit zusammenhängend die geschlechtsspezifische Arbeitsteilung, die den Männern primär den Produktionsbereich und damit die öffentliche Sphäre zuordnet und die Frauen primär im Reproduktionsbereich, d.h. in der privaten Sphäre verortet.

Daraus folgt eine geschlechtsspezifische Ressourcenausstattung, die sich im Hinblick auf die Wahrscheinlichkeit weiblicher politischer Partizipation - thesenhaft - zusammenfassen läßt:
1. Je höher das Bildungsniveau und damit das symbolische Wissen von Frauen, desto größer das politische Interesse und desto höher die Bereitschaft, ein politisches Amt zu

übernehmen. Dieser Faktor verstärkt sich in städtischen Milieus und in Parteien, die eher dem linken Spektrum zuzuordnen sind.

2. Da sich das politische System als spezifisch männliches darstellt und reproduziert, widerspricht es vor allem in zeitlicher Hinsicht dem weiblichen Lebenszusammenhang. Frauen, die eine Familie zu versorgen haben, sind nicht in einem vom politischen System geforderten Ausmaß abkömmlich.

3. Frauen verfügen in geringerem Maße als Männer über selektive Assoziationen, d.h. über einen öffentlichen Bekanntheitsgrad und über ein soziales Netzwerk, die ihnen die Wahl zu einem politischen Amt erleichtern könnten. Dies liegt daran, daß Frauen in weitaus geringerem Maße als Männer in der Öffentlichkeit stehen. Sie sind seltener vollerwerbstätig, haben einen geringeren Anteil unter den Selbständigen und haben wesentlich seltener Führungspositionen inne.

In der Darstellung der Ergebnisse unserer Untersuchung im Hinblick auf die politische Partizipation von Frauen, werden folgende Faktoren ausgewertet, die es ermöglichen, die genannten Thesen[62] zu überprüfen: Bildungs- und Ausbildungsniveau; Familienstand und Anzahl der Kinder unter 18 Jahren im Haushalt; familiale Arbeitsteilung; Umfang der Erwerbstätigkeit und das Haushaltseinkommen. In einer qualitativen Studie wurden noch einmal Interviews mit 4 politisch aktiven Frauen aus unserer Stichprobe durchgeführt (vgl. Bez/Torner 1997. Hier ging es vor allem darum, die in der quantitativen Studie vorgefundenen Zusammenhänge zu vertiefen.

9.3 Zur sozialen Lage und Lebensführung von gesellschaftlich aktiven Frauen in zwei Kreisen Baden-Württembergs

Auf die Frage nach der Wichtigkeit bestimmter Lebensbereiche gaben in einer nach Alter und Familienstand geschichteten Befragung in den beiden oben genannten Landkreisen Baden-Württembergs von 760 befragten Frauen 48% an, daß ihnen der Einfluß auf politische Entscheidungen sehr wichtig bzw. wichtig sei.[63] Das Lebensziel „sich politisch, gesellschaftlich einsetzen" hielten 34% der Befragten für mindestens wichtig. Frauen zwischen 40 und 50 Jahren (57%) sowie Frauen, die nur geringfügig erwerbstätig sind (52%), erreichen in beiden Fällen die höchsten Anteile. Auch Frauen mit Kind/-ern (48%) weisen höhere Werte auf als Frauen ohne Kind/-er (46%). Interessant ist der relativ große Unterschied zwischen geringfügig beschäftigten Frauen und Frauen, die nicht erwerbstätig sind (43%). Zu letzterer Gruppe zählen allerdings auch die älteren Frauen, die ein deutlich geringeres politisches Interesse zeigen. Tatsächlich politisch aktiv sind 5% der befragten Frauen, gewerkschaftlich aktiv sind 2%[64].

---

[62] Dadurch, daß weder Parteimitgliedschaft noch Parteipräferenz erhoben wurden, kann der zweite Teil der ersten These hier nicht überprüft werden.

[63] Diese Frage findet sich auch im Wohlfahrtssurvey 1993, einer repräsentativen Umfrage in Ost- und Westdeutschland. Befragt wurden 1630 Frauen und 1432 Männer. Was den Einfluß auf politische Entscheidungen betrifft, so gaben 41,7% der befragten Frauen - und damit deutlich weniger als in unserer Befragung - an, dies sei für ihr Wohlbefinden wichtig bzw. sehr wichtig.

[64] Im Gegensatz dazu sind in der Gesamtstichprobe deutlich mehr Frauen sozial-karitativ (17%), kirchlich (14%) oder in Selbsthilfegruppen oder -initiativen (10%) aktiv.

9.3.1 Politisch aktive Frauen in zwei Landkreisen Baden-Württembergs

Im folgenden werden die politisch aktiven Frauen genauer betrachtet und mit der Stichprobe insgesamt verglichen. Die 36 Frauen sind maximal mehr als 2-3 mal pro Woche
und minimal weniger als 1 mal im Monat politisch aktiv. Die größte Gruppe, nämlich
58%, sind zwischen 30 und 50 Jahre alt. Diese Altersgruppe ist auch diejenige, die bei
der Nennung von allgemeinen Lebenszielen das stärkste politischen Interesse zeigte.
14% der politisch aktiven Frauen sind zwischen 20 und 30 Jahren, 17% zwischen 50
und 60 Jahren und 11% der Frauen sind älter als 60 Jahre. Keine der befragten Frauen
unter 20 Jahren ist politisch aktiv.

a. Familienstand
Mehr als 3/4 der politisch aktiven Frauen in den beiden Landkreisen sind verheiratet und
leben mit ihrem Partner zusammen. Damit unterscheiden sie sich deutlich von der Gesamtstichprobe, in der nur etwas mehr als die Hälfte der Frauen verheiratet sind und mit
ihrem Partner zusammenleben und noch über 20% ledig sind.

Graphik 9.1: Familienstand der politisch aktiven Frauen in %

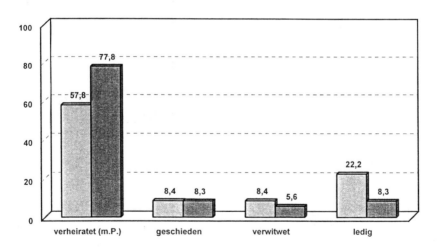

insgesamt ■politisch aktiv

Quelle: eigene Erhebung

b. Kinderzahl und Anzahl der Kinder unter 18 Jahre im Haushalt
Auch was die Anzahl der Kinder betrifft, finden sich Unterschiede zwischen den politisch aktiven Frauen und der Gesamtstichprobe. Haben in der Gruppe der befragten Frauen insgesamt 72% mindestens ein Kind, so liegt dieser Anteil bei den politisch aktiven Frauen deutlich höher, nämlich bei 83%. Von diesen Frauen wiederum hat der weitaus größte Teil zwei Kinder (63%), wohingegen in der Gesamtstichprobe dieser Anteil bei 48% liegt. Besonders große Unterschiede zwischen den politisch aktiven Frauen und der Gesamtstichprobe zeigen sich in der Anzahl der Kinder unter 18 Jahren im Haushalt. Lediglich 8% der politisch aktiven Frauen haben kein Kind unter 18 Jahren im Haushalt[65], im Vergleich zu 31% der Frauen insgesamt.

Graphik 9.2: Kind/er unter 18 Jahren im Haushalt der politisch aktiven Frauen

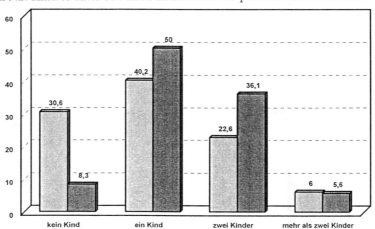

Quelle: eigene Erhebung

c. Familiale Arbeitsteilung
Politisch aktive Frauen haben demnach sehr häufig Kinder zu versorgen. Daß sie dies zum größten Teil alleine tun, zeigt sich bei der Frage nach der innerfamilialen Arbeitsteilung. 89% der politisch aktiven Frauen, die Kinder zu versorgen haben, tun dies überwiegend selbst. Lediglich bei der Beschäftigung mit dem Kind/den Kindern geht 50% der Frauen der Partner zur Hand. Auch bei den anderen häuslichen Beschäftigungen findet sich die klassische Arbeitsteilung, Frauen kochen, putzen und erledigen die Wäsche überwiegend alleine, lediglich beim Einkaufen und Abspülen unterstützen sie die Partner in nennenswertem Umfang. Reparaturen im Haus und Pflege des KFZ übernehmen überwiegend die Männer. Andere Personen tauchen am ehesten bei der

---

[65] Kinder unter 18 Jahren können auch Enkelkinder, Pflegekinder ect. sein. Deshalb entsprechen die Zahlen nicht denen der Elternschaft.

Pflege der Wohnung auf[66]. Hier finden sich keine nennenswerten Unterschiede zur Gruppe insgesamt.

d. Bildungsniveau und Ausbildungsniveau
Mehr als die Hälfte (53%) der politisch aktiven Frauen in den beiden untersuchten Landkreisen Baden-Württembergs hat die allgemeine Hochschulreife (Abitur), im Vergleich zu lediglich 27% der insgesamt 760 befragten Frauen. Der Anteil der Frauen mit Volks- bzw. Hauptschulabschluß liegt deutlich unter dem der Gruppe insgesamt.

Graphik 9.3: Höchster Schulabschluß der politisch aktiven Frauen in %
(insgesamt - politisch aktive Frauen)

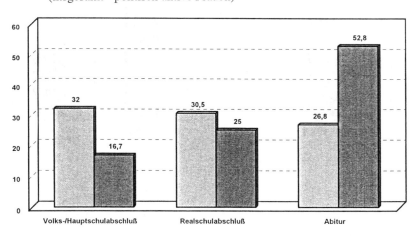

Quelle: eigene Erhebung

Entsprechend ihrem Bildungsniveau ist der Anteil der Frauen mit einem Hochschulabschluß (39%) am höchsten, gefolgt von den Frauen, die eine beruflich-betriebliche Ausbildung mit Abschlußprüfung vorweisen (31%). Einen Fachschulabschluß haben 19% der Frauen. Das Ausbildungsniveau der befragten Frauen insgesamt ist, außer dem beruflich-betrieblichen Abschluß, deutlich anders verteilt: einen Hochschulabschluß weisen nur 11% der Frauen auf und 25% haben einen Fachschulabschluß.

e. Umfang der Erwerbstätigkeit
Das hohe Bildungs- und Ausbildungsniveau der politisch aktiven Frauen geht jedoch nicht mit hoher Erwerbsbeteiligung einher. Lediglich 19% sind vollzeit erwerbstätig, 36% hingegen sind nicht erwerbstätig. Dies ist vor allem im Hinblick auf die Altersver-

---

[66] Es kann nicht bestimmt werden, inwieweit es sich hier um Kinder oder andere Verwandte bzw. eine Putzfrau handelt.

teilung der Gruppe interessant (s.o.). Allerdings sind im Vergleich zu den Befragten insgesamt deutlich weniger politisch aktive Frauen geringfügig beschäftigt.

Graphik 9.4: Umfang der Erwerbstätigkeit der politisch aktiven Frauen in %

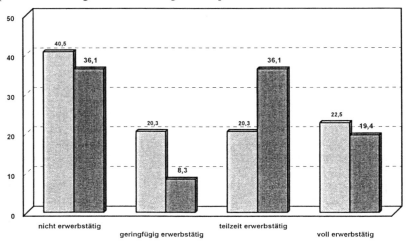

Quelle: eigene Erhebung

Graphik 9.5: Monatliches Haushaltseinkommen der politisch aktiven Frauen in %

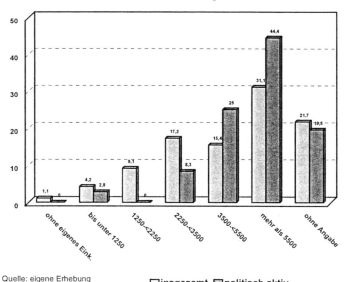

Quelle: eigene Erhebung

f. Haushaltseinkommen

Finanziell sind die politisch aktiven Frauen recht gut gestellt. Von den Frauen, die die Frage nach dem Haushaltseinkommen beantwortet haben, gibt nur eine Frau ein Haushaltseinkommen von unter 1250.- DM an, knapp die Hälfte der Frauen verfügt über ein Haushaltseinkommen von mehr als 5500.- DM. Davon geben sogar 7 Frauen ein monatliches Haushaltseinkommen zwischen 8000.- und 10000.- DM an. Im Vergleich zur Gesamtstichprobe zeigt sich die Gruppe der politisch aktiven Frauen als mit materiellen Ressourcen deutlich besser ausgestattet.

Als Ergebnis kann festgehalten werden: die politisch aktiven Frauen dieser Erhebung sind verheiratet und leben mit ihrem Partner zusammen, sie haben Kinder unter 18 Jahren im Haushalt, die sie überwiegend selbst versorgen. Der Großteil von ihnen hat eine Hochschulreife. Sie sind im Hinblick auf ihren beruflichen Status und noch deutlicher im Hinblick auf das monatliche Haushaltseinkommen der höheren Mittelschicht zuzuordnen. Politisch aktive Frauen befinden sich eher in der Familienphase als in der „empty nest" Phase. Politische Partizipation von Frauen impliziert nicht die Überwindung klassischer Rollenteilung. Die hier befragten Frauen übernehmen fast alle die Kinder- und Hausarbeit (Reproduktionsarbeit). Sie sind überwiegend nicht erwerbstätig oder gehen höchstens einer Teilzeiterwerbstätigkeit nach.

Es läßt sich vermuten, daß die politisch aktiven Frauen bei der Wahl zwischen Beruf, Familie und politischer Partizipation auf die Erwerbstätigkeit verzichtet haben, bzw. dort die Einschränkung vornehmen, um zeitliche Ressourcen für ihre politischen Aktivitäten zu eröffnen.

g. Ergebnisse der qualitativen Studie

Die vier befragten Frauen decken das Spektrum sozialer Konstellationen, das wir oben herausgearbeitet haben, annähernd ab. Eine Frau ist vollzeit erwerbstätig, allerdings ist ihr Kind bereits aus dem Haus, die drei anderen sind teilzeit, geringfügig bzw. nicht erwerbstätig. Eine Frau hat einen Hauptschulabschluß. Sie ist als einzige mit der innerfamilialen Arbeitsteilung zufrieden, obwohl sie die Reproduktionsarbeit übernimmt. Die drei anderen Frauen haben mindestens einen Realschulabschluß und wünschen sich allesamt mehr Partnerschaftlichkeit bei den Reproduktionsarbeiten. Allerdings zeigt sich auch deutlich, daß der familiale Hintergrund als ideelle und materielle Stütze wichtig ist, ebenso wie das Vorhandensein eines sozialen Netzwerkes, das die politische Tätigkeit fördert. Die befragten Frauen berichten von mangelnden Kinderbetreuungseinrichtungen in den politischen Institutionen und von den Schwierigkeiten von Frauen, die z.B. alleinerziehend sind oder finanziell eher schlecht ausgestattet, sich politisch zu engagieren. Eine der Frauen berichtet von einer Situation, in der man ihr auf die Frage nach einer möglichen Kinderbetreuung im Gemeinderat antwortete: „... wenn ich mein, daß ich als Mutter Politik betreiben muß, muß ich dann halt auch gucken, wie ich über die Runden komm ..."

Die befragten Frauen sind im Gemeinderat und/oder im Kreistag politisch aktiv. Ihre Betätigungsfelder sind hauptsächlich in den Bereichen Soziales, Familie, Jugend und Umwelt. Zum großen Teil sind dies auch Themen, die eine Nähe zum weiblichen Lebenszusammenhang haben und die Frauen nicht selten politisieren. Was die politischen Hierarchien betrifft, erkennen die Frauen deutlich geschlechtsspezifische Unterschiede. „... überm Kreistag im Landtag, da wird's schon kritisch." So die Aussage einer Befragten. Je „wichtiger", je brisanter ein Thema, je höher der Verdienst, desto weniger erwünscht sind die Frauen (vgl. auch Cordes 1996). „ ... es wird erst kritisch, wenn's wirklich um Geldverdienst geht." Keine der Frauen weist eine politische Karriereorientierung auf, teilweise wollen sie nicht mehr kandidieren.

Eine intrinsische Motivation zur Kandidatur besteht bei den meisten Frauen nicht. Entweder werden die Frauen von einer bedeutenden Persönlichkeit aufgefordert, oder ihre politische Bezugsgruppe drängt sie zur Kandidatur. „.... eines Tages vor 8 Jahren, da kamen sie an und haben gefragt, ob ich nicht als Gemeinderätin hier mitmachen wollte und da habe ich dann 'Ja' gesagt. (...) Aus eigener Idee wäre ich nicht hingegangen und hätte gesagt, so jetzt lasse ich mich mal aufstellen. Also da mußte schon einer kommen und mir einen Stoß geben." Doch die Kandidatur allein reicht noch nicht aus, wie die befragten Frauen übereinstimmend berichten. Wenn Frauen keine entsprechenden sozialen Netzwerke haben, wenn sie in der Öffentlichkeit nicht ausreichend bekannt sind, was wiederum dem typisch weiblichen Lebenszusammenhang entspricht, so ist ein Wahlsieg äußerst gefährdet. Erst wenn die Frauen bekannter sind, und dies erreichen sie durch Präsenz in der Öffentlichkeit, dann werden sie gewählt oder wenn die Unterstützung innerhalb der Partei sehr stark ist.

Im Ergebnis zeigt sich deutlich, wie wichtig das Vorhandensein von selektiven Assoziationen für die politisch aktiven Frauen ist, und wie stark das Nicht-Vorhandensein öffentlicher Reputation auf den Wahlerfolg wirkt. Interessant ist darüber hinaus der externe „push", der die Frauen erst dazu bewegt, sich für ein politisches Amt zu bewerben. Des Weiteren wird hier die These verstärkt, daß die männliche Dominanz und die männliche Ausrichtung des politischen Systems mit dem weiblichen Lebenszusammenhang nur schwer vereinbar ist, und daß Frauen hiermit auch große Probleme haben, die u.a. dazu führen, daß sie keine politische Karriere anstreben.

Wodurch unterscheidet sich nun die Gruppe der politisch aktiven Frauen von den Gewerkschafterinnen in unserer Stichprobe, die ja vermutlich einen stärkeren Zusammenhang zwischen Erwerbstätigkeit und gesellschaftlicher (d.i. gewerkschaftlicher) Tätigkeit aufweisen?

9.3.2 Gewerkschaftlich aktive Frauen in zwei Landkreisen Baden-Württembergs

Von den 760 befragten Frauen in den beiden Landkreisen sind nur 14 Frauen gewerkschaftlich aktiv. Sie erteilen sich etwas gleichmäßiger auf die Altersgruppen als die politisch aktiven Frauen. Lediglich 50% der gewerkschaftlich aktiven Frauen sind verheiratet und leben mit dem Partner zusammen und 28% sind ledig. Dies entspricht eher der Verteilung des Familienstandes der Gesamtstichprobe, als der der politisch aktiven Frauen. Anders sieht dies bei der Anzahl der Kinder aus. 50% der gewerkschaftlich aktiven Frauen haben (noch?) kein Kind. Dieser Anteil liegt deutlich über dem der Gesamtstichprobe (28%). Die Verpflichtungen durch Kinderbetreuung sind damit bei gewerkschaftlich aktiven Frauen deutlich geringer als bei der Stichprobe insgesamt. Gewerkschaftlich aktive Frauen genießen, zumindest bei der Versorgung der Kinder, eine deutlich stärkere Partnerschaftlichkeit als die restlichen Frauen. Auch bei den Hausarbeiten hilft der Partner - bis auf Tätigkeiten wie Bügeln und die Wohnung putzen - deutlich häufiger mit als bei den anderen Frauen.

Was das Bildungsniveau betrifft, so haben weniger gewerkschaftlich aktive Frauen Abitur (ca. ein Drittel) als politisch aktive Frauen (ca. die Hälfte) Die wenigen Frauen, die Abitur haben, haben jedoch auch einen Hochschulabschluß. Ebenso viele Frauen (36%) haben eine beruflich-betriebliche Ausbildung mit Abschlußprüfung. Einen Fachschulabschluß haben noch einmal 29% der Frauen. Beinahe die Hälfte der gewerkschaftlich aktiven Frauen ist vollzeit erwerbstätig. Das unterscheidet sie deutlich sowohl von der Gesamtstichprobe als auch von den politisch aktiven Frauen. Keine der gewerkschaftlich aktiven Frauen geht einer geringfügigen Beschäftigung nach. Auch dies unterscheidet diese Frauen deutlich von der Gesamtstichprobe und den politisch aktiven Frauen. Das heißt, gewerkschaftlich aktive Frauen sind bei weitem nicht so stark mit Reproduktionstätigkeiten beschäftigt wie die politisch aktiven Frauen und auch wie die Frauen insgesamt. Aber sie sind in höherem Umfang erwerbstätig. Von den Frauen, die Auskunft über die Höhe ihres Haushaltseinkommens gaben, nannte keine ein Haushaltseinkommen unter 1250.- DM, allerdings werden keine so hohen Haushaltseinkommen erreicht wie bei den politisch aktiven Frauen. Dennoch scheint diese Gruppe materiell besser ausgestattet zu sein als die Gesamtstichprobe.

Wenn Frauen, abgesehen vom Beruf, in die Öffentlichkeit treten, dann sind sie entweder in geringem Umfang erwerbstätig und haben häufig mehr als ein Kind, das im Haushalt lebt (eher politisch aktive Frauen), oder sie sind vollzeit erwerbstätig, haben kein Kind und die Partner unterstützen sie bei den insgesamt geringeren Reproduktionstätigkeiten (eher gewerkschaftlich aktive Frauen). Die zur Verfügung stehende Zeit von diesen Frauen ist somit ein hochgradig relevanter Faktor dafür, daß sie in gesellschaftlich aktiv werden können.

Es zeigt sich, daß gewerkschaftlich aktive Frauen eher vollerwerbstätig, verheiratet, ohne Kind und in partnerschaftlicher Arbeitsteilung leben. Hier läßt sich vermuten, daß die gewerkschaftlich aktiven Frauen bei der Wahl zwischen Beruf, Familie und gewerkschaftlichem Engagement auf die Kinder (zumindest vorerst) verzichtet haben. Dadurch haben sie die zeitlichen Ressourcen für ihre gewerkschaftliche Tätigkeit. Dies unterscheidet gewerkschaftliche aktive Frauen von den politisch aktiven Frauen, die die zeitliche Ressourcen offensichtlich durch eine Reduktion der Erwerbsarbeit gewinnen.

In dieser Stichprobe ist die größte Zahl der Frauen, die sich im öffentlichen Leben engagieren, sozial-karitativ tätig. Diese Tätigkeiten entsprechen eher dem weiblichen Lebenszusammenhang, was die These nahe legt, daß die sozial-karitativ tätigen Frauen der Gruppe der befragten Frauen insgesamt am ähnlichsten sind. Dies wird im folgenden überprüft.

9.3.3 Sozial und karitativ tätige Frauen in zwei Landkreisen Baden-Württembergs

In allen Altersgruppen finden sich sozial-karitative Frauen. Den größten Anteil machen die Frauen zwischen 50 und 60 Jahren aus (28%). Über 60% der sozial-karitativ aktiven Frauen sind verheiratet und leben mit dem Partner zusammen. Betrachtet man die Gesamtstichprobe, so finden sich in der Gesamtstichprobe mehr ledige und mehr verwitwete Frauen. 79% der sozial-karitativen Frauen haben mindestens ein Kind. Dies sind immer noch weniger als in der Gruppe der politisch aktiven Frauen, aber mehr als in der Gesamtstichprobe. 31% der Frauen haben keine Kinder unter 18 Jahren im Haushalt, das sind deutlich mehr als in der Gruppe der politisch aktiven Frauen und etwas weniger als in der Gruppe der gewerkschaftlich aktiven Frauen. 36% der Frauen haben ein Kind unter 18 Jahren und 10% Frauen haben mehr als 2 Kinder unter 18 Jahren im Haushalt. Dies unterscheidet sie von allen anderen Gruppen. Was die Versorgung der Kinder und die Hausarbeit betrifft, so zeigt sich das gleiche wie bei der Gesamtstichprobe und auch bei den politisch aktiven Frauen: die Rollenverteilung ist eher traditionell und Partnerschaftlichkeit gibt es am ehesten bei der Beschäftigung mit Kindern.

Das Bildungsniveau der sozial-karitativen Frauen liegt deutlich unter dem der politisch aktiven Frauen. Es zeigt eine starke Ähnlichkeit mit dem der Gesamtstichprobe. Entsprechend niedrig – im Vergleich zu den politisch aktiven Frauen - ist der Anteil der Frauen mit einem Hochschulabschluß (15%), und deutlich höher ist der Anteil der Frauen, die eine beruflich-betriebliche Ausbildung mit Abschlußprüfung vorweisen (35%). Einen Fachschulabschluß haben 32% der Frauen. Trotz guter Ausbildungslage sind 41% der sozial-karitativ aktiven Frauen nicht erwerbstätig und nur 18% sind vollzeit erwerbstätig. Die Verteilung des Haushaltseinkommens ist breit gestreut. Die weitaus größte Gruppe verfügt über 3500.- bis 5500.-, gefolgt von der Gruppe, deren Haushaltseinkommen zwischen 1250.- DM und 2250.- DM liegt. Es zeigt sich, daß sozial-karitative Tätigkeiten nicht notwendig mit einer überdurchschnittlichen Solvenz einhergehen.[67]

Damit zeichnet sich die Gruppe der sozial-karitativen Frauen eigentlich vor allem dadurch aus, daß sie der Gesamtgruppe ähnelt, d.h. sowohl ältere als auch jüngere Frauen sind sozial-karitativ tätig. Dagegen konnten politische und gewerkschaftliche Aktivitäten vor allem bei Frauen mittleren Alters beobachtet werden. Das Bildungsniveau entspricht ungefähr der Gesamtstichprobe. Der Großteil der sozial-karitativ aktiven Frauen ist nicht erwerbstätig und ihre familiale Arbeitsteilung gestaltet sich deutlich traditionell. Die sozial-karitativ aktiven Frauen haben seltener Kinder unter 18 Jahren im Haushalt zu betreuen als die Frauen der Gesamtstichprobe. Aus dieser Lebenssituation ergeben sich geringere Interessenskonflikte (zwischen Beruf, Familie und Engagement in der Öffentlichkeit) und größere Zeitressourcen als bei den politisch aktiven und gewerkschaftlich aktiven Frauen. Diese Zeitressourcen werden entsprechend dem eher traditionellen Rollenverständnis dieser Frauen für sozial-karitative und gleichzeitig oft ehrenamtliche Aktivitäten eingesetzt.

9.4 Zusammenfassung

Daß das politische Interesse von Frauen steigt, belegen auch die Ergebnisse unserer Studie. Allerdings ist eine deutliche Diskrepanz zwischen dem Interesse an Politik und der tatsächlichen Teilhabe an politischer Macht festzustellen. In diesem Beitrag ging es darum, die Lebenszusammenhänge von politisch aktiven Frauen im Vergleich zu anderen Frauen näher zu betrachten. Letztendlich muß geschlossen werden, daß die Auswirkungen der geschlechtsspezifischen Arbeitsteilung noch immer groß genug sind, um auch im Bereich der Politik für die ungleiche Partizipation der Geschlechter verantwortlich gemacht zu werden.

---

[67] Daß wir auch insgesamt in unserer Stichprobe relativ wenige Frauen vorfinden, die ein Haushaltseinkommen unter 1000.- aufweisen, liegt daran, daß wir nicht im städtischen, sondern eher im zentrumsnahen bis ländlichen Milieu befragt haben. Hier zeigt sich eine etwas andere Einkommensverteilung als in den Städten.

Die politische Kultur unserer Gesellschaft ist männlich geprägt. Dies gilt zum einen für die Sprache und die Umgangsweise in der Politik, zum anderen sind die Bedingungen und Strukturen politischer Tätigkeit auf einen männlichen Lebenszusammenhang hin ausgerichtet. Dadurch ist Frauen der Zugang zum politischen Engagement erschwert. Das politische System ist nicht darauf eingerichtet, die Situation der Frauen zu berücksichtigen, die in ganz anderem Maße als die Männer ihre private mit ihrer öffentlichen Tätigkeit vereinbaren müssen. Besonders die Versorgung der Kinder schränkt die Disposition über Zeit erheblich ein. Die befragten politisch aktiven Frauen sind entweder gar nicht oder teilzeit erwerbstätig. D.h. der Verzicht auf die berufliche Karriere geht bei den politisch aktiven Frauen der politischen Karriere voraus, was in deutlichem im Gegensatz zu politisch aktiven Männern steht.

Es hat sich gezeigt, daß der Frauenanteil in den Parteien, die die klassische Rollenteilung befürworten, deutlich unter dem Frauenanteil von Parteien liegt, die zumindest den „Diskurs der Gleichheit" beherrschen. Vor allem durch die Integration der „Grünen" in das politische System Deutschlands hat sich der Frauenanteil in der Politik deutlich erhöht. Auch wurde in der Folge Frauenpolitik institutionalisiert. Dennoch geht dies nicht notwendig mit einer Eigendynamik einher, die den Anteil von Frauen auf allen politischen Ebenen und in sämtlichen Themenfeldern ihrem Anteil an der Bevölkerung oder aber ihrem Anteil an Bewerbungen entsprechend erhöhen würde. Dies führt auch nicht dazu, die infrastrukturellen Bedingungen derart zu verändern, daß sie mit der Lebenssituation von Frauen vereinbar sind. Es scheint so, daß Frauen sich in ihrer Lebensplanung immer für und gleichzeitig gegen etwas entscheiden müssen: für Kinder und gegen Vollerwerbstätigkeit, für Karriere und gegen Kinder, für politische Partizipation und gegen Vollerwerbstätigkeit. Die Vereinbarkeit von privaten und öffentlichen Sphären angesichts einer männlich geprägten Öffentlichkeit ruft in der weiblichen Lebensplanung spezifische Konflikte hervor.

Die zu Beginn dieses Beitrags in Abschnitt 2 entwickelten Thesen bezüglich einer geschlechtsspezifischen Ressourcenausstattung im Hinblick auf die Wahrscheinlichkeit politischer Partizipation von Frauen können nach der Auswertung der empirischen Studie folgendermaßen bestätigt bzw. modifiziert werden:

Die erste These, in der angenommen wurde, daß die Bereitschaft zur politischen Partizipation mit dem Bildungsniveau der Frauen ansteigt, konnte eindeutig bestätigt werden. Die politisch aktiven Frauen verfügten über ein höheres Bildungsniveau als die Frauen der Gesamtstichprobe und als die sozial-karitativ oder gewerkschaftlich aktiven Frauen.

In der zweiten These wurde die zeitliche Unvereinbarkeit von politischer Aktivität und den anderen Aufgaben im weiblichen Lebenszusammenhang als ein wesentliches Hindernis für das politische Engagement von Frauen genannt. Die in unserer Studie befragten politisch aktiven Frauen übernehmen meist in vollem Umfang die Versorgung der Familie im Haushalt und sind in deutlich geringerem Umfang am Erwerbsleben beteiligt als die Frauen der Gesamtstichprobe. Es scheint, daß der bestehende Zeitressourcenkonflikt zwischen Erwerbstätigkeit, Familie und politischem Engagement dadurch gelöst wird, daß die Erwerbstätigkeit reduziert oder aufgegeben wird.

Die dritte These, in der selektive Assoziationen, d.h. Zugang zu sozialen Netzwerken und hoher öffentlicher Bekanntheitsgrad, als Voraussetzung für politische Aktivitäten beschrieben wurden und der Mangel eben dieser selektiven Assoziationen als Hindernis für politisches Engagement vermutet wurde, steht auf den ersten Blick im Widerspruch zu den Ergebnissen der Analyse. Die politisch aktiven Frauen unserer Stichprobe sind in geringerem Umfang erwerbstätig als die Frauen insgesamt und müßten somit auch einen geringeren Bekanntheitsgrad in der Öffentlichkeit und einen eher mäßigen Zugang zu sozialen Netzwerken aufweisen, die im Zusammenhang mit Öffentlichkeit stehen. Es verwundert daher, daß sie trotzdem politisch aktiv sind. Selektive Assoziationen scheinen jedoch weniger Mittel zum Zugang zu politischer Aktivität als Mittel zu politischer Karriere zu sein. Dies wird durch die Ergebnisse der qualitativen Interviews bestätigt, in denen politisch aktive Frauen beklagen, daß ihre politische Karriere aufgrund mangelnden öffentlichen Bekanntheitsgrades erschwert oder verhindert wurde bzw. wird.

Die zu Beginn dieses Kapitels gestellte Frage, ob die politische Partizipation von Frauen heute als ein Fortschritt im Prozeß der Moderne verstanden werden kann, muß u.E. verneint werden. Von einem Fortschritt wäre dann zu sprechen, wenn sich die Bedingungen für Frauen an Öffentlichkeit und hier am politisch-administrativen System teilzunehmen, denen der Männer angeglichen hätten. Dies ist nicht der Fall. Die relative Leichtigkeit, mit der Männer Familie, Erwerbsarbeit und andere öffentliche Tätigkeiten, wie z.B. politische, vereinbaren, findet sich bei den befragten Frauen nicht.

Es sind allerdings nicht nur, wie ja bereits von Beck (1990) erwähnt, die sozialen Strukturen und Institutionen, die nicht den gesteigerten Partizipationsbedürfnissen der Frauen Rechnung tragen, sondern es sind auch, wie wir aus weiteren Analysen unserer Erhebungsdaten wissen (vgl. Blättel-Mink/Kramer/Mischau 1998), die Verhältnisse innerhalb der Familie, die es den Frauen erschweren, mit den Männern gleichzuziehen. „Feind der Frauen sitzt zu Hause", so lautet die Überschrift eines jüngst in einer Tageszeitung erschienen Artikels zu genau diesem Thema (vgl. Waiblinger Kreiszeitung vom 4.7.98). Dies spricht die mangelnde Bereitschaft der Männer an, Produktions- und Reproduktionstätigkeiten gerechter aufzuteilen, sodaß Frauen in der Lage sind, ihren Lebenszusammenhang zu modernisieren, ohne auf eine Familie zu verzichten.

10. Zusammenfassung

Neben der Überprüfung von theoriegeleiteten Hypothesen ging es in der vorliegenden Studie auch um die Erarbeitung von Empfehlungen für sozialverträgliche kommunal- bzw. regionalpolitische Infrastrukturplanung. Im folgenden wird deshalb der Versuch unternommen, die Ergebnisse der Befragung von 760 Frauen und 77 Männern im Rhein-Neckar-Kreis und im Rems-Murr-Kreis unter Berücksichtigung beider Aspekte zusammenzufassen.

Die theoretischen Ausgangsüberlegungen dieses Projektes gehen von einem engen Zusammenhang von sozialer Lage und Lebensführung aus. Folgende Faktoren der sozialen Lage wurden in diesem Projekt berücksichtigt: Alter, Familienstand, Elternschaft, Bildung und Ausbildung, Umfang der Erwerbstätigkeit, berufliche Position, Einkommen und das Geschlecht. Im Bereich der Lebensführung interessierten Einstellungen der Befragten gegenüber Geschlechterrollen, der Vereinbarkeit von Familie und Erwerbstätigkeit und dem Verhältnis von Wunsch und Wirklichkeit innerfamilialer Arbeitsteilung. Eine entscheidende Rolle für die Gestaltung des Alltags spielen das Umfeld und der Lebensraum, in dem die Befragten leben, d.h. die Region und die spezifische Wohngemeinde. Weiterhin wurde die Zufriedenheit der Befragten mit den infrastrukturellen Einrichtungen am Wohnort, ihre räumliche Mobilität, die Einschätzung von Freizeit und ihre regionale Identität erhoben. Die Frage nach der gesellschaftlichen Beteiligung der Befragten führte zu einer umfangreichen Analyse der Bedingungen politischer Partizipation.

Des weiteren begründet das infrastrukturelle und soziale Umfeld von Frauen weitere Chancen oder Restriktionen im Hinblick auf die Vereinbarkeit von Familie und Erwerbsarbeit. Das heißt beispielsweise, daß Infrastruktureinrichtungen, wie Einkaufsmöglichkeiten, Ärztedichte und Versorgung mit Krankenhäusern oder Seniorenzentren für Frauen eine ganz andere Bedeutung haben als für Männer - sie entscheiden über einen wesentlichen Teil ihres Tagesablaufs. Auch kommunale Einrichtungen der Kinderversorgung stellen für Frauen ein zentrales Thema dar. Darüber hinaus müssen spezifische Anforderungen an den öffentlichen Personennahverkehr gesondert betrachtet werden, da sich die Mobilitätsbedürfnisse von Frauen von denen der Männer deutlich unterscheiden. Wo es möglich war, wurden die Ergebnisse der Befragung mit der sozioökonomischen Situation von Frauen in Deutschland, Baden-Württemberg und den beiden Landkreisen insgesamt verglichen.

Die allgemein zu beobachtende Angleichung des Bildungs- und Ausbildungsniveaus von Mädchen und Jungen, von Frauen und Männern gilt auch für die beiden ausgewählten Landkreise. Allerdings finden sich geschlechtsspezifische Unterschiede in der Berufswahl und dem Ausmaß der Erwerbstätigkeit (Segmentation), was wiederum zu einer Schlechterstellung von Frauen auf dem Arbeitsmarkt führt: Einkommen, Berufsprestige, Positionierung, Karrierechancen etc. (geschlechtsspezifische Segregation). Frauen versuchen, Familie und Erwerbsarbeit miteinander zu vereinbaren, deshalb bevorzugen sie in bestimmten Phasen des familialen Lebenszyklus eine Teilzeitbeschäftigung. Immer weniger Frauen steigen, wenn auch nur vorübergehend (abgesehen vom Mutterschutz), völlig aus dem Erwerbsleben aus. Frauen finden kaum Zeit für politische Betätigung und auch ihre Freizeit liegt deutlich unter der vergleichbarer Männergruppen. Das liegt nicht zuletzt daran, daß sich an der Arbeitsteilung innerhalb der Familie wenig geändert hat. Frauen in ganz Deutschland, übernehmen einen Großteil der Hausarbeit und, dieser Anteil erhöht sich noch einmal, wenn eine Familie gegründet wird. Dann ziehen sich die Männer noch stärker aus der Familie zurück.

Die hier untersuchten Landkreise Baden-Württembergs bieten die Möglichkeit, die Situation der „Suburbanität" genauer zu betrachten und dort den weiblichen Modernisierungsprozeß zu untersuchen. Daß man es hier mit einer anderen Situation zu tun hat, als in Städten, ergibt sich bereits aus der demographischen Situation. Die „Normallebensform" heißt verheiratet, mit Kindern und dem Partner zusammenlebend. Die beiden Landkreise zählen beide zu dem siedlungsstrukurellen Kreistyp „hochverdichteter Kreis in einem großen Verdichtungsraum". Innerhalb der Kreise befinden sich allerdings sehr verschiedene Gemeindetypen, sie reichen von stadtnahen bis hin zu peripheren Gemeinden. In beiden Kreisen ist der Dienstleistungssektor weniger weit entwickelt als im deutschen Durchschnitt. Allerdings sind Frauen weit häufiger eben dort als im verarbeitenden Sektor beschäftigt. Die ausgewählten Gemeinden (Schorndorf, Eberbach, Eppelheim, Korb, Schriesheim, Bammental, Kirchberg, St. Leon-Rot, Rauenberg, Großerlach) der beiden Landkreise stehen in ihrer Zusammensetzung stellvertretend für jeden Landkreis insgesamt. Entsprechend der weiblichen Bevölkerung und deren durchschnittlichem Familienstatus, wurde eine 0,1%-ige Stichprobe gezogen. Die männliche Stichprobe bezieht sich auf ca. 0,01 der männlichen Bevölkerung. Der Fragebogen umfaßte 75 Fragen, dauerte ca. 1 Stunde und wurde als face-to-face-Befragung bei den Interviewpersonen zuhause durchgeführt. Zu den Themen Vereinbarkeit von Familie und Erwerbsarbeit, innerfamiliale Arbeitsteilung und politische Partizipation, wurden Intensinterviews mit einigen wenigen Frauen durchgeführt. Die Ergebnisse dieser qualitativen Interviews illustrieren die Ergebnisse der Hauptstudie.

Die *Stichprobe* dieser Studie kann für die Gesamtheit der befragten Frauen noch einmal wie folgt in den wichtigsten Merkmalen beschrieben werden: Der weit überwiegende Teil der Frauen hat die deutsche, lediglich knapp über 3% der Frauen haben eine andere oder eine doppelte Staatsbürgerschaft. Weit über die Hälfte aller Frauen (57,8%) sind verheiratet und fast drei Viertel der Frauen hat Kinder. Bei den Frauen mit Kindern überwiegen diejenigen, die zwei Kinder haben (47,5%). Das Alter der befragten Frauen liegt zwischen 16 und 96 Jahren, wobei die Altersgruppen der 30 bis unter 50jährigen etwas überrepräsentiert sind. Die meisten Frauen haben als höchsten Schulabschluß einen Volks- bzw. Hauptschulabschluß, gefolgt von den Frauen mit einem Realschulabschluß (mittlere Reife). An dritter Stelle steht die Gruppe der Frauen mit einer Hochschulreife. In Abhängigkeit vom Alter verschiebt sich das Bildungsniveau deutlich. Je jünger die Frauen sind, desto höher ist der durchschnittliche Bildungsabschluß. Etwa ein Drittel der Frauen haben eine beruflich-betriebliche Ausbildung (Lehre mit Abschlußprüfung) gemacht und fast 20% der Frauen haben eine beruflich-schulische Ausbildung. Einen Hochschulabschluß besitzen lediglich etwas über 10% aller Frauen. Auch hier zeigt sich, daß das Qualifikationsniveau der Ausbildung zunimmt, je jünger die Frauen sind. Bezogen auf die Erwerbsbeteiligung der Befragten ist festzuhalten, daß die meisten Frauen (40,5%) nicht erwerbstätig, aber immerhin fast ebensoviele Frauen zumindest teilzeit erwerbstätig sind. Etwa 20% der Frauen sind lediglich geringfügig erwerbstätig. Unter den nicht erwerbstätigen Frauen nehmen die Hausfrauen (36,8%) den größten

Anteil ein, gefolgt von der Gruppe der Rentnerinnen (32,4%). Mit einem deutlich niedrigeren Anteil (13,3%) machen die Schülerinnen/Studentinnen unter den Nichterwerbstätigen die drittgrößte Gruppe aus. Über die Hälfte der Frauen sind Angestellte. Etwa gleichstark (um die 10%) sind anteilsmäßig die Arbeiterinnen und die Beamtinnen vertreten. Über 60% der befragten Frauen verfügen über ein eigenes monatliches Einkommen. Von diesen gaben jedoch knapp über 40% an, ein eigenes Nettoeinkommen von unter DM 1.250 im Monat zu haben. Insbesondere die Frauen in der Familienphase sind noch immer weitgehend als Zuverdienerin zu bezeichnen. Es zeigt sich jedoch auch, daß die älteren Frauen in dieser geringen Einkommensgruppe überproportional vertreten sind.

Eine Prämisse, die letztendlich den Lebenslauf vieler Frauen bestimmt, scheint zu sein, daß *Erwerbstätigkeit mit der Familie vereinbar sein muß*. Daß Frauen erwerbstätig sein sollten, daß Erwerbstätigkeit Unabhängigkeit bedeutet, daß beide Partner zum Familieneinkommen beitragen sollten, davon sind die meisten Frauen dieser Stichprobe überzeugt. Probleme gibt es nur im Hinblick auf die Versorgung der Kinder. Das erklärt auch, warum sich Frauen ohne Kind/-er stark von Frauen mit Kind/-ern unterscheiden. Karriereorientierung und der Wunsch nach Selbstverwirklichung finden sich in der ersten Gruppe deutlich häufiger. Gleichzeitig haben die Mütter „realistischere" Einschätzungen, was die Vereinbarkeit von Familie und Erwerbstätigkeit betrifft. Die Befürchtung, daß Kinder unter einer mütterlichen Erwerbstätigkeit leiden, teilen sie nicht in dem gleichen Maße, wie die Nicht-Mütter. Es finden sich auch deutliche Unterschiede in der Einstellung gegenüber der Vereinbarkeit von Erwerbsarbeit und Familie, zwischen Frauen, die nicht oder geringfügig erwerbstätig sind und Frauen, die vollzeit oder klassisch teilzeit (zwischen 15 und 34 Stunden wöchentlich) erwerbstätig sind. Je geringer das Ausmaß der Erwerbstätigkeit, desto größer ist die Überzeugung, daß den Kindern etwas entgehe durch die mütterliche Erwerbstätigkeit. Dies wäre nicht weiter problematisch, wenn nicht spezifische Ambivalenzen festgestellt werden könnten, die sich in einer sowohl hohen Erwerbsorientierung, als auch hohen Verantwortlichkeit für die Familie zeigen. Am ehesten entgehen die teilzeit erwerbstätigen Frauen diesen Konflikten. Sie haben Zeit für die Kinder und finden auch im Beruf Bestätigung. Allerdings haben sie die Karriere an den Nagel gehängt und sie verfügen über sehr wenig Freizeit.

Ein Modernisierungsprozeß wird ersichtlich, wenn man die Frauen in Altersgruppen unterteilt und betrachtet, welche Muster der Vereinbarkeit von Familie und Erwerbstätigkeit sich ergeben. Je älter die Frauen sind, desto traditioneller ist das Rollenbild bei gleich starker Erwerbsorientierung. Die älteren Frauen verbinden allerdings in viel geringerem Maße Erwerbsarbeit und Karriere. Sie haben gearbeitet oder arbeiten, um das Haushaltseinkommen zu erhöhen, um dann im Alter besser abgesichert zu sein. Auch die jungen Frauen fühlen sich in ganz hohem Maße für die Familie verantwortlich, was nicht heißt, daß sie tatsächlich bereit sind, ihren Beruf an den Nagel zu hängen. Im Gegenteil ist die Erwerbs- und Karriereorientierung in dieser Gruppe sehr hoch. Was die Erwartungen an das Leben betrifft, so scheint im Laufe des Frauenlebens eine Ernüchterung einzutreten, die sie entfernt von den frühen Wünschen nach Aufregung, Abwechslungsreichtum, Reisen sowie der Vereinbarkeit von Familie und Erwerbsarbeit. Das sind die beiden Themen, die das Frauenleben begleiten und zwar unter noch immer deutlich anderen Vorzeichen, als dies bei Männern der Fall ist, die, übrigens in etwas stärkerem Maße als Frauen, einem traditionellen Geschlechtsrollenverständnis verhaftet sind.

Auch Bildung ist ein wichtiger Faktor, wenn man versuchen will, Einstellungsunterschiede im Hinblick auf die Vereinbarkeit von Familie und Erwerbsarbeit zu erklären. Je höher gebildet die Frauen, desto moderner ist ihre Geschlechtsrollenidentität, d.h. desto entschiedener weisen sie die alleinige Verantwortung für das Kind/die Kinder von sich. Auch sind die gebildeten Frauen karriereorientierter als ihre Geschlechtsgenossinnen.

Was die berufliche Position betrifft, so lösen Arbeiterinnen die Ambivalenzen dadurch, daß sie eine sehr positive Einstellung gegenüber Kindern haben und ein eher traditionelles Geschlechtsrollenbild. Die Erwerbstätigkeit ist für sie im großen und ganzen nur Mittel zum Zweck, d.h. erhöht das Haushaltseinkommen. Die anderen Statusgruppen haben deutlich komplexere Anforderungen an ihr Leben, was sicherlich auch mit ihrem Einkommen zusammenhängt.

Die Wahl der Lebensform determiniert also in ganz hohem Maße die Einstellung gegenüber der Vereinbarkeit von Familie und Erwerbsarbeit. Dabei spielt die verfügbare Zeit eine herausragende Rolle.

Wie kann man die angeführten Ambivalenzen beheben? Nach Ansicht der befragten Frauen durch eine stärkere Beteiligung des Partners an der Reproduktionsarbeit. Ein genauerer Blick auf das Verhältnis von *Partnerschaft und innerfamilialer Arbeitsteilung* zeigt spezifische Diskrepanzen zwischen der Wirklichkeit und dem Ideal partnerschaftlicher Arbeitsteilung. Frauen übernehmen immer noch den Großteil der Reproduktionsarbeit. Männer werden vor allem bei der Beschäftigung mit dem Kind/den Kindern aktiv. Arbeiten für das Kind/die Kinder oder Wege mit dem Kind/den Kindern erledigen Frauen in weitaus höherem Maße überwiegend alleine. Lediglich vollzeit erwerbstätige Frauen verzeichnen hier ein höheres Maß an Partnerschaftlichkeit (aber auch sie wünschen sich mehr). Die Frauen fordern, über alle Erwerbsgruppen hinweg, eine stärkere Partnerschaftlichkeit bei der Erledigung familialer und Hausarbeit, d.h. auch nicht erwerbstätige Frauen wünschen sich mehr männliche Unterstützung. Unterschiede ergeben sich vor allem im Hinblick auf das Alter und das Bildungsniveau. Je jünger und je gebildeter die Frauen, desto stärker fordern sie eine partnerschaftliche Arbeitsteilung ein. Die übrige Hausarbeit ist geschlechtsspezifisch differenziert. Frauen putzen, kochen, waschen und bügeln, Männer übernehmen notwendige Reparaturen und versorgen den PKW. Je höher der weibliche Erwerbsumfang und je höher das Einkommen der Frauen, desto höher ist der Anteil der Männer an der Hausarbeit. Teilzeit erwerbstätige Männer lassen sich eher auf eine Teilung der Hausarbeiten ein als nicht erwerbstätige Männer. Allerdings ist diese Gruppe sehr klein. Bestimmte Arbeiten glauben die Frauen besser erledigen zu können als die Männer, z.B. das Kochen, das Waschen und Bügeln. Hier sind die Diskrepanzen zwischen Wunsch und Wirklichkeit nicht so hoch. Je älter die Frauen sind, desto weniger erwarten sie eine partnerschaftliche Beteiligung bei der Hausarbeit. In diesen Gruppen und bei der Gruppe der vollzeit erwerbstätigen Frauen kommen verstärkt die Putzfrau oder andere Personen ins Spiel. Vor allem die Frauen zwischen 30 und 40 Jahren, also in der klassischen Babyphase, weisen hohe Unzufriedenheiten auf.

Für alle Reproduktionstätigkeiten gilt: Unterschiede im Hinblick auf den gegebenen Zustand der innerfamilialen Arbeitsteilung lassen sich eher mit der Ressourcentheorie und dem time-availability-Ansatz erklären. Die Zufriedenheit bzw. Unzufriedenheit damit, daß sie diese Tätigkeiten überwiegend selbst übernehmen, erklärt sich bei den

Frauen unserer Studie eher mit ihrer Geschlechtsrollenidentität. Je moderner, desto unzufriedener!

Die Problematik familialer Arbeitsteilung wird auch in einer der qualitativen Fallstudien angesprochen. Es gibt nicht nur unzufriedene Frauen, sondern auch Frauen, die mit der traditionellen Arbeitsteilung zufrieden sind. Am schwersten haben es die Frauen, die am Beginn der Partnerschaft von einer gemeinsamen Verantwortung für die Belange der Familie ausgingen, und die im Verlauf der Familiengründung und -entwicklung einen zunehmenden Rückzug des Partners aus der Familie erfahren. Die mangelnde Unterstützung durch den Partner macht es ihnen schwer, die Vereinbarkeit von Familie und Erwerbsarbeit zu leisten. Allerdings zeigt sich auch deutlich, wie schwer es für manche Frauen ist, dem Mann bestimmte Tätigkeiten zu überlassen. Am einfachsten scheint dies immer noch im Bereich der Kinderversorgung zu sein, aber auch hier bleibt die Hauptverantwortung bei den Frauen. Nicht zuletzt deshalb haben Frauen bestimmte Anforderungen an die infrastrukturelle Ausstattung in ihrer Wohngemeinde.

Die *Infrastruktur am Wohnort* läßt sich in den Untersuchungsgemeinden folgendermaßen charakterisieren: Die höchste Wichtigkeit erreichen all die Eigenschaften eines Ortes, die sich mit „Wohnen im Grünen" umschreiben lassen. Diese sind auch die zentralen Motive der Befragten für den Zuzug in diese Gemeinden. Daraus muß für Planungsvorhaben geschlossen werden, daß alle Maßnahmen, die diese Standortvorteile des „ruhigen Wohnens" beeinträchtigen, auf Widerstand stoßen werden. Was allen befragten Frauen weiterhin sehr wichtig ist, ist die Nähe von Einkaufsmöglichkeiten für den täglichen Bedarf, die zwar derzeit in befriedigendem Umfang vorhanden sind, jedoch keine Verschlechterung erfahren dürfen. Die Anbindung an den öffentlichen Personennahverkehr ist vor allem dort wichtig, wo sie gut funktioniert (Eppelheim, Schriesheim). Dort, wo die Anbindung eher schlecht ist, ist sie bereits als Option aus der Wahrnehmung der Befragten gefallen. In diesen Gemeinden muß besonders viel Einsatz gezeigt werden, um die Bewohnerinnen wieder für den Öffentlichen Personennahverkehr (ÖPNV) zurückzugewinnen. Stark abhängig sind die Wichtigkeiten der verschiedenen Infrastrukturelemente vom Alter und der Familiensituation: je jünger die Frauen sind, umso größer ist ihr Interesse an Einrichtungen zur Kinderbetreuung - je älter die Frauen sind, umso wichtiger sind Einrichtungen wie Altenheime oder Krankenhäuser.

Besonders auffällig ist, daß in Gemeinden, die an sich gut ausgestattet sind, wie z.B. in Eberbach, durch eine Erweiterung von Neubaugebieten oder Eingemeindungen für zahlreiche Frauen eine schlechtere Erreichbarkeit einzelner Infrastrukturelemente entsteht als dies in kleinen peripheren Gemeinden der Fall ist. Auch fällt auf, daß gerade die spezifische Infrastruktur, die am Ort ist, wie z.B. kulturelle Einrichtungen oder das Krankenhaus in Schorndorf und Eberbach, als ausgesprochen wichtig erachtet wird, also deren Erhalt von großer Bedeutung ist.

Die Analyse der *Zufriedenheit mit Einrichtungen zur Kinderbetreuung* zeigt, daß die Probleme in diesem „Schlüsselbereich" für Frauen in der Familienphase in den Untersuchungsgemeinden große Unterschiede aufweisen, die in jeder Gemeinde eine spezifische Problemlösung verlangen. Die Kinderbetreuung eröffnet Frauen den Wiedereinstieg in das Erwerbsleben oder verhindert ihn über relativ lange Zeit. Eine Frau, die zwei Kinder im Abstand von zwei bis drei Jahren bekommt, muß ca. 3-4 Jahre aus dem Berufsleben ausscheiden oder 6-8 Jahre, je nachdem, ob es Möglichkeiten zur Kinderbetreuung vor Ort gibt oder nicht (und im Zuge der zunehmenden Mobilität ist auch die Wahrscheinlichkeit immer geringer, daß Verwandte/Großmütter die Betreuung übernehmen können). Während 3-4 Jahre noch zu überbrücken sind, ist bei einem Berufsausstieg von 6-8 Jahren die Wahrscheinlichkeit sehr gering, daß die Frau wieder in ihren Beruf - auf gleichem Niveau - einsteigen kann. Dann tritt meist der Fall ein, daß die Frauen deutlich unter ihrer Qualifikation oder gar nicht mehr beschäftigt werden können. Insofern ist diesem einzelnen Infrastrukturelement eine „Schlüsselfunktion" für die Vereinbarkeit von Beruf und Familie zuzuschreiben. In der kommunalen Planung sollten aus diesem Grund Kinderbetreuungseinrichtungen und deren Öffnungszeiten stärker berücksichtigt werden als dies bisher geschieht.

Die Zufriedenheit mit der *Wohnsituation* und *dem Wohnumfeld* ist im wesentlichen von dem Vorhandensein einiger zentraler Erwartungen an das Wohnen im Kreis abhängig. Zusammenfassend läßt sich festhalten, daß sich sowohl die Motive als auch die Zufriedenheiten mit der Wohnsituation immer wieder darauf zuspitzen lassen, daß die befragten Frauen in den beiden Kreisen das Eigenheim im Grünen gesucht und größtenteils auch gefunden haben. Wenn dies der Fall ist, dann sind auch die persönlichen Zufriedenheiten mit dem Wohnumfeld und der Wohnung hoch. Die Wohndauer am Ort geht in starkem Maße damit einher, ob in der jüngeren Zeit Wohngebiete in der jeweiligen Gemeinde ausgewiesen wurden, dann erhöht sich der Anteil der frisch Zugezogenen erheblich (z.B. Bammental). Die Eingebundenheit in das soziale Leben am Ort hängt in starkem Maße davon ab, ob die Person schon länger am Ort lebt - oder sogar dort geboren wurde - oder ob sie (kleine) Kinder hat. Letzteres scheint für viele die Möglichkeit zu sein, schnell an einem neuen Wohnort Kontakte zu schließen. Insgesamt ist die Beurteilung der sozialen Gemeinschaft eher als ambivalent zu bezeichnen - eine rundum „heile" Dorfgemeinschaft herrscht offensichtlich in den Befragungsgemeinden nicht (mehr).

Die *Mobilität* der Frauen in den beiden hier untersuchten Kreisen gestaltet sich so, daß sie in weitaus größerem Maße zu den Personen zählen, die zwischen den verschiedenen Verkehrsmitteln frei wählen können, als dies in den bisherigen Studien zur geschlechtsspezifischen Mobilität dargestellt wurde. Mehr als 70% aller befragten Frauen können jederzeit über einen PKW verfügen - in einzelnen Gemeinden, die eine extrem schlechte ÖPNV-Anbindung besitzen, sind es sogar über 80%. Die in ihrer Mobilität eingeschränkte Gruppe, die auf den ÖPNV angewiesen ist, sind in erster Linie junge Frauen unter 20 Jahren und ältere Frauen ab 60 Jahren.

Die Nutzung des PKWs ist - der Verfügbarkeit entsprechend - hoch: ca. 70% der Frauen zwischen 20 und 60 Jahren nutzen täglich ihr Auto. Den ÖPNV nutzen vorwiegend die jungen Frauen, die sich (noch) kein eigenes Auto leisten können. Für erwerbstätige Frauen und Frauen mit Kindern stellt der ÖPNV - laut dieser Befragung - kein adäquates Verkehrsmittel dar. Die Untersuchung der Gründe für die geringe Nutzung des ÖPNVs ergab, daß der Zeitwaufwand zu groß erscheint, um mit Bussen und Bahnen an das erwünschte Ziel zu gelangen. Bei der Nutzung der Eisenbahn für Fernreisen ist es dagegen eher der Preis, der die Frauen von diesem Verkehrsmittel abhält. Die Verbesserungsvorschläge zielen dann auch im wesentlichen in diese Richtungen: dort, wo bereits eine gute Anbindung besteht, werden günstigere Tarife gewünscht, dort, wo die Verbindungen schlecht sind, stünde es an, in einem besseren Zeittakt Busse und Bahnen zur Verfügung zu stellen.

Die Infrastruktur, die die Wohnorte ihren Bürgerinnen bieten, reicht zwar aus, um das vordergründig „Lebensnotwendige" zu gewährleisten, aber, um den Urlaub, den Großeinkauf und die sozialen Kontakte sowie die Freizeit befriedigend zu gestalten, ist für mehr als die Hälfte der befragten Frauen ein Auto unverzichtbar.

Es müssen daher Forderungen für eine Verkehrspolitik formuliert werden, die sowohl den Personen, die der entlohnten Erwerbstätigkeit nachgehen, als auch denjenigen, die die Reproduktionsarbeit leisten, gerecht wird - gleichgültig ob nun eine Frau oder Mann die jeweilige Aufgabe übernimmt. Zentrale Forderung ist die nach einer *Funktionsmischung von Wohnen und Arbeiten*, die den einzigen Weg zu einer Verkehrsreduzierung/ -vermeidung darstellt. Es sollte auch berücksichtigt werden, daß eine Entwicklung in diese Richtung Möglichkeiten zur Vereinbarkeit von Erwerbsarbeit und Reproduktionsarbeit eröffnet, die sich nicht nur für Frauen, sondern auch für Männer anbieten. Die Möglichkeiten der autofreien Erreichbarkeit von Infrastruktur, die die Versorgung mit Gütern des täglichen Bedarfs gewährleistet, die Verbindung von Dienstleistungseinrichtungen mit Wohnorten und Arbeitsstätten sowie die Sicherung autarker Mobilität von Kindern, d.h. die Reduzierung der Begleitmobilität, dies sind die langfristigen Forderungen an die Planung. Hier ließ sich in dem Teil der vorliegenden Befragung, in dem die Verzichtbarkeit des PKWs behandelt wurde, bereits eine Bereitschaft zum Wandel erkennen. In einem umfangreichen Kriterienkatalog für eine Bewertung des ÖPNV-Angebotes aus Frauensicht (nach Spitzner 1993) werden vor allem Erreichbarkeit (räumlich und zeitlich), Gebrauchsfähigkeit (sozial und technisch) und Sicherheit (vor Unfällen und vor physischer und psychischer Gewalt) gefordert. Zudem müssen bei den zukünftigen Planungsverfahren betroffene Bürgerinnen und Bürger verstärkt einbezogen werden.

Auch in der Verteilung und der *Verfügbarkeit von Freizeit* unterscheiden sich die Geschlechter erheblich. Die Gestaltung der Wochenendtage offenbart eine Aufteilung in zwei Gruppen von Personen: eine, die vielleicht am Werktag etwas mehr Spielraum besitzt, aber am Wochenende deutlich mehr arbeitet (vor allem nicht erwerbstätige Frauen) und eine andere Gruppe, in der die voll erwerbstätigen Frauen und Männer sind, die am Wochenende ein reichliches Maß an Freizeit genießen. Innerhalb dieser Aufteilung ist die Anwesenheit von Kindern unter 18 Jahren das entscheidende Merkmal, das die Freizeit der Befragten bestimmt. Nur 28% der Männer und 22% der Frauen ohne Kinder im Haushalt haben werktags weniger als 2 Stunden Freizeit. Dagegen haben 70% der Männer und 63% der Frauen mit Kindern im Haushalt an einem Werktag weniger als 2 Stunden freie Zeit für sich zur Verfügung. Ein Unterschied von ca. 10%-Punkten zwischen Männern und Frauen (d.h. es sind immer 10% mehr Männer, die sich in die Gruppe mit der meisten freien Zeit einordnen als Frauen) bleibt in allen Untergruppen erhalten. Diese Differenz läßt sich zu einem wesentlichen Teil dadurch erklären, daß Frauen immer noch in deutlich stärkerem Maße als Männer für die Hausarbeit zuständig sind (vgl. Kapitel zur innerfamilialen Arbeitsteilung).

In der Einschätzung, ob die zur Verfügung stehende Freizeit viel oder wenig ist, zeigt sich, daß Frauen die Einschränkung der freien Zeit durch Kinder offensichtlich nicht so drastisch wahrnehmen, wie dies Männer tun. Männer ohne Kinder geben zu 32% an, wenig Freizeit zu haben, Männer mit Kindern tun dies zu 74%. Dagegen geben Frauen ohne Kinder zu 44% an, wenig Freizeit zu haben, Frauen mit Kindern sind zu 64% dieser Meinung. Obwohl die Mütter deutlich mehr Zeit mit den Kindern verbringen, scheint die Einschränkung der freien Zeit durch Kinder von den Vätern wesentlich stärker wahrgenommen zu werden. Für andere, und besonders für Kinder „da zu sein", ist offensichtlich eine Aufgabe, die die befragten Frauen mit größerer Selbstverständlichkeit erfüllen als dies Männer tun. Sie erfüllen damit auch die Rollenerwartung, nach der der Anspruch auf Selbstverwirklichung - auch in der Freizeit - eher den Männern als den Frauen zusteht.

Inwieweit die Frauen bereit sind, sich für die Durchsetzung spezifisch weiblicher (oder allgemein gesellschaftlicher) Belange einzusetzen, d.h. gesellschaftspolitisch aktiv zu werden, ist Thema des Kapitels *Politische Partizipation von Frauen*. Auch wenn das politische Interesse von Frauen steigt, und dieser Effekt zeigt sich auch bei den von uns befragten Frauen, so bleibt doch der Anteil der Frauen, die sich tatsächlich politisch betätigen äußerst gering. Auch dies trifft auf die von uns befragten Frauen zu. Diese geringe Bereitschaft zu politischer Partizipation ist auf mehrere Faktoren zurückzuführen, die sich sowohl aus dem Fragebogen als auch aus der Intensiverhebung ergeben. Am Rande sei bemerkt, daß der Anteil der Frauen, die sich sozial-karitativ betätigen, erheblich höher ist und der Anteil der Gewerkschafterinnen noch einmal deutlich unter dem Niveau der politisch aktiven Frauen liegt. Das politische System der Bundesrepublik Deutschland ist männlich geprägt. Dies betrifft die Formen der Kommunikation, den Umgang mit Zeit und die Karriereorientierung. Frauen bleiben „weiche" Bereiche wie Familie, Frauen, Senioren, Umwelt etc. Wer sich als Frau und Mutter in das politische System wagt, die muß selbst schauen, wie sie damit zurecht kommt. Kinderbetreuung ist ein Fremdwort (anders als z.B. in den skandinavischen Ländern). Die Frauen aus den beiden untersuchten Landkreisen sind denn auch vorrangig auf Kreis- oder auf Gemeindeebene aktiv. Dies liegt daran, daß hier noch am ehesten eine Vereinbarkeit von Familie und Erwerbsarbeit geleistet werden kann. Der „Bruttotyp" der politisch aktiven ist verheiratet und lebt mit dem Partner zusammen, hat mindestens ein Kind, das sie überwiegend selbst versorgt, ist zwischen 30 und 50 Jahre alt, hat Abitur, wenn nicht einen Hochschulabschluß und ist nicht- bzw. höchstens teilzeit erwerbstätig. Das Haushaltseinkommen ist relativ hoch. Politisch aktiv sind die Frauen eindeutig auf Kosten der Erwerbstätigkeit und nicht auf Kosten der Familie, auch streben sie keine politische Karriere an. Es findet sich also auch hier die Suche nach Vereinbarkeit. Das männliche Modell, daß die Erwerbstätigkeit eng verknüpft ist mit der politischen Arbeit, spielt hier kaum eine Rolle. Hemmend auf die politische Partizipation von Frauen wirkt - zynischerweise - die Tatsache, daß sie im öffentlichen Leben der Gemeinde, des Kreises wenig präsent sind und daß sie damit häufig auf den ersten Anlauf gar nicht gewählt werden. Des weiteren mangelt es ihnen an leistungsfähigen sozialen Netzwerken - was nützen in der Politik schon Frauenselbsthilfegruppen?

Die soziale Lage und Lebensführung von Frauen in den beiden untersuchten Kreisen unterscheidet sich in einigen Aspekten deutlich von dem, was in der jüngsten Zeit in der Forschung über Modernisierung und Individualisierung, die Veränderung der klassischen Rollenverhältnisse bis hin zu den „neuen Vätern" zu erfahren war. Während sich die Bildungs- und Ausbildungssituation der jüngeren Frauen deutlich verbessert hat, unterscheiden sich die Verhältnisse in der innerfamilialen Arbeitsteilung zwischen Müttern und Töchtern nur unwesentlich. Die jüngeren Frauen sind zwar heute mobiler als ihre Mütter, aber z.T. nur aus dem Grund, daß die hohe Mobilität ein Preis ist, den sie für das „Häuschen im Grünen" bezahlen. Um für die Personen, die den größeren Teil der Reproduktionsarbeit übernehmen - wer immer es sein mag, und zur Zeit sind es meist die Frauen - ein Lebensumfeld zu gestalten, das auch ihren Bedürfnissen entspricht, muß eine gesamtgesellschaftliche Perspektive sowohl in der Forschung als auch in der Planung etabliert werden.

Literaturverzeichnis

Abrams, M.: „Die Zeitverwendung in der Britischen Gesellschaft", in: *Scheuch, E.K./Meyersohn, R.*: (Hrsg.): Soziologie der Freizeit, Köln 1972, S. 183-191.

Allensbacher Institut für Demoskopie (Hrsg.): Die Frauen der 90er Jahre. Eine repräsentative Frauenstudie i.a. der FÜR SIE, Allensbach-Hamburg 1992.

ARIADNE - Fünf Stadtsoziologinnen: „Freiräume- Angst- und Gefahrenräume aus der Sicht von Frauen am Beispiel Darmstadt", in: Alltag in der Stadt aus der Sicht von Frauen. Begleitbuch zur Foto-Plakat-Ausstellung und Texte des Symposiums vom 24.4.1991, Darmstadt 1991, S. 50-60.

Arnold, C./Baumann, D.: „Soziale Lage und Geschlecht in Baden-Württemberg", in: *Blättel-Mink, B.* (Hrsg.): Soziale Ungleichheit und Geschlecht. Eine vergleichende Analyse, Nr. 1/1997 der Forschungsreihe „Aus Lehre und Forschung" der Abteilung für Soziologie der Universität Stuttgart, Stuttgart 1997, S. 31-51.

Ballhausen, A./Brandes, U./Karrer, M./Schreiber, R.: „Zwischen traditionellem Engagement und neuem Selbstverständnis - weibliche Präsenz in der Öffentlichkeit. Eine empirische Untersuchung zur politischen und sozialen Partizipation von Frauen", Theorie und Praxis der Frauenforschung, Bd. 5, 1986.

Banaszak, L. A.: „Frauen in den Kommunalwahlen: Ein Vergleich zwischen Ost- und West-Berlin", in: *Maleck-Levy, E./Penrose, V.* (Hrsg.): Gefährtinnen der Macht. Politische Partizipation von Frauen im vereinigten Deutschland - eine Zwischenbilanz, Berlin 1995, S. 115-135.

B.A.T. Freizeit-Forschungsinstitut (Hrsg.): Freizeitalltag von Frauen. Grundlagenstudien zur Freizeitforschung, Band 8, Hamburg 1989.

Bauer, F./Groß, H./Schilling, G.: Zeitverwendung in Arbeits- und Lebenswelt. Berichte des ISO (Institut zur Erforschung sozialer Chancen) 53, Band 8, Köln 1997.

Bauhardt, Ch.: „Fahren - wohin? Negative Folgen der aktuellen Verkehrsentwicklung und Ziele einer zukünftigen Verkehrsgestaltung - Aspekte des individuellen Umfelds", in: *Mayer, J.* (Hrsg.): Von den Grenzen des Fahrens und des Rechnens in der Autogesellschaft, Loccumer Protokolle 12/92, Loccum 1992, S. 27-35.

Bauhardt, Ch.: Stadtentwicklung und Verkehrspolitik, Basel/Boston/Berlin 1995.

Bauhardt, Ch.: „Ökologische Verkehrspolitik - oder wie? Schneller, weiter Männer - Eine Mythologie der Motorisierung", in: Beck'sche Reihe Jahrbuch Ökologie 1996, Stuttgart 1996, S. 151-159.

Bauhardt, Ch.: „Männerdomäne Verkehr. Der feministische Blick", in: Schrägstrich 1/2, 1997, S. 31.

Bauhardt, Ch./Becker, R. (Hrsg.): Durch dieWand! Feministische Konzepte zur Raumentwicklung. Stadt, Raum und Gesellschaft, Band 7, Pfaffenweiler 1997.

Beck, U.: „Jenseits von Klasse und Stand?", in: *ders./Beck-Gernsheim, E.* (Hrsg.): Riskante Freiheiten. Individualisierung in modernen Gesellschaften, Frankfurt a.M. 1994, S. 43-59.

Beck, U.: „Freiheit oder Liebe. Vom Ohne-, Mit- und Gegeneinander der Geschlechter innerhalb und außerhalb der Familie", in: *ders./Beck-Gernsheim, E.*: Das ganz normale Chaos der Liebe, Frankfurt a.M. 1990, S. 20-64.

Beck, U./Beck-Gernsheim, E. (Hrsg.): Riskante Freiheiten. Individualisierung in modernen Gesellschaften. Frankfurt a. M. 1994.

Beck-Gernsheim, E.: „Vom 'Dasein für andere' zum Anspruch auf ein Stück 'eigenes Leben'. Individualisierungsprozesse im weiblichen Lebenszusammenhang", in: Soziale Welt, Heft 3, Jg. 34, 1983, S. 307-340.

Becker, G.S.: „Eine ökonomische Analyse der Familie", in: ders. (Hrsg.): Familie, Gesellschaft, Politik, Tübingen 1996, S. 101-116.

Becker, R.: „Frauenforschung in der Raumplanung", in: *Bauhardt, Ch./Becker, R.* (Hrsg.): „Durch dieWand! Feministische Konzepte zur Raumentwicklung", Stadt, Raum und Gesellschaft, Bd 7. Pfaffenweiler 1997, S. 11-32.

Becker-Schmidt, R.: „Transformation und soziale Ungleichheit, soziale Ungleichheit und Geschlecht", in: Neue Impulse, 1995, S. 6-13.

Becker-Schmidt, R..: „Individuum, Klasse und Geschlecht aus der Perspektive der kritischen Theorie", in: *Zapf, W.* (Hrsg.): Die Modernisierung moderner Gesellschaften. Verhandlungen des 25. deutschen Soziologientages in Frankfurt am Main, Frankfurt a. M. 1991, S. 383-394.

Becker-Schmidt, R.: „Widersprüchliche Realität und Ambivalenz. Arbeitserfahrungen von Frauen in Fabrik und Familie", in: Kölner Zeitschrift für Soziologie und Sozialpsychologie, Jg. 32, 1980, S. 705-725.

Behringer, L.: „Leben auf dem Land, Leben in der Stadt. Stabilität durch soziale Einbindung", in: *Jurczyk, K./Rerrich, M.S.* (Hrsg.): Die Arbeit des Alltags, Freiburg i.Br. 1993, S. 145-190.

Benthaus-Apel, F.: Zwischen Zeitbindung und Zeitautonomie: eine empirische Analyse der Zeitverwendung und Zeitstruktur der Werktags- und Wochenendfreizeit, Wiesbaden 1995.

Bertram, H./Bayer, H./Bauereiß, R.: Familien-Atlas: Lebenslagen und Regionen in Deutschland. Karten und Zahlen, Opladen 1993.

Bez, B./Torner, J.: „Politische Partizipation von Frauen. Eine Fallstudie politisch aktiver Frauen in einem Landkreis Baden-Württembergs", in: *Blättel-Mink, B.* (Hrsg.): Frauen - Biographie - Methode, Nr. 2/1997 der Forschungsreihe „Aus Lehre und Forschung" der Abteilung für Soziologie der Universität Stuttgart, Stuttgart 1997, S. 95-113.

Blättel-Mink, B. (Hrsg.): Soziale Ungleichheit und Geschlecht. Eine vergleichende Analyse, Nr. 1/1997 der Forschungsreihe „Aus Lehre und Forschung" der Abteilung für Soziologie der Universität Stuttgart, Stuttgart 1997.

Blättel-Mink, B. (Hrsg.): Frauen - Biographie - Methode, Nr. 2/1997 der Forschungsreihe „Aus Lehre und Forschung" der Abteilung für Soziologie der Universität Stuttgart, Stuttgart 1997a

Bock, S./Heeg, S./Rodenstein, M.: „Reproduktionsarbeitskrise und Stadtstruktur", in: *Bauhardt, Ch./Becker, R.* (Hrsg.): Durch die Wand! Feministische Konzepte zur Raumentwicklung. Stadt, Raum und Gesellschaft, Bd. 7, Pfaffenweiler 1997, S. 33-52.

Bock, S./Hünlein, U./Klamp, H./Treske, M. (Hrsg.): Frauen(t)räume in der Geographie. Beiträge zur Feministischen Geographie, URBS ET REGIO 52, Kassel 1989.

Bögenhold, D.: Der Gründerboom - Realität und Mythos der neuen Selbständigkeit, Frankfurt a.M. 1987.

Bohle, H./Hahn, S./Schlegel, D.: Partnerschaft und Arbeitsteilung. Eine Fallstudie in einem Landkreis Baden-Württembergs. in: *Blättel-Mink, B.* (Hrsg.): Frauen - Biographie - Methode, Nr.2/1997 der Forschungsreihe „Aus Lehre und Forschung" der Abteilung für Soziologie der Universität Stuttgart, Stuttgart 1997, S. 49-64.

Bourdieu, P.: Die feinen Unterschiede. Kritik der gesellschaftlichen Urteilskraft, 3.durchges. Aufl., Frankfurt a. M. 1984/1979.

Bourdieu, P.: „Ökonomisches Kapital, kulturelles Kapital, soziales Kapital", in: *Kreckel, R.* (Hrsg.): Soziale Ungleichheit, Sonderband 2 der „Sozialen Welt", Göttingen 1983, S. 183-198.

Bracher, T./Heinze, G.W.: Lebensbedingungen und Verkehrsmobilität - Determinanten, Entwicklungsformen und Perspektiven ländlicher Verkehrsmittelwahl, Berlin 1985. (Erschienen als Heft Nr. 17 der Schriftenreihe des Instituts für Verkehrsplanung und Verkehrswegebau der TU Berlin.)

Brög, W.: „Verkehrsbeteiligung im Zeitverlauf - Verhaltensänderungen zwischen 1976 und 1982", in: Zeitschrift für Verkehrswissenschaften, Heft 1, 1985, S. 3-49.

BUND-Regionalverband Unterer Neckar (Hrsg): Blickwende Rhein-Neckar, Heidelberg 1995.

Bundesministerium für Familie, Senioren, Frauen und Jugend (Hrsg.): Optionen der Lebensgestaltung junger Ehen und Kinderwunsch. Verbundstudie-Endbericht, Schriftenreihe des Ministeriums, Band 128.1, Stuttgart 1997.

Bundesministerium für Familie, Senioren, Frauen und Jugend (Hrsg.): Zeit im Blickfeld: Ergebnisse einer repräsentativen Zeitbudgeterhebung, Schriftenreihe des Ministeriums, Band 121, Stuttgart 1996a.

Bundesministerium für Familie, Senioren, Frauen und Jugend (Hrsg.): Gleichberechtigung von Frauen und Männern. Wirklichkeit und Einstellungen in der Bevölkerung. ipos-Umfrage November 1995. Materialien zur Frauenpolitik Nr. 55, Mannheim 1996.

Bundesministerium für Frauen und Jugend (Hrsg.): Frauen in der Bundesrepublik Deutschland, Bonn 1992.

Bundesministerium für Verkehr. Verkehrspolitische Grundsatzabteilung (Hrsg.): direkt 49. Mobilität von Frauen und Jugendliche im ländlichen Raum, Bonn 1995.

Buschkühl, A.: Die tägliche Mobilität von Frauen. Geschlechtsspezifische Determinanten der Verkehrsteilnahme. Diplomarbeit an der Universität Gießen, Gießen 1984.

Cordes, M.: „Frauenpolitik: Gleichstellung oder Gesellschaftsveränderung? Ziele-Institutionen-Strategien", Analysen Politik Wirtschaft Gesellschaft, Bd. 53, Opladen, 1996.

Cornelissen, W.: „Politische Partizipation von Frauen in der alten Bundesrepublik und im vereinten Deutschland", in: *Helwig, G./Nickel, H. M.* (Hrsg.): Frauen in Deutschland 1945-1992, Bonn 1993, S. 321-349.

Cornelius, I./Vogel, C.: „Innerfamiliale Arbeitsteilung und Netzwerkhilfe in Familien mit Kindern", in: Ministerium für Familie, Frauen, Weiterbildung und Kunst in Baden-Württemberg (Hrsg.): Familie heute, Stuttgart 1994, S. 182-196.

Dear, M. J./ Wolch, J.: „How Territory Shapes Social Life", in: *Wolch, J./Dear, M.J.* (Hrsg.): The Power of Geography. How Territory Shapes Social Life, Boston 1989, S. 3-18.

Deutscher Städtetag (Hrsg.): „Frauen verändern ihre Stadt, Arbeitshilfe 2: Verkehrsplanung", in: Reihe L, DST-Beiträge zur Frauenpolitik (Bearb.: Leutner, B.), Köln 1995.

191

Dörhöfer, K. (Hrsg.): Stadt-Land-Frau. Soziologische Analysen feministischer Planungsansätze, Freiburg i.Br. 1990.

Dörhöfer,K./Terlinden, U. (Hrsg.): Verbaute Räume. Auswirkungen von Architektur und Stadtplanung auf das Leben von Frauen, Köln 1987.

Dresel, T.: „Drei Frauen. Analyse des Protokolls einer Gruppendiskussion zum biographischen Zusammenhang von Beruf und Familie bei Frauen", in: *Blättel-Mink, B.* (Hrsg.): Frauen - Biographie - Methode, Nr. 2/1997 der Forschungsreihe der Abteilung für Soziologie „Aus Lehre und Forschung" der Universität Stuttgart, Stuttgart 1997, S. 65-93.

Eith, U.: „Alters- und geschlechtsspezifisches Wahlverhalten?", in: Wahlverhalten. Der Bürger im Staat, Stuttgart/Köln 1991, S. 166-178.

Emnid-Institut GmbH & Co.: KONTIV 89, Bielefeld 1989.

Flade, A.: „Frauen als Verkehrsteilnehmerinnen", in: *Brennpunkt-Dokumentation* (Hrsg.): Alltag in der Stadt - aus der Sicht von Frauen. Begleitbuch zur Foto-Plakat-Ausstellung und Texte des Symposiums vom 24.4.1991 in Darmstadt, Heft 11, Darmstadt 1991, S. 15-26.

Fliedner, D.: Sozialgeographie, Berlin /New York 1993.

FOPA (Feministische Organisation von Planerinnen und Architektinnen e.V.) (Hrsg.): Frei-Räume. Regionalentwicklung - feministische Perspektiven, Heft 6, Dortmund 1993.

Frey, D.: „Die Theorie der kognitiven Dissonanz", in: ders. (Hrsg.): Kognitive Theorien der Sozialpsychologie, Bern 1978, S. 243-292.

Fromme, J./Stoffers, M. (Hrsg.): Freizeit im Lebensverlauf. Dokumentation der 5. Bielefelder Winterakademie", Bielefeld/Erkrath 1988.

Gabriel, O. W. u.a., o.J.: Die Beteiligung von Frauen an unkonventionellen politischen Aktivitäten in der Bundesrepublik Deutschland. Ergebnisse einer Sekundäranalyse, Universität Stuttgart, (unveröffentlichtes Manuskript).

Geiger, Th.: Die soziale Schichtung des deutschen Volkes. Ein soziographischer Versuch auf statistischer Grundlage, Darmstadt 1972/1932.

Geißler, R.: Die Sozialstruktur Deutschlands. Zur gesellschaftlichen Entwicklung mit einer Zwischenbilanz zur Vereinigung, 2. Aufl., Opladen 1996.

Geißler, R.: Die Sozialstruktur Deutschlands. Ein Studienbuch zur sozialstrukturellen Entwicklung im geteilten und vereinten Deutschland, Opladen 1992.

Giegler, H.: Dimensionen und Determinanten der Freizeit. Eine Bestandsaufnahme der sozialwissenschaftlichen Freizeitforschung, Opladen 1982.

Glanz, A.: „Männerzeit: Zeit für sich, Frauenzeit: Zeit für andere?", in: *Raehllmann, I./Meiners, B. u.a.* (Hrsg.): Alles unter einen Hut? Arbeits- und Lebenszeit von Frauen in der 'Dienstleistungsgesellschaft', Hamburg 1992, S. 80-93.

Glatzer, W./Zapf, W. (Hrsg.): Lebensqualität in der Bundesrepublik. Objektive Lebensbedingungen und subjektives Wohlbefinden, Frankfurt/New York 1984.

Gluchowski, P.: Freizeit und Lebensstile. DGFF-Dokumente, Bd.2, Erkrath 1988.

Gottschall, K.: „Geschlechterverhältnis und Arbeitsmarktsegregation", in: *Becker-Schmidt, R./Knapp, G.-A.* (Hrsg.): Das Geschlechterverhältnis als Gegenstand der Sozialwissenschaften, Frankfurt a. M. 1995, S. 125-162.

Haindl, E.: „Revitalisierung dörflicher Alltagswelt", in: *Schmals, K.M./Voigt, R.* (Hrsg.): Krise ländlicher Lebenswelten. Analysen, Erklärungsansätze und Lösungsperspektiven, Frankfurt 1986, S. 375-408.

Hartenstein, W./Bergmann-Gries, J./Burkhardt, W./Rudat, R.: Geschlechtsrollen im Wandel - Partnerschaft und Aufgabenteilung in der Familie, Schriftenreihe des Bundesministeriums für Jugend, Familie, Frauen und Gesundheit, Bd. 235, Stuttgart 1988.

Hartmann, P.: „Arbeitsteilung im Haushalt", in: *Braun, M./Mohler, P.-Ph.* (Hrsg.): Blickpunkt Gesellschaft 4. Soziale Ungleichheit in Deutschland, Opladen/Wiesbaden 1998, S. 139-172.

Hausen, K. : „Die Polarisierung der 'Geschlechtscharaktere' - Eine Spiegelung der Dissoziation von Erwerbs- und Familienleben", in: *Rosenbaum, H.* (Hrsg.): Seminar: Familie und Gesellschaftsstruktur. Materialien zu den sozioökonomischen Bedingungen von Familienformen, Frankfurt 1978, S. 161-191

Hautzinger, H./Tassaux, B.: „Verkehrsmobilität und Unfallrisiko in der Bundesrepublik Deutschland", in: Forschungsberichte der Bundesanstalt für Straßenwesen, Nr. 195, Bergisch-Gladbach 1989.

Herold, A.: „Weibliche Strategien statt männlicher Strategen", in: Robin-Wood-Magazin, Heft 43/3, 1994, S. 19-22

Hoecker, B.: Politische Partizipation von Frauen. Kontinuität und Wandel des Geschlechterverhältnisses in der Politik. Einführendes Studienbuch, Opladen 1995.

Hoecker, B.: Frauen in der Politik. Eine soziologische Studie, Opladen 1987.

Hollstein, W.: Vortrag in Bühl/Baden am 17.05.1995. in: Ministerium für Kultus, Jugend und Sport Baden-Württemberg (Hrsg.): Frauen (k)ein Thema für Männer?, Bstuttgart 1995, S. 3.

Höpflinger, F./Charles, M.: „Innerfamiliale Arbeitsteilung: Mikrosoziologische Erklärungsansätze für empirische Beobachtungen", in: Zeitschrift für Familienforschung, Heft 2, 1990, S. 87-113.

Horstkötter, M.: Frauen in der Kommunalpolitik. Einflußfaktoren auf die politische Partizipation von Frauen in kommunalen Räten - Eine Regionalstudie, Frankfurt a.M. 1990.

Höschele-Frank, C.: Biographie und Politik. Dissertation an der Philipps-Universität Marburg, Marburg 1990.

Hradil, St.: „Alte Begriffe und neue Strukturen. Die Milieu-, Subkultur- und Lebensstilforschung der 80er Jahre", in: *ders.* (Hrsg.): Zwischen Bewußtsein und Sein. Die Vermittlung 'objektiver' Lebensbedingungen und 'subjektiver' Lebensweisen, Opladen 1991, S. 15-55.

Husserl, E.: Ideen zu einer reinen Phänomenolgie und phänomenologischen Philosophie, erweiterte 4.Aufl., Den Haag 1950/1913.

Jehna, G.: „Frauenbelange in der Verkehrsplanung", in: RaumPlanung, Heft 51, 1990, S.198-199.

Kaufmann, F.-X.: Zukunft der Familie im vereinten Deutschland. Gesellschaftliche und politische Bedingungen, München 1995.

Keddi, B./Seidenspinner, G.: „Arbeitsteilung und Partnerschaft", in: *Bertram, H.* (Hrsg.): Die Familie in Westdeutschland. Stabilität und Wandel familialer Lebensformen, Opladen 1991, S. 159-192.

Klamp, H.: Frauenwege-Männerwege: Räumliche Mobilität als Notwendigkeit. Eine Untersuchung zum Verkehrsverhalten aus feministischer Sicht am Beispiel von Frankfurt. Diplomarbeit an der Universität Frankfurt a. M., Frankfurt a. M. 1992.

Knapp, G.A.: „Zur widersprüchlichen Vergesellschaftung von Frauen", in: *Hoff, E.-H.* (Hrsg.): Die doppelte Sozialisation Erwachsener, München 1990, S. 17-52.

Köcher, R.: „Politische Partizipation und Wahlverhalten von Frauen und Männern", in: Politische Vierteljahrsschrift, Heft 11, 1994, S. 24-31.

Körntgen, S./Krause J.: „Frauen und Stadtverkehr", in: Der Städtetag, Heft 11, 1994, S. 717-725.

Körntgen, S.: „Frauen-Ver(kehrs)planung", in: Interdisziplinärer Arbeitskreis Frauenforschung (Hrsg.): FrauenRäume. Dokumentation des 4. Frauentages, Mainz 1994, S. 56-76.

Kössler, R.: Arbeitszeitbudgets ausgewählter privater Haushalte in Baden-Württemberg. Materialien und Berichte der Familienwissenschaftlichen Forschungsstelle, Heft 12, Statistisches Landesamt Baden-Württemberg, Stuttgart 1984.

Kramer, C./Mischau, A.: Eine Expertise zum öffentlichen Nahverkehr und zur Sicherheit an Haltestellen und Bahnhöfen im Kreis Ludwigshafen, Heidelberg 1996.

Kramer, C./Mischau, A.: „Sicherheitsempfinden und Angsträume von Frauen", in: Standort - Zeitschrift für Angewandte Geographie, Heft 2, 1994, S.17-25.

Kramer, C./Mischau, A.: „Tat-Orte und Angst-Räume - Sicherheitsheitsempfinden von Heidelberger Bürgerinnen", in: Raumforschung und Raumordnung, Heft 4/5, 1994a, S. 331-338.

Kramer, C./Mischau, A.: „Städtische Räume - Angsträume für Frauen? „Objektive" Faktoren und „subjektive" Wahrnehmung", in: Johannes Gutenberg-Universität Mainz. Interdisziplinärer Arbeitskreis Frauenforschung: FrauenRäume (Dokumentation der Vorträge des 4. Frauentages vom 24.11.1993), Veröffentlichungen Bd. 4, Mainz 1994b, S. 4-55.

Kramer, C/Mischau, A.: „Städtische Angst-Räume von Frauen am Beispiel der Stadt Heidelberg", in: ZUMA-Nachrichten 33, Jg. 17, Mannheim, November 1993, S. 45-64.

Kreckel, R.: Politische Soziologie der sozialen Ungleichheit, Frankfurt a.M./New York 1992.

Krupp, H.-J./Schupp, J. (Hrsg.): Lebenslagen im Wandel: Daten 1987, Frankfurt/New York 1988.

Krüsselberg, H.-G. u.a.: Verhaltenshypothesen und Familienzeitbudget. Die Ansatzpunkte der 'Neuen Haushaltsökonomik' für Familienpolitik. Schriftenreihe des Bundesministers für Jugend, Familie, Frauen und Gesundheit, Bd. 182, Stuttgart/Berlin/Köln/Mainz 1986.

Künzler, J.: „Familiale Arbeitsteilung in der Bundesrepublik Deutschland 1988", in: *Gerhardt, U./Hradil, S./Lucke, D./Nauck, B.* (Hrsg.): Familie der Zukunft. Lebensbedingungen und Lebensformen, Opladen 1995, S. 149-170.

Künzler, J.: „Familiale Arbeitsteilung. Die Beteiligung von Männern an der Hausarbeit", Reihe Theorie und Praxis der Frauenforschung, Bd. 24, Bielefeld 1994.

LBS: LBS-Familien-Studie: Übergang zur Elternschaft. Report 1/98, LBS-Initiative „Junge Familie", Münster 1998.

Lind, H.: Superweib, Frankfurt a. M. 1994.

Lippitz, W.: „Lebenswelt" oder die Rehabilitierung vorwissenschaftlicher Erfahrungen, Weinheim/Basel 1980.

Llanos, A./Schlegel, D.: „Soziale Ungleichheit und Geschlechterverhältnis des Rems-Murr-Kreises", in: *Blättel-Mink, B.* (Hrsg.): Soziale Ungleichheit und Geschlecht. Eine vergleichende Analyse, Nr.1/97 der Forschungsreihe „Aus Lehre und Forschung" der Abteilung für Soziologie der Universität Stuttgart, Stuttgart 1997, S. 113-158.

Lüdtke, H.: Expressive Ungleichheit. Zur Soziologie der Lebensstile, Opladen 1989.

Lüdtke, H.: Kapital Freizeit. Kompetenz, Ästhetik und Prestige in der Freizeit, Erkrath 1989a.

Lüdtke, H.: „Kulturelle und soziale Dimensionen des modernen Lebensstils", in: *Vetter H.-R.* (Hrsg.): Muster moderner Lebensführung, Weinheim 1991, S. 131-151.

Lüdtke, H.: „Zielgruppen und Strategien für eine moderne Freizeitinfrastrukturplanung", in: Spektrum Freizeit 17, 1995, S. 120-130.

Lüdtke, H.: Zeitverwendung und Lebensstile, Marburger Beiträge zur sozialwissenschaftlichen Forschung, Band 5, Marburg 1995a.

Metz-Göckel, S./Müller, U.: Der Mann. Eine repräsentative Untersuchung über die Lebenssituation und das Frauenbild 20-50 jähriger Männer, Hamburg 1985.

Meyer, Birgit: „Die unpolitische Frau. Politische Partizipation von Frauen oder: Haben Frauen ein anderes Verständnis von Politik?", in: Aus Politik und Zeitgeschichte, Heft 25/26, 1992, S. 3-18.

Ministerium für Familie, Frauen, Weiterbildung und Kunst in Baden Württemberg (Hrsg.): Frauen in Baden Württemberg. Daten und Analysen, Stuttgart 1993.

Mischau, A./Blättel-Mink, B./Kramer, C.: „Soziale Ungleichheit und Geschlecht im Rhein-Neckar-Kreis", in: *Blättel-Mink, B.* (Hrsg.): Soziale Ungleichheit und Geschlecht. Eine vergleichende Analyse. Heft 1/1997 der Forschungsreihe „Aus Lehre und Forschung" der Abteilung für Soziologie der Universität Stuttart, Stuttgart 1997, S. 53-112.

Mitterauer, M.: Familie und Arbeitsteilung. Historischvergleichende Studien. Wien/ Köln/Weimar 1992.

Müller, H.-P.: „Lebensstile. Ein neues Paradigma der Differenzierungs- und Ungleichheitsforschung", in: Kölner Zeitschrift für Soziologie und Sozialpsychologie, Jg. 41, 1989, S. 53-71.

Müller, H.-P./Weihrich, M.: „Lebensweise und Lebensstil. Zur Soziologie moderner Lebensführung", in: *Vetter, H.-R.* (Hrsg.): Muster moderner Lebensführung, Weinheim 1991, S. 89-129.

Naßmacher, H.: „Frauen und lokale Politik", in: Politische Vierteljahrsschrift, Jg. 32, Sonderheft 22 "Staat und Stadt", 1991, S. 151 - 176.

Nauck, B.: Erwerbstätigkeit und Familienstruktur, München 1987.

Nauck, B. (Hrsg.): Lebensgestaltung von Frauen. Eine Regionalanalyse zur Integration von Familien- und Erwerbstätigkeit im Lebensverlauf, Weinheim/München 1993.

Niedersächsisches Frauenministerium (Hrsg.): Weichenstellung - Frauen verändern den ÖPNV, (Bearbeiterin A. Fuhrmann), Hannover 1997.

Oberndorfer, R.: „Aufgabenteilung in Partnerschaften", in: *Nauck B.* (Hrsg.): Lebensgestaltung von Frauen. Eine Regionalanalyse zur Integration von Familien- und Erwerbstätigkeit im Lebensverlauf, Weinheim/München 1993, S. 145-175.

Opaschowski, H.W.: Einführung in die Freizeitwissenschaft, 2. Aufl., Opladen 1994.

Opaschowski, H.W.: Freizeitverhalten von Frauen. Zwischen Klischee und Wirklichkeit, Hamburg 1989.

Opp, K.-D.: „Konventionelle und unkonventionelle politische Partizipation", in: Zeitschrift für Soziologie, Heft 4, Jg. 14, 1985, S. 282-296.

Oppitz, G.: Kind oder Konsum? Eine ökonomisch-psychologische Studie. Schriftenreihe des Instituts für Bevölkerungsforschung, Bd. 14, Wiesbaden 1984.

Ostner, I.: „Berufsform und berufliche Sozialisation von Frauen" in: *Bolte, K. M./Treutner, E.* (Hrsg.): Subjektorientierte Arbeits- und Berufssoziologie, Frankfurt a. M. 1983, S. 110-140.

Pasero, U.: „Soziale Zeitmuster, Kontingenzerfahrung und das Arrangement der Geschlechter", in: Geschichte und Gegenwart, Heft 2, Jg. 13, 1994, S. 93-102.

Picot, S./von Rosenbladt, B.: Erfolg von Frauen bei Kommunalwahlen in Baden-Württemberg, München 1995 (unveröffentlichtes Manuskript).

Preis, U./Reutter, U.: „Frauen unterwegs. Wege für eine weibliche Stadt", in: Raum-Planung, Heft 44, 1989, S. 46-51.

Pross, H.: Die Männer. Eine repräsentative Untersuchung über die Selbstbilder von Männern und ihr Bild von der Frau, Reinbek bei Hamburg 1978.

Pross, H.: Die Wirklichkeit der Hausfrau. Die erste repäsentative Untersuchung über nichterwerbstätige Ehefrauen: Wie leben sie? Wie denken sie? Wie sehen sie sich selbst? Reinbek bei Hamburg 1976.

Randzio-Plath, C.: Laßt uns endlich mitregieren. Wege von Frauen in die Politik, Freiburg i. Br. 1980.

Rerrich, M. S.: „Auf dem Weg zu einer neuen internationalen Arbeitsteilung der Frauen in Europa? Beharrungs- und Veränderungstendenzen in der Verteilung von Reproduktionsarbeit", in: *Schäfers, B.* (Hrsg.): Lebensverhältnisse und soziale Konflikte im neuen Europa. Verhandlungen des 26. Deutschen Soziologentages in Düsseldorf 1992, Frankfurt a.M. 1993, S. 93-102.

Rerrich, M. S.: „Ein gleich gutes Leben für alle? Über Ungleichheitserfahrungen im familialen Alltag", in: *Berger, P.A./Hradil, St.* (Hrsg.): Lebenslagen, Lebensläufe, Lebensstile, Sonderband 7, Soziale Welt, Göttingen 1990, S. 189-205.

Rodenstein, M.: „Feministische Stadt- und Regionalforschung - Ein Überblick über Stand, aktuelle Probleme und Entwicklungsmöglichkeiten", in: *Dörhöfer, K.* (Hrsg.): Stadt-Land-Frau. Soziologische Analysen feministischer Planungsansätze. Freiburg 1990, S.107-123.

Romeiß-Stracke, F./Pürschel, M.-B.: Frauen und Zeitpolitik. (Im Auftrag des Ministers für Stadtentwicklung, Wohnen und Verkehr des Landes Nordrhein-Westfalen), ILS-Schriften 8, Dortmund 1988.

Rometsch, K.: „Gesellschaftskritik. Frauenforschung und Feministische Forschung in der Geographie", in: STANDORT - Zeitschrift zur angewandten Geographie, 1, 1991, S. 29-30.

Rummel, M.: Familiale Arbeitsteilung. Kriterien partnerschaftlicher Arbeitsteilung aus handlungstheoretischer Perspektive, Diss., Berlin 1987.

Schmidt, H./Stutzer, E.: „Zur Erwerbsbeteiligung von Müttern in Baden-Württemberg", in: Baden-Württemberg in Wort und Zahl, Heft 2, 1996, S. 69-77.

o.V.: „Ausgewählte Strukturmerkmale der Frauenerwerbstätigkeit im Übergang zu den 90er Jahren", in: *Landesregierung Baden-Württemberg* (Hrsg.): Statistisch-prognostischer Bericht, 1991/92, S. 99-123.

Schnitger, E.: Frauen und Parlamente. Verhältnisse und Verhinderungen, Oldenburg (Bibliotheks-und Informationssystem der Universität Oldenburg) 1990.

Schöler-Macher, B.: Die Fremdheit der Politik. Erfahrungen von Frauen in Parteien und Parlamenten, Weinheim 1994.

Schöler-Macher, B.: „Eliten ohne Frauen. Erfahrungen von Politikerinnen mit einer männlich geprägten Alltagswirklichkeit", in: *Klein, A./Legrand, H.-J./Leif, Th.*

(Hrsg.): Die politische Klasse in Deutschland. Eliten auf dem Prüfstand, Bonn/Berlin 1992, S. 405-423.

Schönemann, S.: Mobilität von Frauen im öffentlichen Personennahverkehr untersucht anhand sechs ausgewählter Städte und Gemeinden im Rhein-Neckar-Kreis, Diplomarbeit am Geographischen Institut der Universität Heidelberg, Heidelberg 1997.

Schulz, R.: „Unterschiede in der Zeiteinteilung von erwerbstätigen Frauen und deren Entlastung durch Partner und/oder Kinder", in: Zeitschrift für Bevölkerungswissenschaft, Heft 16, 1990, S. 207-236.

Schulz, R.: „Zeitbudgetstrukturen erwerbstätiger Frauen", in: Zeitschrift für Bevölkerungswissenschaften, Heft 3, Jg.17, 1991, S. 227-250.

Schwarting, F.: „Manchmal hast du das Gefühl, du stimmst nicht ganz". Erfahrungen von Frauen in Parlamenten, Münster 1995.

Siemonsen, K./Zauke, G.: Sicherheit im öffentlichen Raum. FOPA (Feministische Organisation von Planerinnen und Architektinnen), Zürich/Dortmund 1991.

Spellerberg, A.: Alltagskulturen in Ost-und Westdeutschland. Unterschiede und Gemeinsamkeiten, WZB, P94 - 101, Berlin 1994.

Spellerberg, A.: Freizeitverhalten - Werte - Orientierungen. Empirische Analysen zu Elementen von Lebensstilen, Berlin 1992.

Spitthöver, M.: Frauen in städtischen Freiräumen, Dortmund 1989.

Spitzner, M.: „Bewegungsfreiheit für Frauen - Aspekte integrierter kommunaler Verkehrsplanung", in: *Apel, D.* (Hrsg.): Handbuch der kommunalen Verkehrsplanung, 1. Ergänzungslieferung, o.O., 1993, S. 1-25.

Stadt Dortmund (Hrsg.): Stadt zum Leben. Ein Beitrag zur Verbesserung von Mobilitätschancen für Frauen in öffentlichen Räumen, Dortmund o.J.

Statistisches Bundesamt (Hrsg.): Datenreport 1997. Bundeszentrale für politische Bildung, Bd. 340, Bonn 1997.

Statistisches Bundesamt (Hrsg.): Frauen in Familie, Beruf und Gesellschaft, Wiesbaden 1987.

Statistisches Landesamt Baden-Württemberg (Hrsg.): Das Bildungswesen 1995. Statistik von Baden-Württemberg, Bd. 495, Stuttgart 1995.

Steg, E./Jesinghaus I. (Hrsg.): Die Zukunft der Stadt ist weiblich. Frauenpolitik in der Kommune, Bielefeld 1987.

Stete, G.: „Frauen unterwegs. Forderungen an die Stadtplanung", in: Internationales Verkehrswesen, 1-2, 1995, S. 35-42.

Streckeisen, U.: Statusübergänge im weiblichen Lebenslauf, Frankfurt a.M. 1991.

Stresing, S.: „Familienformen und Familienarbeit", in: *Statistisches Landesamt Baden-Württemberg* (Hrsg.): „Frauensache? - Männersache?" Rollenanforderung in der Familie von heute. Dokumentation der Fachtagung des Ministeriums für Familie, Frauen, Weiterbildung und Kunst in Baden-Württemberg, 6. Dezember 1995 in Mannheim, Stuttgart 1996, S. 133-138.

Striefler, K.: Frauen im (öffentlichen) Personennahverkehr. Öffentliche Informationsvorlage der Gleichstellungsbeauftragten des Zweckverbandes Großraum Hannover, Hannover 1990.

Stutzer, E.: „Wer macht was in den Familien", in: *Statistisches Landesamt Baden-Württemberg* (Hrsg.): "Frauensache? - Männersache?" Rollenanforderung in der Familie von heute. Dokumentation der Fachtagung des Ministeriums für Familie, Frauen, Weiterbildung und Kunst in Baden-Württemberg, 6. Dezember 1995 in Mannheim, Stuttgart 1996, S. 117-131.

Tucholsky, K.: Tiger, Panther & Co., Reinbek 1927.

Tyrell, H.: „Ehe und Familie - Institutionalisierung und Deinstitutionalisierung", in: *Lüscher, K./Schultheis, F./Wehrspaum, M.* (Hrsg.): Die "postmoderne" Familie, Konstanz 1988, S. 145-156.

Vetter, H.-R. (Hrsg.): Muster moderner Lebensführung, Weinheim 1991.

Weick, S.: „Familie und Arbeit immer noch wichtiger als Freizeit. Wertorientierungen, Arbeitszeitwunsch und Freizeitaktivitäten", in: Informationsdienst Sozialer Indikatoren, Heft 10, 1993, S. 9-13.

Wilensky, H.L.: „Life cycle, work situation and participation in formal associations", in: *Kleemeier, R.W.* (Hrsg.): Aging and leisure, New York 1961, S. 213ff.

Wippler, R.: „Freizeitverhalten: ein multivariater Ansatz", in: *Schmitz-Scherzer, R.* (Hrsg.): Freizeit: eine problemorientierte Textsammlung, Frankfurt a.M. 1973, S. 90-107.

Wippler, R.: Sociale Determinanten Van Het Vrijetijds Gedrag, Assen 1965.

Wirtschaftsministerium Baden-Württemberg (Hrsg.): Landesentwicklungsbericht Baden-Württemberg, Stuttgart 1994,

Zang, G.: „Randwelten - wie ein dörflicher Strukturumbruch Lebensläufe und diese Lebensläufe den Strukturumbruch beeinflußt haben", in: *Schmals, K.M./Voigt, R.* (Hrsg.): Krise ländlicher Lebenswelten. Analysen, Erklärungsansätze und Lösungsperspektiven, Frankfurt a. M. 1986, S.91-132.

Tabellenverzeichnis

Verzeichnis der Graphiken

Imke Sommer

Zivile Rechte für Antigone

Zu den rechtstheoretischen Implikationen der Theorie von Luce Irigaray

Die gegenwärtige feministische Theoriediskussion bezieht sich in hohem Maß auf die in Frankreich von Foucault, Bourdieu und anderen entwickelten neostrukturalistischen Ansätzen. Die Übertragung der in dieser Debatte entwickelten feministischen Theorien auf das Recht und seine Stellung im feministischen Diskurs wurden bislang noch nicht untersucht.

Die Autorin befaßt sich in ihrer Arbeit mit den Elementen der Theorie von Luce Irigaray, die sich explizit auf das Recht beziehen oder Konsequenzen für die Entwicklung einer feministischen Rechtstheorie haben können. Irigarays Konzeption der »zivilen Rechte« soll Frauen und Männer dazu befähigen, das, was sie unkritisiert als gegeben ansehen, zu hinterfragen. Sie stellt damit dem auch in der Debatte um Multikulturalismus vertretenen »Recht auf Anderssein« Rechte gegenüber, die den Menschen die Möglichkeit eröffnen sollen, sich auf die Suche nach nicht-entfremdeten individuellen und kollektiven Identitäten zu machen. Die Autorin ist Juristin.

1998, 198 S., brosch., 59,– DM, 431,– öS, 53,50 sFr, ISBN 3-7890-5383-X
(Schriften zur Gleichstellung der Frau, Bd. 18)

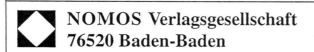

NOMOS Verlagsgesellschaft
76520 Baden-Baden

Karl-Jürgen Bieback

Die mittelbare Diskriminierung wegen des Geschlechts

**Ihre Grundlagen im Recht der EU und ihre Auswirkungen
auf das Sozialrecht der Mitgliedstaaten**

Nirgendwo ist der Einfluß des Europarechts auf das nationale Arbeits- und Sozialrecht so deutlich spürbar geworden wie beim Verbot der mittelbaren Diskriminierung wegen des Geschlechts. Wie kam es zu diesem Verbot, welche Ausprägung erfuhr es durch die Rechtsprechung der EuGH, welche wesentlichen Probleme hat es aufgeworfen?

Die vorliegende Studie beantwortet diese Fragen und stellt das Verbot in den Kontext der Verbote der Diskriminierung wegen eines besonderen Merkmals (Geschlecht, Rasse etc.). Bieback untersucht dabei erstmals umfassend und rechtsvergleichend, ob die (zwölf alten) Mitgliedstaaten der EU ihr nationales Recht den gemeinschaftsrechtlichen Vorgaben angepaßt haben. Es zeigt sich, daß zahlreiche Regelungen des Sozialrechts (z.B. zu atypischer Beschäftigung, zur Umschreibung der Risiken und zu den Familienleistungen) gegen das Verbot der mittelbaren Diskriminierung verstoßen.

Das Werk richtet sich gleichermaßen an Wissenschaft und Praxis. Der Verfasser ist Universitätsprofessor für Arbeits- und Sozialrecht an der Hochschule für Wirtschaft und Politik Hamburg und hat zahlreiche Publikationen u.a. zum Sozialrecht und zum Recht der Diskriminierung veröffentlicht.

1997, 251 S., brosch., 76,– DM, 555,– öS, 69,– sFr, ISBN 3-7890-4957-3
(Schriften zur Gleichstellung der Frau, Bd. 17)

 **NOMOS** Verlagsgesellschaft
76520 Baden-Baden